서울신학대학교 100주년 기념

인문학강좌 I

앞으로 어떤 세상이 올 것인가

서울신학대학교 100주년 기념
인문학강좌 I
앞으로 어떤 세상이 올 것인가

종문화사

서울신학대학교 100주년 기념

인문학강좌 I

앞으로 어떤 세상이 올 것인가

초판 1쇄 인쇄 2017년 7월 20일 | 초판 2쇄 출간 2018년 4월 23일 | 지은이 조순, 이어령 외 14인 | 펴낸이 임용호 | 펴낸곳 도서출판 종문화사 | 편집·기획 곽인철 | 편집·디자인 디자인오감 | 인쇄·제본 한영문화사 | 출판등록 1997년 4월 1일 제22-392 | 주소 서울시 은평구 연서로34길 2, 3층 | 전화 (02)735-6891 팩스 (02)735-6892 | E-mail jongmhs@hanmail.net | 값 18,000원 | ⓒ 2018, Jong Munhwasa printed in Korea | ISBN 979-11-87141-09-9 94330, ISBN 979-11-87141-22-8 94330(세트) | 잘못된 책은 바꾸어 드립니다.

인문학강좌를 펴내며

개교 100주년을 맞이한 서울신학대학교는 2010년 9월 10일을 시작으로 전교생과 일반인을 대상으로 하는 대형 인문학강좌를 열었습니다. 그렇게 시작한 것이 벌써 12기를 맞이하고 있습니다. 그동안 국내 유수의 많은 강사들이 이 강좌를 지켜주었습니다. 150여 분에 이르는 강사들이 강연을 빛내 주었는데, 그 중 우선 16분의 강연을 모아 단행본(인문학강좌I)으로 출간합니다.

현장에서 진행된 강연을 책으로 만드는 작업은 간단치가 않았습니다. 우선 매 강연마다 녹취를 한 후, 다시 주제별로 분류하고, 어투를 표준화시켜서 읽는 분들이 불편하지 않도록 다듬는 작업을 쉼 없이 이어가야 했습니다.

원고를 고르고 묶는 작업에 다음과 같은 몇 가지 기준을 마련했습니다. 우선 어투는 평어체를 유지했습니다. 물론 강연은 경어체로 진행되었지만, 미리 완성된 원고와 구두체의 녹취록이 혼합되는 과정에 문체를 통일시키는 것이 필요하다고 생각되어 일반적으로 보통 책에서 많이 사용하는 평어체로 통일했습니다. 두 번째로 우리를 고민하게 만든 것은 각주였습니다. 몇몇 강연자들의 경우 학문적으로도 손색없는 세밀한 각주까지 달려있는 완성된 원고를 보내주셨습니다. 하지만 이 책에서는 그 각주들을 생략했습니다. 대신 설명이 필요하다거나 글 읽기에 도움이 되리라 판단된 부분만큼은 '엮은이의 각주'를 첨가했습니다.

이 책의 출간을 위해 적지 않는 분들의 수고와 헌신이 있었지만 무엇보다 이 일이 가능할 수 있었던 것은 아낌없이 강연에 임해주셨고, 또 그 내용을 집중해서 담아낸 여러 강사님들과 우리 학생들, 기꺼이 대학 캠퍼스를 찾아와 두 시간 가까운 시간을 함께 하며 경청해준 적잖은 일반인 청중들 그리고 이 강좌의 기획과 진행에서 추진과 실행에서 가장 큰 몫으로 기여해주신 유석성 전 총장님께 있다고 해야 할 것입니다.

이제 현장의 감동이 시공의 제약을 넘어 한국사회에 구석구석 전해지기를 기대합니다. 그리고 그 일의 선두에 도서출판 종문화사 편집부 역할이 크다고 믿어 의심치 않습니다.

목 차

들어가는 글 : 인문학의 가치와 중요성 / 유석성

역사와 문화

사상과 윤리

인간과 리더십

시대와 평화

들어가는 글 : 인문학의 가치와 중요성

유석성(전 서울신학대학교 총장)
(안양대학교 총장)

인문학은 인간에 관한 학문이며 인간이 인간답게 살아갈 수 있는 기본입니다. 인문학은 교양과 학문, 인성의 기초가 됩니다. 인문학(humanitas, humanities)은 희랍에서 기초 교양교육을 의미하는 파이데이아(paideia), 로마에서 인간에 관한 연구(studia humanitas)인 후마니타스(humanitas)에서 유래되었습니다. 따라서 서양에서 인문학은 인간이 갖추어야 할 기초 교양의 전부요 인간에 관한 학문을 의미합니다.

동양에서 인문은 천문(天文)에 대조되는 말로 인간에게 무늬를 놓는, 즉 사람 노릇을 하도록 만드는 것을 의미합니다. 동양에서는 인문학적 훈련을 통하여 수기치인(修己治人), 내성외왕(內聖外王)의 도덕적 자기완성을 목표로 인격도야를 하였습니다. 또한 문(文)·사(史)·철(哲)이라 하여 문학·역사·철학을 교육하는 것을 의미하였습니다. 이것은 옛 선비들이 과거를 보기 위한 전공 필수과목이기도 했습니다.

인문학은 창조적 상상력, 올바른 판단력, 깊이 있고 합리적인 사고력을 키워줍니다. 뿐만 아니라 인간을 만드는 인문학은 지도자의 필수 요건이요, 삶의 지혜를 가르쳐 주는 학문이요, 올바른 실천능력을 가르쳐 주는 학문입니다.

미국의 시카고대학교의 '시카고 플랜'은 시카고대학교를 세계 일류 대학으로 만드는 계기를 만들었습니다. 시카고대학교는 1890년 석유재벌 존 D. 록펠러의 기부금으로 세운 대학입니다. 그러나 1929년 로버트 허친스 총장이 시카고대학교의 제5대 총장으로 취임할 때까지만 해도 시카고대학교는 대표적인 삼류 대학이었습니다. 허친스 총장은 시카고대학교를 일류 대학으로 발돋움시키기 위해 고전 100권 읽기인 '시카고 플랜'을 실시하였습니다. 또한 졸업요건으로 고전 통독과 암기를 내세웠습니다. 그리고 이 '시카고 플랜'을 기점으로 시카고대학은 바뀌어갔습니다. 학생들의 창조적 상상력이 비약적으로 성장하여 시카고대학교는 삼류 대학에서 일류 대학으로 탈바꿈했습니다. 그 결과 1929년부터 2000년까지 시카고대학교의 졸업생 중 무려 81명이 노벨상을 받게 됩니다. 노벨상을 가장 많이 받은 학교가 된 것입니다.

최근 들어 한국에서도 인문학에 대한 관심이 높아지고 인문학 관련 책들이 많이 출판되고 있습니다. 개중에 어떤 책들은 백만 부 이상 팔린 책도 나오고 강좌도 많이 열리며 우리나라는 그야말로 인문학 호황시대를 맞고 있습니다.

서울신학대학교에서도 2010년 9월 필자가 총장으로 취임한 후 개교 100주년기념으로 '인문학강좌'를 개설하여 2016년 1학기까지 12회를 진행하였습니다. 이 강좌는 이어령 전 문화부장관, 정운찬, 이수성 전 국무총리, 정의화 전 국회의장, 이배용 전 이화여대 총장, 성낙인 서울대 총장 외 각계의 명사들이 참석하였습니다. 이 강좌는 3가지 원칙을 갖고 있습니다. 첫째, 전교생이 의무적으로 필수과정으로 참석하는 것입니다. 둘째, 한국의 학계의 최고 강사들을 모시는 것입니다. 셋째, 널리 알려 학교의 브랜드화 한다는 것입니다. 이 강좌는 일반인들에게도 공개하여 참여하도록 하였고, 그 결과 사회적으로 큰 반향을 일으켰습니다. 여러 언론매체를 통하여 인터뷰 등 널리 소개가 되었습니다. 그리하여 이 강좌 중에서 일부를 제1권으로 출간하게 되었습니다.

이 인문학강좌를 위해 강의를 해주신 강사 분들께 감사드리고 이 강의에 열성적으로 참여하여 한국 대학 역사에 신기원을 이루게 한 학생들과 이 강좌를 위해 수고한 분들과 물심양면으로 후원해주신 분들께 감사드립니다. 바라건대 이 책이 인문학 열풍에 조금이나마 기여를 했으면 합니다. 또한 출판을 맡아주신 종문화사 임용호 대표님께 감사드립니다.

역사와 문화

앞으로 어떠한 세상이 올 것인가?

조 순

오늘 여러분에게 이야기하고자 하는 것은 딱딱한 경제이론 이야기가 아니라 말 그대로 '우리가 사는 이 세상이 지금 어떻게 돌아가고 있으며, 또 가까운 장래에 어떤 변화를 겪을 것인가?'에 대한 이야기를 해볼까 한다. 이 이야기를 내가 지금까지 공부해오고 느껴온 것들에 기초해서 내가 생각하고 있는 바를 여러분에게 드리고자 한다.

세상은 언제나 변화한다!

이 세상은 원래 간단없이 변화한다. 가만히 정지하고 있는 때는 전혀 없다. "옛날 세상은 정지한 것처럼 별로 변화가 없었지 않느냐?" 이렇게 여러분이 물어온다면, 옛날도 전혀 그런 것은 아니라고 답변할 것이다. 세상은 많이 바뀌고 있는데, 앞에 전개되는 모습이 오늘이나 어제나 내일이나 다 같았다. 지금 세상도 똑같은 속도로 변하고 있는데, 우리가 보는 모습은 어제의 모습과 오늘의 모습, 내일의 모습이 서로 크게 다를 뿐이다. 어쨌든 우리가 사는 세상은 언제나 끊임없이 변화하고 있다. 그 변화에 따라 모든 것이 바뀐다. 사람도 바뀌고, 문명도 바뀐다. 그리고 사람들이 가지는 가치관, 지식, 모든 것이 바뀐다. 오늘 강연은 이런 전제를 두고 시작하려 한다.

오늘 강연 내용을 우선 간략하게 요약을 한 후, 이것을 조금 부연해서 설명하도록 하겠다. 오늘 말씀드리고자 하는 것은, "지금 이 세계 경제는(경제뿐 아니라 정치도 역시) 큰 전환기에 처해 있다"이다. 우선 이것에 대해 이야기하도록 하겠다. 나는 '자본주의 경제 속에서 이루어지는 전환 중에서 가장 큰 전환을 지금 우리가 겪고 있는 것이 아닌가'라고 보고 있다. 여러분은 앞으로 일생을 살아가는 과정에서 이 정황을 보면서 나이를 먹게 될 것이다. 어떻게 보면 여러분은 아주 좋은 세상을 타고났다 할 수 있을 것 같다. 왜냐하면 이런 커다란 변화를 겪은 예는 지금이 처음이 아닌가 싶기 때문이다. 나는 그렇게 생각을 한다.

구체적으로 어떻게 변화하느냐 하면, 여러 가지가 있겠지만, 선진국은 상대적으로 후퇴하는 모습을 보이고, 그에 반해 후진국은 상대적으로 좀 더 빠른 속도로 전진하는 모습을 보일 것이다. 그래서 얼마

안 되어, 한 10년이 걸릴지 혹 20년이 걸릴지 나라에 따라 다르겠지만, 모든 나라의 경제나 생활수준 정도 그리고 여러 제도까지도 비슷하게 될 것이다. 앞으로 평준화되고 비슷하게 된다, 말하자면 세계는 앞으로 '컨버지'(converge) 한다고 할 수 있을 것이다. 컨버지의 반대는 '다이버지'(diverge)이다. 다이버지는 '서로 갈라진다', '서로 변화가 벌어진다' 이런 말이고, 컨버지는 '변화가 축소되고 작아져서 비슷하게 된다' 이런 말이다. 컨버지라고 한다고 해서 이를테면 A라는 나라와 멀리 있는 B라는 나라의 가치관이나 생활 풍습이 다 똑같아진다는 뜻은 아니다. 오히려 그런 것은 옛날보다도 더 독특한 모습을 유지할지도 모른다. 그렇지만 겉으로 보기에는 비슷하게 된다는 것이다.

그리고 지금은 모든 나라가 앞으로 더 많은 개혁을 해야 된다. 난 그렇게 보고 있다. 지금 이 모습대로 그대로 앞으로 나간다면 그건 좀 곤란하다. 이를테면 우리에게는 잘 알려져 있고, 또 친근한 미국을 생각해 보자. 우리는 쉽게 미국의 제도는 완벽하기 때문에 앞으로 계속해서 그대로 유지될 것이라고 생각할 수 있을 것이다. 하지만 나는 그렇지 않다고 생각한다. 미국의 제도는 경제도, 정치도, 사회도, 교육도 그렇고 거기에는 많은 변화를 필요로 한다. 영국, 독일, 유럽, 일본, 선진국 모두가 많은 변화를 필요로 한다. 후진국은 어떤가? 중국, 인도, 브라질 등을 포함하여 다른 후진국들 역시 많은 개혁과 변화를 필요로 한다. 그리고 이 변화를 위해서 가장 두드러지는 것은 바로 '정부의 역할'이다.

이것은 지금까지 경제학자들이 이야기하던 것들과는 많이 다를 것이다. 경제학자들이 지금까지, 특히 최근 한 2~30년까지 많이 이야기한 것은, "경제는 자유 시장에 맡기면 모든 것이 이상적으로 잘 해결된다"였다. 그래서 이러한 내용이 신문을 비롯한 여러 매체에서 자주 언급되었다. '자유 시장이면 그만이다.' '정부의 역할이라는 것이 오히려 마이너스 효과를 가지고 온다.' 물론 정부가 잘못하면 마이너스 효과를 가져온다. 그러나 내가 여기서 말하는 정부는 제대로 역할을 하는 정부, 그리고 그러한 정부의 역할이 증대되어야 한다고 나는 보고 있는 것이다. 이상이 오늘 강연에서 내가 하고자 하는 이야기의 골자이다.

사라질 패권국가

서두에서 말한 대로 세상은 간단없이 변화를 하는데, 지금까지 서양이 세계의 중심이었다면, 앞으로의 세상은 (물론 서양은 나름대로 그 능력을 유지하겠지만) 과거와 같은 그러한 일방적인 서구의 우월성은 없을 것이다. 앞으로는 패권국[1]이라고 하는 것은 나오지 않을 것이다. 지금까지 패권은 미국에 있었다. 그러나 점차적으로 이 상황을 유지하기가 어려워질 것이다. 미국이 패권을 상실할 경우 다시는 그 어떤 나라도 패권을 가지지 못할 것이라고 나는 본다.

---

1) 패권을 가지고 세상을 마음대로 지배하고, 통제하고, 지시하고, 지도하는 나라.

요즘 신문을 보게 되면, G2라고 해서 미국과 중국이 앞으로 세상을 좌지우지할 것이라고 이야기하는 이들이 있지만, 물론 미국과 중국이 세계에서 가장 중요한 두 나라가 되겠지만, 중국이 패권을 가지는 일은 일어나지 않을 것으로 본다. 중국은 그럴만한 나라가 아니다. 또 그것을 원하지도 않을 것이다. 사실 패권을 유지한다는 것은 굉장히 힘든 일이다. 세상을 자기 뜻대로 움직이고 원하는 방향으로 유도하는 것은 대단히 힘들다. 그리고 돈도 많이 든다. 인심을 쓴다는 것이 얼마나 돈이 많이 드는 일인가? 미국도 그런 인심을 쓸 만큼의 부가 없다. 지금 중국이 부유해지고 있긴 하지만, 패권을 유지할 만큼의 부는 아니다. 그리고 문화 자체가 이것을 꼭 필요로 하느냐 하면 그런 것이 아니기 때문에 중국은 패권을 원하지 않고 또 될 수도 없을 것이다.

금융위기의 원인은?

이런 상황에 미국경제를 보면, 2007년과 2008년 당시 금융위기가 미국에서 발생했다. 금융위기가 발생한 것은 미국식 이데올로기, 즉 '자유주의를 극도로 중시하고, 어떤 나라를 막론하고 완벽한 자유주의를 내세우고, 정부의 역할을 최소화하면 세상은 잘 된다'라는 일종의 믿음 때문이다. 미국인들은 1980년대부터 이 믿음을 갖기 시작했다. 그것 때문이다. 미국의 경제 운영이 결국 자유주의 일변도로 가게 되었다. 금융부분은 과거에는 통제가 많았다. 그런데 이제 자유화되었다. 난 여기서부터 잘못되었다고 본다. 왜 그게 잘못이냐 하면, 금융기관은 남의 돈을 맡아가지고 그것을 성실히 그리고 아주 좋게 관리를 해주고 운영을 해줌으로써 월급을 받고 수입을 올린다. 말하자면 금융기관은 사기업이긴 하지만, 사실은 공적 기관이다. 그래서 과거 미국은 1970년대까지는 금융기관에 굉장히 많은 통제가 있었다. 그런데 그것을 80년대부터 전부 풀어버렸다. '통제를 하지 않는 것이 오히려 미국 발전에 도움이 되고, 세계에서 미국의 지위를 유지하는데 도움이 된다'고 생각한 것이다. 난 이런 생각에 잘못이 있다고 본다.

통제를 없애니 결국 금융 문이 자꾸 부풀어 올라왔다. 필요 없이 덩치가 커져버린 것이다. 즉, 거품이 일어났다. 금융기관이 많은 부실한 금융자산을 발행해서, 일반 국민에게 팔았다. 국민은 싼값에 그것을 산 후 '아, 이게 내 재산이구나!' 이렇게 매일 그것을 보고 좋아했다. 그런데 그 가격이 자꾸 올라가게 되었다. 통화량이 자꾸 증가되니까, 결국 말하자면 모든 가격이 올라가는데 특히 금융자산의 가격이 올라가고, 금융의 몸집이 점점 더 커졌다. 그것이 바로 버블, 즉 거품이다. 미국인들뿐만 아니라 가령 우리도 미국의 금융자산을 그 당시 샀다면 좋아했을 것이다. 어제 100만 원 주고 샀던 것이 120만 원이 되고, 그 다음 날에는 다시 10만 원이 오르니 모두 부자가 되어가는구나 생각을 했을 것이다. 그렇게 90년대의 미국은 굉장히 잘되는 줄 알았다. 또 그 당시 90년대는 IT혁명이 일어나서 인터넷이 굉장히 발전하고 모든 것이 잘될 거라 좋아했고, 경제학도 경제가 옛날과는 달라지고 있다고 하면서 이를 '뉴 이코노미'라고 불렀다. 그래서 미국이 '신경제 시대'로 돌아갔다고 생각했다. 지금까지 말해 오던 경제 원리들, 즉 〈경제 원론〉에서 가르치던 원리들이 이제 다 쓸모없게 되었고, '새로운 경제'가 시작되었다고 보았다. 그때 나는 '이거 큰일 났구나, 이거 그렇지 않는데, 절대 그럴 리가 없는데'라고 생각했다. 그런데 나라 경제는 자꾸 그런 쪽으로 가고 말았다. 그리고 경제 운영, 가령 통화량, 재정, 산업을 운영하는 사람들은 전부 월 스트리트에서 나왔다. 즉, 금융가에서 나왔다.

금융가 출신들은 금융 밖에 모른다. 그 사람들의 관심에는 국민 생활이 어떻게 되느냐, 산업 구조가 어떻게 되느냐, 이런 것은 전혀 알지도 못하고, 관심도 없었다. 그러다보니 그저 자유롭게 놔두면 미국 국민은 모두 행복하고 다 잘될 것이라고 보았다. 그러다가 부시 시대에 미국은 두 개의 전쟁을 치렀다. 그 중 하나는 끝났지만, 다른 하나는 끝나질 않았다. 이라크와 아프가니스탄에 대한 전쟁이 일어났고, 그 때문에 미국경제가 점차적으로 어려워지고, 그래서 결국 버블이 터졌다. 아까 말한 몸집 큰 거품이 터진 것이다. 터지다 보니까 갖고 있던 1,000만 원짜리가 휴지조각이 되었다. 이것이 바로 금융위기이다. 금융위기는 따라서 무엇이 만들어냈냐 하면, 지나친 자유주의 관념에 입각한 경제정책, 즉 이데올로기의 잘못에서 나왔다고 할 수 있다.

그렇게 금융 버블이 2008~2009년 미국경제뿐 아니라 세계경제를 크게 자극하였다. 그런데 요즘 미국경제가 조금 나아지고 있다는 보도가 자주 나오고 있다. 실업율도 줄어간다고 한다. 한참 높았을 때 실업률이 9.6%였는데, 지금은 8.2% 정도로 낮아졌다고 한다. 그런데 사실 난 나아질 이유가 없다고 본다. 왜냐하면 세계경제가 나아지지 않았고, 또 미국정부가 특별히 한 일이 없다. 재무부는 한동안 돈을 굉장히 많이 풀었다. 자꾸 풀다 보니 재정 적자가 늘어나고, 그러다 보니 국채발행이 많아지고 그래서 이제는 재무부가 할 수 있는 일이 별로 없어져 버렸다. 그나마 지금 일하고 있는 기관은 '연방준비제도이사회'(Federal Reserve Bank, 줄여 FRB라고 불리며 우리나라의 한국은행과도 같은 역할을 한다.)인데 여러분도 알고 있듯이 지금 버냉키(Ben Shalom Bernanke)가 의장인데 이 사람도 하는 일이 없어졌다. 최근 '앞으로 돈을 더 풀 것이다'라는 말들이 있는데, 자꾸 그렇게 하다 보면 미국경제는 더더욱 어려워질 것이라고 본다. 어쨌든 중앙은행도 정부도 하는 일이 없다. 아니 이 중요한 시기에 정부가 할 일이 없으면 어떻게 나라가 잘되겠는가? 그런데 왜 실업률이 숫자적으로 줄어가느냐, 그저께 신문에 보니까 일 찾는 사람이 줄어들었다고 한다. 바로 이것이 그 이유이다. 취직을 하고자 하는 사람이 줄었다는 것이다. 왜 줄었느냐? 찾아봐야 없기 때문에 포기한다는 것이다. 그러니까 결국 말하자면 분자는 가만히 있는데 분모가 줄었으니까 전체 실업률이 준 것이다. 어쨌든 결론적으로 말해 미국경제가 앞으로 정말 활발하게 되자면, 많은 개혁을 필요로 하고, 개혁은 시간과 노력이 들어야 한다. 물론 미국의 능력을 과소평가해서는 안 된다. 그렇지만 그리 쉽게 빠른 시일 내에 경제가 회복될 것이라고 볼 수도 없을 것이다.

정치의 중요성

　금융에 못지않게 중요한 것이 정치이다. 그런데 요즘 정치가 기능을 제대로 발휘하지 못하고 있다. 미국정치를 보자. 지난 2011년에 미국의 대통령과 하원 의장 간에 적자 해소를 위한 여러 방안에서 날선 대립을 한 것을 보았다. 서로의 양보가 없었다. 앞으로 미국의 국회가 정부를 잘 따라주고, 또 정부의 합의가 제대로 이루어져야 재정 운영이 정상화될 것이다. 미국정부의 주장은 앞으로 세금을 더 받아야 되겠다는 것이다. 세금을 더 받아야 재정이 건전화된다고 본 것이다. 그런데 미국 하원은 공화당의 지배하에 있다. 공화당은 이에 대해 정부 지출을 줄여야 한다고 주장한다. 정부 지출을 줄여야 정부의 재정이 건전하게 된다고 본 것이다. 이렇게 대립하면서 절대 양보하지 않는다. 얼마 전 공화당의 금년 연말에 있을 대통령 후보자들의 예비선거가 있었다. 그 후보자들의 연설 내용을 보니까 이게 보통 일이 아니구나라는 것을 알게 되었다. 서로의 의견이 어떻게 다른지 그리고 현실과는 다른 이야기를 하고 있는 것을 알게 되었다.

　문제는 '분배의 양극화'이다. '월 스트리트를 점령하라!'라고 하는 모임이 생겨난 것을 알 것이다. 지금은 좀 잠잠한 편이다. 그런데 잠잠하다고 해서 안심해서는 안 된다. 조용하다고 해서 밑에 깔려 있는 심각한 상황이 절대 줄어들거나 사라진 것은 아니기 때문이다. 그리고 '1%냐 99%냐'에 대한 논의, 즉 '1%가 미국 발전의 거의 전부를 가져가고, 99%는 아무리 미국이 발전해도 제대로 몫을 차지하지 못한 다'라는 상황이 실제로 벌어지고 있다. 이것이 현실이다. 미국이라고 하는 나라는 여러분이 아시다시피 '자유의 나라'이다. 그리고 자유는 말하자면 사람의 미래를 밝게 하고, 기회를 확대하고, 누구든지 능력 이 있으면 얼마든지 돈을 벌고 올라갈 수 있는 '아메리칸 드림', 그 꿈 을 실현할 수 있다는 것을 말한다. 그런데 아메리칸 드림이 없어져 가 고 있다. 왜냐하면 모든 것이 이제 세습이라는 것이다. 부자도 세습이 고, 가난도 세습이고 이런 식으로 사회계층이 굳어져 가고 있다. 결국 내가 볼 때 이러한 것들을 전부 고쳐야 된다. 전부 고쳐야 제대로 된 다. 고치기 위해서는 굉장한 노력이 필요하다. 제일 필요한 것이 뭐냐 하면 미국의 이데올로기가 달라져야 한다. 이데올로기, 다시 말하면 정부 정책 뒤에 숨어있는 기본 사상, 그것이 달라져야 한다. 그래야 정부가 더 유능해지고, 사명의식을 갖게 되고, 그래야 지금 가지고 있 는 갖가지 어려움이 해소된다. 그리고 이를 위해서는 시간이 필요하 다고 본다.

남유럽의 경제위기

이제 유럽을 보자. 유럽에는 선진국들이 많다. 유럽은 아시다시피 '유로'(Euro)라는 단일 통화를 씀으로써 '미국과 중국에 대항할 만한 규모와 능력을 가지자'라는 사상이 있었다. 이 유로라고 하는 단일 통화를 쓰는 나라가 17개국이다. 유럽에는 27개국이 있는데 그중 17개국이 유로 단일 통화를 사용하기로 합의하고, 이 나라들을 묶어 '유로존'(Eurozone)이라 부른다. 그런데 이 유로존에 지나친 자유주의 사상이 들어가기 시작했다. 그래서 남유럽 국가들, 즉 스페인, 포르투갈, 이탈리아, 그리스 같은 나라들의 정부가 돈을 지나치게 헤프게 쓰기 시작했다. 정부는 헤프게 재정을 집행하고, 거기에 국민들은 세금을 잘 내지 않고, 또 국민은 국민대로 너무 많이 돈을 쓰기 시작했다. 그래서 사적 부채를 많이 지게 되었다. 과연 앞으로 그리스, 이탈리아 같은 나라들이 그 부채를 갚을 수가 있는가를 의심하기 시작했고, 그래서 이런 나라들은 앞으로 돈을 꿀 수가 없게 되었다. 돈을 꾸자니 돈을 발행해야 하는데, 이제 유로화를 발행할 수가 없다. 왜냐하면 이제 자기 나라의 돈이 아니고 유럽 중앙은행이 발행하는 것이기 때문이다. 그리스 정부가 돈을 발행할 수가 없다. 이것은 다른 데서 발행을 해줘야 한다. 그런데 부채를 갚을 방법이 없다는 것이 의심이 되면서 큰 위기에 빠지게 되었다. 그리스가 위기에 빠지고, 연이어 이탈리아가 위기에 빠졌다. 그런 과정에서 이탈리아 사람이 유럽 중앙은행의 총재가 되었다. 그래서 이전 총재와 달리 결국 많은 돈을 꾸어주었다. 즉, 그리스와 이탈리아에게 많은 돈을 꾸어줘서 일단 위기를 모면했다. 하지만 그렇다고 그 나라들의 문제가 해결되었느냐? 그것은 아니라는 것이다. 내가 보기에 문제는 전혀 해결되지 않은 채 그대로 남아있다.

문제는 이들 나라에 돈이 없다는 것이다. 그리고 정부가 필요한 돈을 찍어낼 수도 없고, 부족한 만큼 국민에게 빌릴 수도 없다. 이자를 아무리 높게 쳐줘도 국채를 사는 국민들이 없다. 그리스의 실업률이 24%이다. 청년실업률만 보면 약 50% 정도 된다. 오늘 아침 내게 배달된 영자 신문을 보니까, 국채 발행에 어느 정도 성공을 했다는 기사가 있던데, 하지만 그런 정도의 성공은 큰 의미가 없다.

기본적으로 무엇인가 달라져야 한다. 지금 미국이나 유럽이 경제 위기에 대처하는 모습은 내가 볼 땐 '돈을 더 푸느냐, 안 푸느냐'에만 매달려 있다. 이것을 경제정책의 전부인 것처럼 생각하고 있는 듯하다. 이것이 더 문제다. 경제정책이라고 하는 것은 '무엇을 해야 하느냐?' 이를테면, '이 나라 국민은 제대로 소비를 하고 있는가?', '이 나라 국민이 제대로 저축을 하고 있는가?', '이 나라의 산업의 경쟁력이 제대로 유지되고 있는가?', '산업 구조는 건전한가?' 이렇게 국민 생활과 관련된 이러한 실물을 걱정을 하는 것이 경제정책인데, 지금까지 이 나라들이 보여준 것은 '돈을 푸느냐 안 푸느냐'에만 매달려 있는 것이다. 이렇게 유로존은 지금 큰 문제를 가지고 있는데, 그저 독일이 잘 대처해서 돈 잃는 것을 잘 관리를 해주기만을 바라고 있다. 그런데 독일인들은 어떻겠는가? 어떻게 그 많은 나라를 모두 구제할 수 있겠는가. 독일은 그럴 만한 능력이 없다. 독일의 성장 전망이 금년에는 2% 미만이다. 아마 1% 정도 일 것이다. 그런 나라가 어떻게 다른 나라를 보조할 수 있겠는가.

일본의 경제 위기

이제 선진국 중에는 한 나라가 남았다. 바로 일본이다. 일본은 제2차 세계대전 이후 큰 경제발전을 이루었고, 1980년대에 들어와서는 세계 두 번째의 경제 대국이 되었다. 그래서 한동안 미국이 일본을 많이 견제했다. 그런데 1985년 〈플라자합의〉[2](Plaza Accord)가 있었다. 뉴욕에 있는 플라자호텔에서 G5 관계자들이 모여 일본의 엔화를 크게 평가 절상할 것을 결정했다. 그리고 꼼짝 없이 일본은 거기 따를 수밖에 없었다. 그때부터 일본의 경제는 내리막길을 걷기 시작했다. 90년대 들어와서는 계속 경제가 내리막길을 걷고, 정부는 계속 돈 푸는 일만 했다. 새로 들어오는 수상마다 자꾸 돈을 풀었다. 그러다 나가고, 또 새로 들어오면 그 사람도 돈 풀다 나가고, 이러는 동안 일본의 재정 적자는 자꾸 누적되어 지금 일본의 국채발행수는 세계 최고이다.

일본 경제의 몰락을 '잃어버린 10년'이라 부르기도 하는데, 그것도 모자라 일본 경제는 지금까지도 계속 '잃어버리고' 있다. 결국 경제규모에서 일본은 중국에 추월까지 당했다. 그래서 지금은 세계 제3의 국가가 되었다. 물론 그래도 지금 일본은 부자이다. 아직 부자는 부자인데, 그 존재감은 이전보다 못하다. 일본의 존재감, 일본이라는 나라의 깃발이 보이지 않는다. 그런 나라가 되어버렸다. 잘 눈에 띄지 않는 존재가 되어 버린 것이다.

---

2) 1985년 9월 22일 미국 뉴욕에 있는 '플라자호텔'에서 G5(미국, 독일, 일본, 영국, 프랑스) 재무부장관과 중앙은행 총재가 미국의 무역수지 개선을 위해 외환시장에 개입할 것을 결정한 회의 내용.

지금 일본에는 민주당이 정권을 잡고 있다. 그런데 이 정권 역시 지금 죽을 쑤고 있다. 앞으로 일본은 경제시스템, 정치제도, 사회제도 등 모든 것을 바꾸는 큰 개혁이 필요하다고 할 수 있다. 유럽과 미국 못지않은 큰 개혁이 일본에게도 필요하다.

근본 문제는 정부에게 있다!

지금까지 주로 선진국 이야기를 했다. 미국, 유럽, 일본까지. 이들 나라 모두 굉장히 어려운 상황 속에 있다. 게다가 그 어려움의 끝이 아직 보이지 않는다고 해야 할 것이다. 어려움의 끝을 보자면, 제대로 역할을 하는 정부가 있어야 할 텐데, 그런 정부가 잘 보이지 않는다. 따라서 어느 나라든 그 근본 문제는 정부에게 있다. '제대로 된 리더십을 갖춘 정부가 있느냐 없느냐' 근본 문제는 바로 여기에 있다. 한국이 잘되자면 무엇이 가장 큰 필요조건이냐 하면, 옳은 리더십을 가진 정부가 들어서느냐 마느냐의 문제이다. 어떤 나라를 막론하고 다 그렇다.

그런 의미에서 자유주의도 아주 잘못되었다. 이 노선을 고집하는 한 어떤 나라도 제대로 될 수 없다. 세상에 어떤 시대, 어떤 나라도 정부가 제대로 하지 않았는데도 잘되는 경우는 없다. 옛날 봉건시대 때도 그랬고, 자본주의 시대 때도 그렇고, 사회주의 시대도 그렇다. 앞으로 영원히 나라가 잘되자면 정부가 옳은 리더십을 가지고 유능해야 한다. 이게 바로 필요조건이다. 그런데 유능한 정부가 들어선다 말은 쉽지만, 실제로는 대단히 어렵다. 선거를 통해 그런 리더십을 뽑으면 되지 않느냐? 그런 사람이 어디 눈에 띄는가? 그런 사람이 후보로 나오는가? 아주 힘든 일이다. 그런 사람이 나와서, 국민 눈에 띄어 국민이 그 사람을 받들어 주고 일해야 결국 나라가 잘된다.

중국의 경우

이제 후진국 이야기다. 후진국의 대표가 중국, 인도, 러시아, 브라질이 있는데, 우선 중국과 인도에 대해서 간략히 몇 마디씩 하겠다. 중국은 아편전쟁(제1차 중영전쟁, 1839~1842) 이후 내리막을 걷기 시작해 매우 곤란한 지경까지 이르게 된다. 그러다 20세기 초에는 송장 같은 상태에 빠지게 된다. 그 송장에 여러 나라가 매 같은 맹금류처럼 달려들어 갈기갈기 뜯어 먹고, 찢어버렸다. 이런 상태의 중국은 도저히 재기는 불가능하다고 사람들은 생각했다. 그래도 과거 찬란한 문화를 자랑하던 나라였는데, 이제 중국하면 안 좋은 것의 대명사가 되어버렸을 정도였다. 지금도 여전히 그런 부정적 이미지가 남아 있긴 하다.

그런데 그런 고통들을 겪어내면서 중국이 다시 일어나기 시작했다. 중국이 당한 고통은 두 개의 혁명과 하나의 큰 사변을 꼽을 수 있겠다. 첫째 혁명은 1911년 '신해혁명'이다. 신해혁명을 통해 청나라가 멸망되었고, 중국은 공화국체제가 되었다. 그 다음 두 번째 혁명이 1949년 '중화인민공화국의 건국'이다. 공산주의를 전면에 내건 중국이 탄생한 것이다. 물론 그후에 중국이 별로 잘한 일은 없다. 하지만 몇 가지 획기적인 일은 했다. 이를테면, 남녀평등권을 확실히 보장했다. 그리고 모든 토지를 국유화했다. 다른 나라에서는 상상도 할 수 없었던 일인 토지의 국유화가 사회주의 중국에서 이루어진 것이다. 중국의 모든 토지는 나라의 소유지 개인의 소유가 아니다. 그 공과를 떠나서 획기적인 일임은 분명하다. 여하튼 그렇게 해서 발전의 길로 접어들었다. 그러다 나라의 리더십이 잘못된 판단을 하게 된다. 즉, 한꺼번에 큰 약진을 함으로써 몇 해만 노력하면 영국을 따라잡을 수 있다고 생각을 했다. 이를 '대약진 운동'이라고 한다. 1958년에서 1960년대 초까지 이어진 이 대약진 운동은 크게 실패했다. 그러다 65년경부터 비슷한 일을 또다시 시작했다. 그 일을 주도한 사람은 마오쩌둥이라는 사람인데, 그는 두 가지 일을 했다. 하나는 조금 전 이야기한 '대약진 운동'이고, 둘째는 '문화대혁명'이다. 문화대혁명이란 간단히 말해 과거의 모든 것을 다 때려 부수고 새로운 것을 마련한다는 식의 운동이다. 이 운동은 마오쩌둥이 죽음으로써 해결이 되었다. 이 운동들은 만9년 동안 중국에서 이어졌다.

여기서 잠시 내가 직접 체험한 에피소드 하나 이야기를 하겠다. 1991년 즈음 우리나라와 중국이 국교 정상화를 하기 전이었는데, 당시 나는 중국을 여행하고 있었다. 그때 사천성의 성도대학 건물을 보기 위해 들어갔다. 거기에는 마오쩌둥의 동상이 서있었다. 그때 안내하던 사람이 이렇게 나에게 물었다. "저 마오쩌둥 주석이 무슨 이야기를 하고 있는지를 아십니까?" 물론 알고 있다고 답하자, 연이어 무슨 이야기냐고 물었다. 그래서 "샤팡(下放 하방)아닙니까? 학생들! 농촌으로 가게나! 공부를 그만두고 농촌으로 가게나!"라고 하는 것이 아니냐고 말하자. 그 안내원은 내게 이렇게 말했다. "예, 그 말씀은 옳습니다만, 학생들은 이렇게 물었습니다. 몇 해를 가 있으면 되겠습니까? 그러니까 마오쩌둥이 5년을 가 있어야 된다고 대답했다 합니다." 그리곤 계속 말하기를, "그런데 마오쩌둥이 사실 거짓말을 했어요. 5년이 아니고 사실 9년을 가 있어야 한다는 겁니다. 왜냐하면 뒤에 이렇게 뒷짐을 지고 있는데, 그렇게 꼽은 네 손가락, 그러니까 4년은 감추고 9년이 너무 기니까 5년만 가 있으면 된다고 말한 것이죠." 재미있는 유머로 말을 풀고 있긴 하지만, 한번 생각을 해보자. 실제로 마오쩌둥은 모든 대학을 9년 동안 폐쇄했다. 상상도 못할 이야기다. 바로 이런 폭거에 가까운 일들을 한 것이 문화대혁명이었다. 그 때문에 중국은 거덜이 났다. 그후 마오쩌둥이 죽은 후 중국은 개방 개혁 정책을 채택했다.

이렇게 말도 안 되는 두 개의 혁명 때문에 중국의 국민들은 공산주의로는 안되겠다는 깨달음을 얻게 되었다. 그래서 1978년 겨울 마오쩌둥이 죽은 뒤부터 개혁을 시작해서 지금까지 대략 30년 동안 중국의 경제는 무려 매년 평균 약 9%의 성장을 이루었다. 마치 기적과 같은 성공이었다. 그런데 사실 그보다 더 중요한 일이 13억이라는 중국 국민을 먹여 살리는데 성공했다는 게 난 정말 큰 기적이었다고 생각한다. 북한과 비교해보면 그 업적이 어느 정도인지 충분히 짐작할 수 있을 것이다. 지금 중국은 국가적으로 굉장히 부유해졌다. 과거에 비해 지금은 후진국을 탈출하여 중진국이 되었다. 그런데 그동안 아주 빠른 속도로 전진하다 보니 많은 무리가 생겨나 지금 불만을 가진 국민들이 많아진 것 같다. 그래서 소송이나 데모가 많아지고 있다. 최근에, 여러분도 이미 신문을 통해 잘 알고 있겠지만, 보시라이[3](薄熙來)라고 하는 중국 충칭(重慶)시 당서기이며 유능하고 야심 많은 사람이 있었다. 이 사람이 권력의 중심에서 완전히 제거되면서 큰 일이 생겨났다. 여기서 이 사건을 자세히 거론할 수는 없겠지만, 아마도 중국 공산당 역사상 가장 큰 일에 직면했다고 볼 수 있다. 이 사건은 아마 오래 끌 것이다. 재판도 오래 진행될 것이고, 세계의 주목을 받게 될 것이다. 하지만 이 사건에도 중국의 성장은 지속될 것이라 본다. 물론 지금 중국의 성장률은 많이 낮아졌다. 과거에는 11% 정도였는데, 지금은 아마 8% 조금 넘었을 것이다. 중국의 제12차 5개년 계획에 의하면, 경제성장률 7% 대를 유지하겠다고 되어있다. 7%도 대단히 높은 성장률이다. 그만하면 되었다. 아니 그만하면 되었다가 아니라 내가 보기에는 그래야 된다. 그보다 더 높은 성장을 하게 되면 문제는 더욱 어려워진다. 중국은 여전히 문제도 많고, 어려움도 있는 문제투성이의 나라이긴 하지만, 성장 요인이 그대로 살아있기에 앞으로 이

---

3) 보시라이는 중국출신 톱배우인 장쯔이(章子怡)의 성접대 받은 사실이 드러나면서 자리에서 물러났다. 이들 성스캔들에는 천문학적인 돈이 소요되었고, 그 자금은 대만의 쉬밍(徐明) 다롄스더(大連實德) 그룹 회장으로 나왔다고 알려져 있다.

정도 성장률은 유지할 수 있을 것이라 생각한다.

인도의 경우

인도는 해방 이후부터, 즉 1948년 이후부터 1990년대 초까지 사회주의적 정책을 유지했다. 이전 소련과 비슷한 정책을 시행했다. 하지만 그 결과 아무런 발전이 없었다. 그러다가 지금 수상을 하고 있는 만모한 싱(Manmohan Singh, 1932~)이 1991년에 재무장관이 되었다. 그때부터 개방-개혁을 해서 높은 성장을 하기 시작했다. 90년대 들어한 10년 동안 연 9%의 성장을 이뤄냈다. 그러다 자꾸 문제가 생기기 시작했다. 인플레 문제이다. 얼마 전까지만 해도 인플레 때문에 생긴 물가 상승률이 9% 정도였다. 이 정도면 굉장히 큰 인플레이션이다. 또한 국제 무역수지가 적자가 되었다. 전체적으로 경제가 상당히 어려워졌다. 경제가 어려워지니 외국자본이 들어오지 않게 되었다.

경제가 이렇게 어려워진 이면을 살펴보면 역시 정치가 문제였다. 인도는 세계에서 제일 큰 민주주의 국가다. 그들은 이것을 자랑으로 이야기한다. 그것은 독재가 아니라 국민이 선거를 통해 정치지도자를 뽑는다는 말일 것이다. 그런데 가만히 따져보면, 난 그게 과연 민주주의인지 잘 모르겠다. 지금 네루(Jawaharlal Nehru, 1889~1964)가 죽고 난 후 4대째 인도의 정치리더십은 세습이다. 네루가 초대이고, 그의 딸 인디라 간디(Indira Priyadarśinī Gāndhī, 1917~1984)라는 사람이 2대,

그 딸이 죽고 나서 그 아들, 즉 네루의 외손이 집권을 했다. 그것이 3대째이다. 그 사람 이름이 라지브 간디(Rajiv Gandhi, 1944~1991)이다. 그가 죽고 나서 부인인 소냐 간디(Sonia Gandhi, 1946~)가 지금 집권 여당의 당수 노릇을 하고 있다. 네 사람이 전부 한집안이고, 세습이 3대이다. 사람들이 이렇게 3대에 걸쳐 4명이 정권을 쥘 수 있는 이면에는, 무언가 아직도 옛날의 사고방식이 인도에서는 작동하고 있기 때문이라고 본다. 따라서 이걸 가지고 민주주의라고 하는 것은 조금 그렇다고 생각한다.

앞으로 어떻게 될 것인가? 이 나라 참으로 문제이다. 조금 전 말한 소냐 간디라고 하는 여당의 당수는 건강이 나빠 외국 병원에 다니느라 인도를 비우는 경우가 많고, 심지어 간디 당수는 싱 수상과 서로 사이도 좋지 않다. 그래서 앞으로 어떤 정권이 들어서느냐가 아주 큰 문제가 될 것이다. 그래서 인도를 그렇게 낙관적으로만 볼 수는 없다고 생각한다.

전망, 나라도 문명도 나이를 먹는다!

선진국과 후진국 모두 살펴보았으니 이제 전망을 해보겠다. 지금 세상의 모든 나라는 움직이지 않는 나라는 없다. 모든 나라가 움직이고, 달라지는데 달라지면서 나이를 먹게 된다. 나라도 나이를 먹고, 문명도 나이를 먹는다. 그러니까 자본주의 문명, 이것도 나이를 먹는다. 항상 젊을 수는 없다. 나이를 먹으면 사람은 어떻게 되는가? 결국 생각이 굳어지고, 행동이 굼뜨게 된다. 즉, 시대의 변화에 적응하기가 어려워진다. 적응력이 떨어지기 때문이다. 나이를 먹으면 결국은 제대로 실력을 발휘하기가 어렵게 되는데, 나라도 그렇고 문명도 마찬가지다.

내가 보기에 지금의 선진국은 너무 나이를 먹었다. 미국을 봐도 나이를 먹었다. 미국의 경우도 1776년 독립한 때의 제도 그대로이다. 그 사이 시대에 뒤떨어진 것이 알게 모르게 많이 생겨나서, 효력을 발휘하기가 어렵게 되었다고 본다. 유럽도 나이를 먹었고, 일본도 나이를 먹었다. 나이를 먹은 나라가 잘되자면, 젊어져야 한다. 새로 젊어지자면 무엇을 해야 되느냐? 혁명에 가까운 개혁을 해야 한다. 큰 개혁을 하지 않으면, 계속 나이를 먹게 되고, 그러면 점점 더 어려워질 뿐이다. 그래서 난 어떤 나라든지 한 30년 주기로 큰 개혁을 해야 한다고 생각한다. 가만히 있으면 나이가 들고 사정이 어려워지기 때문이다.

기성, 말하자면 집권세력이라 할까, 기득권이라 할까? 사람들이 무언가를 꽉 잡고 있으면, 어찌해 볼 도리가 없다. 그래서 아까 말한 대로 자본주의 경제를 꾸리고 있는 선진국이 일률적으로 약화되고 있는 것이다. 거기에 비해서 후진국들은 나이를 좀 덜먹는다. 중국은 나이를 먹은 나라긴 하지만, 아까 말한 대로 두 번의 혁명 등, 세 번의 큰 사건을 겪으면서 아직도 젊음을 유지하고 있다고 할 수 있다.

제대로 된 리더십이 필요하다!

끝으로 우리나라에 대해서도 몇 마디 언급하도록 하겠다. 우리나라는 60년대부터 최근에 이르기까지 잘 발전했다. 거의 기적과 같은 발전을 했다고 본다. 지금 우리나라 사정은 어떠냐 하면, 결국 서양 선진국들이 하는 일과 똑같은 생각을 가지고 한 것이 많고, 그 결과 역시 선진국이 당하고 있는 것과 비슷한 상황을 만나고 있다고 본다. 경제가 불균형하게 되었고, 정치가 기능을 잘 발휘할 수 없게 되었고, 사회가 양극화되어 가고 있다. 그래서 우리나라도 결국 새로운 개혁을 필요로 하고 있다고 본다. 조금 전 선진국에 대해서 이야기한 것과 마찬가지인 셈이다.

우리나라의 어려움은 1997년에 당한 IMF의 어려움과 비슷하다고 말하는 사람이 있다. 하지만 나는 IMF의 어려움은 지금에 비한다면 아무것도 아니라고 본다. 사실 지금이 더 어렵다고 나는 본다. IMF 때에는 무엇이 어려운 지 그 내용이 확실했다. 따라서 방향도 분명했다. 그것은 자유화였다. 그때 정말 우리는 자유화를 필요로 했다. 그때 미국의 방향도 그것이었다. 그것을 따르면 되었다. 그리고 그때는 교과서가 있었다. 문제 해결을 위한 교과서가 있었고, 그대로 하면 되었다. 이에 반해 지금은 이렇게 하라고 지시하는 나라도, 교과서도 없다. 나름대로 우리가 책을 써가며 우리 스스로 진로를 발견해야만 한다. 이것이 굉장히 어렵다. 결국 그래서 필요로 하는 것이 '리더십'이다. 제대로 된 리더십을 갖춘 유능한 정부를 갖는 것, 이것이 정말 필요하게 되었다.

옛날 중국에 사마상여(司馬相如, BC 179~117)라는 사람이 있었다. 그는 "비상시, 아주 비상한 어려움이 있을 때에는 비상한 사람이 나와야 비상한 일을 할 수 있고, 비상한 일을 한 다음에야 비상한 공을 세울 수 있다"라는 말을 했다. 지금 우리가 필요로 하는 것은 참으로 훌륭한 리더십을 가진 지도자이다.

제4기 (2012. 4. 20)

인문학과 창조적 상상력

이어령

네오필리아, 새로움을 사랑하는 존재

다른 곳에서도 환영을 받긴 하지만, 대학에서 이렇게, 그것도 강연하기 전에 기립 박수를 받아 본 것은 이 학교가 처음이다. 왜 내가 대학에서 환영을 받지 못하느냐? 오늘 인문학에 대한 이야기를 하라고 하는데 나는 전통적인 학자가 아니다. 에세이를 쓰고, 강연을 하고 때로는 88올림픽 개막식 퍼포먼스를 하는 등 여러 삶의 현장에서 살아왔기 때문에 무언가 전통적인 학문만 하시는 분, 연구실에서 학생들과 조용히 상아탑에서 연구하시는 교수로 보았을 때는 환영할 만한 인물이 못된다. 또 내가 쓰는 글은, 옛날 있었던 것을 정리하고 학생들에게 잘 가르치는 사람이 아니라 끝없이 도전하고 새것을 만들려고 하니까 그 당시에 사람들은 내 뜻을 잘 몰랐다.

아는 이야기를 해야 하는데, 정작 나는 아는 이야기를 반복하고 싶지 않았기 때문에 항상 틀린 말이라도 새로운 자극 혹은 새로운 것을 찾았다. 이것을 생물학자들은 라틴어로 '네오필리아'(neophilia)라 표현한다. 사랑에는 이렇듯 여러 가지 종류가 있다. 동물들에게 영혼이 있는지는 몰라도 필리아(philia), 즉 사랑하는 것은 있다. 동물들도 새끼를 낳으면 그것을 매우 아끼고 사랑한다. 이를 '바이오필리아'(biophilia), 즉 '생명 사랑'이라 할 수 있다. 그리고 죽을 때 머리를 자기가 태어난 곳을 향한다는 뜻의 '수구초심'(首丘初心)이란 말이 있다. 짐승들은 다 자기 영역이 있어서 그 안에 있어야 힘을 쓰고, 자기 생존을 확인한다. 그러니까 사랑에는 크게 세 가지, 즉 '토포필리아'(topophilia, 장소에 대한 사랑), '바이오필리아'(biophilia, 생명에 대한 사랑), '네오필리아'(neophilia, 끝없이 새것을 탐구하는 사랑)이 있다.

그렇기 때문에 나는 대학이 공부하는 곳, 가르치는 곳이라기보다 모여서 '새로운 것을 창조하는 창조의 장소'가 되어야 된다고 생각한다. 그랬을 때, '가르침'(Teaching)과 '배움'(Learning), 이것만으로는 안 되고, 그것을 넘어서 '생각'(Thinking)해야 하고 또 거기에 멈춰서는 안 되고 '창조'(Create)해야 된다고 생각한다.

스티브 잡스는 대학 2년 만에 중퇴한 사람이다. 아주 불행한 고아로 자라나서 양아버지, 양어머니 밑에서 컸는데 다행히 그 양부모님들이 여유가 있어서 잡스는 대학에 진학하지만 결국 돈이 없어 남들과 같은 정상적 코스를 밟지는 못했다. 그런데 스티브 잡스는 대학을 졸업하지는 못했지만, 대학 졸업식 같은 곳에서 오늘 내가 여기에서 하듯이 강의를 많이 한 사람이다. 그러니까 유명한 여러 대학들의 졸업생들에게 교수들이 하지 못했던, 즉 가르치고 배우는 것에 포함되지 않던 것들을 전해주는 사람이 되었다.

세계적 CEO 중에서도 창조적 상상력으로 이름 높은 스티브 잡스의 연설은 절대 학문적인 것은 아니었다. 그의 졸업식 강연을 듣고 있던 스탠포드대학 교수들 중에 학문적으로 잡스보다 못한 사람이 어디 있겠는가? 그런데도 잡스의 강연은 학생들의 피를 끓게 하였고, 그것은 학문적인 것이라고 말할 수 있는 것은 아니다. 그는 졸업생들을 향해서,

"Stay hungry! 여러분들은 배부르면 안된다. 끝없이 배고파라. 그래야 무엇인가를 구한다. 만족하지 마라. Stay hungry! 배고프거라. And stay foolish! 그리고 약삭빠른 사람이 되지 마라. 우직하게 자기 꿈을 접촉하라. 남들이, 자기 여자친구가, 부모들이 원하는 흔히 말하는 정형된 인간이 되지 말고, 정말 편한 길을 두고서도 어려운 길을 가고, 금새 돈을 벌 수 있는데 그것을 벌지 않고 다시 꿈을 쫓아가고. 이런 어리석은 사람이 되라!'

이 짤막한 말, 그것도 자기가 한 말이 아니다. 이 말은 독립적으로 자그마한 잡지를 내던 컴퓨터 동호인들이 자금 사정으로 회사의 문을 닫으며 마지막으로 남겨놓은 말이기도 하다. 그들은 자신들의 마

지막 잡지 제일 뒤표지에 해가 극광에 이르는 사진 한 장 찍어놓고, 밑에다 '우리는 이제 더 이상 돈이 없어 이 잡지를 못 낸다'고 밝히고, 맨 마지막에 'stay hungry, stay foolish' 바로 이 말을 적어놓았다고 한다. 그리고 잡스는 이 말을 인용하여 스탠포드대학 졸업생들에게 강연하였다. 그러니까 사람들이 박수를 치며 거기에다 전부 '스티브 잡스 당신하고 일하고 싶어요. 당신 회사에서 일하고 싶어요' 하며 애플사에 취직하기를 스탠포드 학생들이 표했다고 한다.

스티브 잡스가 그냥 보통 엔지니어, 보통 컴퓨터를 하는 사람, 보통 마케팅을 하는 CEO에 머물렀다면, 오늘날 트랜스미디어(Transmedia), 새로운 미디어 혁명을 이끌어 옛날과 다른 컴퓨터, 이전과 다른 인터넷, 과거와 다른 새로운 사이버 세계를 만드는 주역이 될 수 있었을까? 아이맥-아이팟-아이팟 터치-아이폰-아이패드로 이어지는 잡스의 끝없는 미디어 혁명은 단순히 기술 때문만은 아니다. 바로 여기 우리가 지금 인문학에 대해서 이야기하는 이유가 자리한다.

잡스는 인문학자였다. 그는 인문학을 가까이했고 사람을 연구했지, 디지털 기술에만 집중한 사람은 아니다. 그렇기 때문에 같은 것을 만들어도, 즉 똑같은 컴퓨터, 똑같은 태블릿 PC, 똑같은 스마트폰이라 하더라도 왜 젊은이들이 잡스가 만든 제품에 줄을 서고 전 세계에서 없어서 못 파는 것인가? 그는 단지 상품만을 만들고, 전자기기만을 만든 것이 아니라, 그의 말대로 끝없이 새로움을 탐구하는 인문학자적 열정을 가졌고, 그것을 제품 속에 담아냈기 때문이다.

인문학은 숫자가 아니다

인문학이라고 하는 것은 솔직한 이야기로 학문으로 검증될 수는 없다. 아인슈타인의 '상대성 원리'는 결국 한참이 지난 후에 아프리카 지역의 관측을 통해 그의 이론이 맞는다는 것이 증명되었다. 지금 우리가 쓰고 있는 GPS는 전자시계의 시차, 아주 미묘한 그 오차를 줄일 수 있는 과학자들, 그때는 아무 쓸모없는 이론이라고 봤는데, 상대성 이론이라든가 우주의 시간, 사실 우리는 지구의 시간만 가졌으면 되는데 우주 속의 시간이라고 하는 연구가 있었기 때문에 오늘 GPS, 내비게이션(navigation) 같은 것을 쓸 수 있게 되었다.

그렇다면 이렇게 아인슈타인의 이론은 여러분의 호주머니에 있는 GPS에 의해 증명이 되지만, 인문학이라는 것은 증명할 길이 없다. 칸트, 헤겔과도 같은 철학자들이나 역사학자들의 이야기는 제각기 다른 것을 말하는데 그것을 증명할 수도, 또한 숫자로 보여줄 수도 없다. 숫자로 증명이 안 되는 것, 정확하게 논리를 써도 모두에게도 동일한 점수로 나타나는 것, 이런 것은 인문학 분야가 아니다. 그래서 대학에 휴머니티스(humanities)라고 하는 것은 과학이 발달할수록 실용적으로 시장지향적인 나라, 사회 그러한 조직에서는 배제되어, 인문학을 전공하는 교수, 학생들의 숫자는, 미국을 예로 들자면, 2~30년 전에 비해 꼭 반 토막이 났다. 지금 많은 이들이 인문학을 하지 않는다. 취직이 안되고, 연구비가 잘 안 나오기 때문이다.

여러분들도 지금 인문학이나 신학이 아니고, 만약 애니메이션을 전공하고 있으면 정부에서 돈을 줄 것이다. 콘텐츠 개발비가 나온다. 그런데 여러분들이 시를 연구하겠다, 중세 언어를 전공하겠다고 하면 절대로 연구비가 안 나온다. 그런 연구비를 주는 부서도 없다. 또한 정부나 국가가 인문학에 대해 개입해서도 안된다.

문화부 장관 취임 초기 소련의 기자들이 나를 찾아왔다. 당시 소련의 사회주의 체제는 붕괴되고 있었다. 러시아라는 개방적이고 민주적이며 자본주의 성향이 강한 새로운 국가가 탄생하고 있었기 때문에 이전 소비에트 연방의 문화 정체성은 없어지게 되었다. 당시 소련은 국가가 문화를 다 했다. 우수한 이들을 선발하여 무용도 시키고, 작가를 데려다가 창작활동을 하도록 해주었다. 그래서 자기네들 문화부를 어떻게 만들까 고민하고 있는데, 마침 한국의 새로운 정부가 이전의 문공부가 아니라 문화부를 만들게 되니까 기자들이 찾아온 것이다. "당신의 문화부의 비전이 무엇입니까? 문화부는 왜 만들었습니까? 초대문화부 장관으로써 문화부를 어떻게 이끌겠습니까?" 그때 나는 이렇게 답했다. "나는 10년 후에 이 문화부를 없애기 위해서 초대 장관으로 왔습니다. 내 역할과 사명은 한국에서 문화부라는 것을 없애는 것입니다." 그랬더니 깜짝 놀라며 "아니 무슨 말을 그렇게 하십니까?" 다시 나는 "문화는 국가가 하는 것이 아닙니다. 우리가 워낙 지금 토대가 없으니까 필요한 것뿐입니다. 즉, 글라이더를 날릴 때 먼저 견인차가 끌고 가 부력과 양력을 얻어 날게 되듯이 우리나라의 문화를 10년 정도 끌어주면, 글라이더처럼, 비행기처럼 스스로 날게 될 것입니다. 이것이 문화이지 정부가 일일이 이렇고 저렇고 해서는 안됩니다"라고 말했다. 그러자 그들은 의아해서 그 이유가 무엇인지 물었다.

이유는 단 한가지이다. 국가는, 특히 민주주의 국가의 최고 가치는 '투표'이다. 법을 만들 때도 투표로 하고 대통령을 뽑을 때도 투표로 하는데 시인을 투표로 뽑을 수 있겠는가? 우리가 시를 쓸 때, 독자한테 투표로 나 여기다가 이렇게 쓸까, 저렇게 쓸까 물어볼 수가 있는가? 그림을 그리는데 나 여기에 빨간색 칠할까, 파란색 칠할까 일일이 상의하면서 그리는가? 정신영역과 국가가 다루는 권력영역은 아주 다른 것이다. 노래하고 춤추고 생각하고 글 쓰는 것은 어떤 구속도 받지 않는 자유로움 속에 창조력이 나오는 것이지, 아무리 민주주의 원리가 좋다 해도 예술문화에는 안 통한다. 투표로 모든 것을 결정할 수 있다고 소설가나 시인을 정부 주도로 1등, 2등, 3등 이렇게 순위를 매길 수 있겠는가? 기업만 하더라도 과세금액을 가지고 어떤 회사가 최고인지 객관적으로 증명할 수 있다. 그런데 누가 최고의 한국 작가인가? 노벨상을 받게 되면 뜨기야 하겠지만, 그 상을 받았다고 반드시 1등은 아니다. 예술문화에는 등수가 없다. 인문학도 마찬가지다. 그렇기 때문에 자연과학이나 사회과학까지도 통계 또는 숫자로 표현될 수 있지만, 인문학이라고 하는 것은 마치 사람에 대해 이야기하는 것처럼 숫자로 표현될 수가 없다.

아주 어렸을 때, 어머니가 '너 얼마나 엄마를 사랑해?'라고 물었다. 이 사랑이라는 것은 숫자가 아닌데, 이미 세상은 전부 숫자로만 믿는 세상이기 때문에 나는 어떻게 어머니를 사랑한다는 것을 표현할까 고민했다. 그 땐 글도 쓸 줄 모르고, 문학도 몰랐으니까. 흔히 어린애들한테 물으면, '하늘땅만큼, 모래 수만큼 사랑한다'고 한다. 하늘과 땅 사이의 모래 숫자만큼 사랑한다. 이렇게 꼭 사랑을 숫자로 이야기 해야 한다는 것이다. 그래서 아까 내가 대학에서 환영 받지 못하는 교수라고 표현했다. 환영 받는 것이 아니라 오히려 자극을 주고, 끝없이 가르치고 배우는 것이 아니라 생각하고 창조하는 교수가 되고 싶었지 이미 있는 모든 것을 지켜주고 전수하는 사람이 되고 싶지는 않았다. 그렇기 때문에 나는 대학을 떠나면서 한 고별 강의에서도 이야기 했지만, "나는 실패한 교수이지만, 여러분들은 성공한 학생이 될 것입니다. 왜냐하면 내가 실패한 교수였기 때문입니다"라고 역설적 이 야기를 했었다.

아마추어로 살아가라!

여러분들 최근에 신문을 통해 보았겠지만, 난 인문학으로 글 쓰는 사람으로 그동안 반기독교까지는 아니지만, 무신론자로서 자유롭게 살아오며 누구의 구속도 받지 않았다. 이른바 자유인으로 일평생 살아온 사람으로 내가 기독교를 믿으리라고는 상상도 못했는데 지금은 세례를 받고 교인이 되었다. 그때 나와 친했던 소위 인문학자들, 문학자들이 찾아와 차라리 대놓고 욕을 하면 괜찮을 텐데 와서 빈정대는 것이다. 그들의 첫마디는 대부분 "어이! 이 교수 예수쟁이 됐다며?"이었다. 그때마다 나는 "그래서 너는 욕쟁이 됐냐?"라고 하며 또 대학에 있었던 습관대로 설교를 시작했다. "이 세상에 욕쟁이가 어디 있냐? 욕이 프로면 돌아다니며 욕하는 프로가 어디 있냐?" "내가 당신에게 욕쟁이라고 한 것이 잘못된 것처럼, 당신도 나를 예수쟁이라고 부르지 마라. 프로가 되지 마라. 나는 예수는 믿어도 아마추어다. 그레이트 아마추어! 라틴어로 아마추어가 뭔지 아느냐? '사랑한다'는 뜻이다. '사랑하는 사람'이라는 뜻이다." 그 다음에 내가 한 말이 있다. "너 누군가와 사랑을 할 때, 프로하고 하고 싶으냐? 아마추어하고 하고 싶으냐?" 사랑을 하는데 프로하고 하고 싶은 사람 이 세상에 어디 있겠는가? 정말 사랑이 뭔지 모르고, 처음으로 이 사람 사랑 느끼고, 서툴고 이게 진정한 사랑이지, 그냥 프로가 되어가지고 능숙 능란하게 남자 비유 맞추고 하는 것은 직업여성이지 참된 애인은 될 수 없지 않은가?

인문학자는 프로인가? 아니다. 창조하는 사람은 프로가 아니다. 프로는 다 알 뿐만 아니라 자기가 하는 것을 사랑하지 않는 것은 아니지만 더 사랑하는 것이 있다. 가령 내가 골프를 친다고 해보자. 재미로 골프를 쳤다면 이것은 아마추어이다. 그런데 내기 골프를 친다든지, 프로골퍼가 되어서 타이거 우즈처럼 상금을 탄다면 이미 이 사람은 골프 자체를 사랑하는 것이 아니다. 골프는 수단이 되는 것이고 골프로 얻어지는 돈이 목적이 된다. 학문을, 여러분들이 학문 자체가 즐거워서 했다면, 그것은 아마추어이지만, 학문을 써서 무엇을 했다면 그것은 프로이다. 오늘날 자본주의 사회는 전부가 프로가 되는 세상이다. 돈이 모든 가치의 척도요 행복이다. 니체는 신이 죽었다고 했는데, 그 이후 신이 부활했다면 그것은 돈일 것이다. 그러니까 지금 세상은 과학이든, 무엇이든 돈이 안 생기는 건 안된다.

나는 문학을 했고, 그 중에서도 가장 인기 없는 문학평론을 했다. 돈 생각이 있었으면 나는 절대 국문학과에 들어왔거나, 들어오고 난 후에도 대학교수는 되지 않았을 것이다. 여러분들이 존경하는 스승들은 다른 것은 다 그만두고 여러분들이 스승이라고 하는 단 한 가지 사실로 그분들은 자본주의 사회에서는 아마추어이다. 무슨 아마추어인가? 진리를 사랑하고, 선을 사랑하고, 여러분들을 사랑하는 분들이다. 교수가 되면서 돈 벌 생각하고, 국회의원 될 생각하고, 대통령 될 생각하고 … 물론 사람이기에 어느 조직에서건 그런 교수들도 있긴 하겠지만, 객관적으로 본다면 대학에 몸담고 있는 지성인들은 일차적으로 돈하고는 직접적 관련이 없다. 돈이 없어도 된다는 것이 아니라 돈 자체가 목적이 아닌 것이다. 그래서 여러분들의 인문학이라는 것이 무엇이며, 창조적 상상력이 무엇이냐 할 때는 놀랍게도 시장주의에 대한 이야기나 자본주의 체제에 있어서 일어나는 오늘날 우리에게 너무나도 익숙해진 이야기를 하는 것이 아니기 때문에 사실상 불필요한 이야기를 한 시간 이상 듣고 있는 셈이 된다.

여러분들이 꿈꾸는 것이 혹시 사회에 나와서 이 대학을 나와 꾸는 꿈이 시장주의적이라면, 오늘 나의 이야기는 아까 스티브 잡스처럼 어리석어지라고 하고 배고프라고 하는 정반대의 이야기밖에는 할 수가 없을 것이다. 그런데 나를 보라. 내가 인문학을 했기 때문에 머리도 물들이고, 임플란트를 했으니 젊어 보이지, 내가 지금 일흔 아홉이다. 그러면 일흔 아홉 먹은 의사선생님이 계속 의사 할까? 검사, 판사가 70넘어서도 할 수 있을까?

우리 집은 괜찮게 살다가 몰락한 집안이다. 내가 유일한 집안의 꿈이었다. '쟤가 법관이 되고 의사가 되고 무언가 상과대학, 경영학과에 들어가 사장이 되면, 우리가 옛날의 영광을 찾을 수 있을 것이다.' 우리 가족뿐만 아니라 옛날에는 많은 사람들이 그렇게 생각했다. '얘 하나만 잘 키우면, 우리는 옛날처럼 다시 일어설 수 있다.' 그래서 내가 서울대학교 시험 칠 때에 모든 가족들이 내 후원을 해주었다.

붙었다고 하니 특히 우리 백부 되시는 분은 지금도 내가 마음이 아픈 것이 소를 잡고 동네 사람 다 모아 놓고, '얘가 내 조카인데 서울대학교에 들어갔어. 옛날 경성제대에 들어갔어!' 그렇게 자랑을 했다. 그래서 고시 패스해서 판사 되는 것이 그 시대의 최고의 꿈이었다. 권력 없던 시절, 가난했던 시절에 판검사 되는 것, 의사되는 것이 보통 사람들이 갖는 유일한 꿈이었다. 그러니까 우리는 옛날 그러한 시대에 살았던 사람들이라 어렵게 되었을 때에 판검사가 될 수 있고, 의사가 될 수 있는 그런 학교에 들어갔다니까 그냥 환영을 해서 동네사람들 다 모아놓고 축하를 한 것이다. 나를 축하하기 보다는 동네 사람들을 모아놓고 일종의 협박을 한 것으로도 볼 수 있다. '야! 니들 우리 무시하지 말어! 얘가 지금 대학에 들어가서 몇 년 후에는 말야, 우리 집한테 잘못하면 너희들까지도 큰일 난다' 하는 식으로 동네에다가 위세를 떠는 것이다. 여기까지는 잘 됐는데, 그 여러 사람들 앞에서 '그래, 너 대학에서 뭐를 배우냐?' 그때는 난 당연히 문학을 어렸을 때부터 했으니까 '국문학이요.' '국문학이 뭐하는 거냐?' '우리 언어 하는 거예요'라고 하니까 얼굴이 싹 달라지면서 '대학 간 녀석이 아직도 언문을 배우냐?' 이러는 것이었다. '영어를 배운다, 독일어를 배운다, 판검사를 배운다'라고 하는데 우리나라 말을 배운다니 앞이 깜깜해진 거였다. 소를 잘못 잡았다고 생각했던 것이다. 그때 왜 내가 문학을 했을까? 우리 집이 이렇게 가난한데 지금 내가 판사가 된다고 했더라면, 의사가 된다고 했더라면, 은행원이 된다고 했더라면 적어도 그날 잔치는 빛났을 텐데. 처음으로 내가 문학을 한 것에 대해 후회를 했다.

인문학이라는 것은 바로 이 자리 여러분이 어렸을 적 시절, 들에 나가면 그게 다 인문학이다. 사회가 아니고, 경제가 아니라, 사랑하고 말하고, 웃고 악수하고 이게 바로 인문학이다. 그 나머지 일은 인문학이 아니다. 여러분들이 악수하는 것, 서로 사랑한다고 말하는 것, 눈웃음치는 것, 이런 것들이 모두 인문학의 대상이 된다. 생각해보자. 정말 여러분들은 우리 백부가 생각했던 것처럼 우리말, 우리 문학을 잘 알고 있는가?

인문학은 생명의 가치를 지향한다

오늘 나는 실제로 내 경험을 중심으로 이야기를 풀어가 보겠다. 인문학자이자 문학자인 나와 여러분들이 일대일로 풀어가 보도록 하자. 여러분들이 인문학에 대해 무엇을 아는지 증명을 해보이겠다. 나는 돌잡이 할 때의 기억이 없다. 아주 어렸을 때니까. 어머니가 두고 두고 "얘 너 돌날 말이야 돌상에서 말이지, 쌀도 있고, 돈도 있고, 엽전도 있고 말이야 다 있는데, 책을 집었단다. 붓을 집었단다." 아주 자랑스럽게 이야기하셨다. 지금 같으면 김연아가 금메달을 땄다니까 돌상에다가 스케이트도 갖다 놓고, 박찬호가 몇만 불 번다니까 야구공이나 배트를 놔두고 그거 집으라고 하기도 한다. 그런데 어머니께 지금도 감사한 것은, '정말 대학에서도 밥 굶는 우리나라 말 배우는 공부나 하나'라고 말씀하지 않으시고 자랑스럽게 책을 집었다고 추켜주신 일이다. 어떻게 쌀도 있고 돈도 있는데 … 그리고 어머니는 나한테 꾸준히 책을 읽어주셨기 때문에 지금 이 나이가 되어서 여러분들 앞에 이런 이야기를 할 수 있는 밑바탕이 되었다. 그때 쌀을 집었더라면, 요즘 부동산 시세도 올라서 부자가 되었을까? 그때 내가 활을 잡았더라면, 일흔아홉 살 먹은 장군이 어디 가서 군대를 이끌 수 있을까? 내가 만약 외과 의사를 했더라면, 일흔아홉 먹은 사람이 어떻게 지금 수술을 할 수 있을까? 이 말은 의사, 변호사, 검사 등의 직업이 나쁘다는 것이 아니라 우리보다 훌륭한 역할을 하는 것이지만 인문학이라는 것은 적어도 초라하고 보잘 것 없고, 대학경쟁률도 없고 하지만 오랜 시간을 놓고 보면, 그 많은 궁전 다 사라졌지만, 아직도 중세 때의 성당은 관광해보아서 알지만 살아있지 않은가. 제왕들의 무덤에는 지금 아무도 가지 않는데 보드랑, 랭보 또 무슨 모차르트의 공동

묘지는 형편없이 작은 곳에 묻혀 있지만, 지금 가보면 꽃이 끊일 날이 없다. 난 이것이 더 놀랍다. 그 당시에는 권력이, 기세가 당당하던 분들도 지금은 그 무덤이 어디있는지도 모르지만, 자신들의 생각과 느낌을 말로, 음악으로 색채로 이야기한 레오나르도 다빈치, 미켈란젤로, 로댕, 이런 사람들은 전부 지금도 무덤에 꽃이 놓여 있다.

금이 왜 중요한가? 구리나 쇠는 시간이 흘러가면 사라지지만, 금은 변하지 않는다. 이 변하지 않는 언어, 선, 진리, 이런 것들은 시장주의의 눈에는 값어치가 별로 없지만, 교환가치도, 사용가치도, 소유가치도 없지만, 생명가치에서는 최고인 것이다. 그렇기 때문에 진짜 의학을 하고, 법학을 하고 학문을 하는 사람들은 실용적인 사람 못지않게 죽고 난 후에도 그 가치가 남게 된다. 시장에서 직접 써먹는 것이 아니고, 같은 의학에서도 임상이 있고, 쉽게 의사로 할 수 있는 것이 있는데 고흐 같은 사람들, 그 사람이 탄저병을 제일 먼저 발견한 사람인데 그것은 단순한 직업이 아니라 세균이라는 것을 새로 발견한 삶의 즐거움이 있었다. 고흐라는 사람은 시인과 비슷했다. 이 사람은 의과 대학을 나왔는데 끊임없이 아프리카나 사람들이 가지 못한 넓은 세계를 여행하고 싶어 했다. 하지만 그때마다 부인이 잡았다. 그러나 자꾸 도망가려고 하니까, 시골 병원 의사로 고흐를 쳐넣은 것이다. 그래도 고흐는 끊임없이 창문 너머를 바라보았다. 넓은 하늘, 가보지 못한 초원, 그곳을 꿈꾸었다. 그때 막 현미경이 생기기 시작했다. 현미경은 아주 신기했다. 들여다보면 눈으로 보이지 않는 여러 가지 세계가 보였다. 현명했던 부인은 이 현미경을 고흐의 생일선물로 사 주었다. 고흐는 바깥세상에만 관심이 있었는데, 현미경을 보니까 아주 작고 작은 세계에서도 아프리카보다도 넓은 세계가 있다는 것을 알게 되었다. 그때부터 바깥에 떠돌아다닐 생각 안하고 그냥 현미경 앞에 계속 붙어 있었다. 돈을 벌려고 했던 것이 아니라 이 사람은 의학의 병이 만들어지는 세균을 발견하는 그것에서 삶의 보람을 느끼게 되었다. 이것이 삶의 즐거움이다.

그러니까 공자가 뭐라고 하셨나? '지지자는 불여호지자'(知知者 不如好知者)라. '지식을 아는 사람은 삶을 좋아하는 자만 못하고', '호지자는 불여낙지자'(好知者 不如樂知者)라. '좋아하는 자는 즐기는 자만 못하느니라'. 최고는 '지호락'(知好樂)인데 최고를 '즐거움'에 두었다. 여기가 신학대학이고, 내가 요즘 교회에서도 많이 이야기하지만, 우리가 아주 잘못 알고 있는 것이, '악마가 돌을 내면서 빵으로 떡으로 만들어봐라.' 그게 마지막 유혹이다. 만약 예수께서 그때 '좋다 내가 이 돌로 빵을 만들어 볼게' 하고 돌을 가지고 빵을 만들었더라면, 예수는 오늘날 무슨 발효 연구자나 경제학자나 되었을 것이다. 돌을 갖고 부가가치가 높은 빵을 만드는 것이다. 그래서 나는 교회에서 그러는데 오병이어(五餠二魚)를 제발 강조하지 말라고 한다. 예수는 얼마나 쓸쓸하셨는가? 그분은 군중들에게 죽지 않는 메시지, 영원히 사는 삶의 가치를 많이 말씀하셨다. 부자 되고 배부른 이야기가 아니라, 먹으면 죽지 않는 빵, 영혼의 말씀을 전하는데, 가장 아끼는 제자들도 말씀이 중요한 것이 아니었다. 그들은 와서 자꾸 이야기하기를, "예수님, 이 많은 사람들이 왔는데, 여기 음식들도 없고, 어떡하죠? 여기

배고플 텐데 어떡하죠?" 지금 영원히 사는 말씀을 이야기하는데 먹으면 하루만 지나도 배가 꺼지고, 빵을 죽어라 먹어봐야 죽는 육체를 가꾸는 것인데, 자기를 쫓아 다니는 제자들마저도 하나님 말씀보다도 먹는 빵에 더 관심을 갖고 있었다. 그러니까 "그러냐?" 자꾸 빵 걱정을 하니까, "세상에 이런 것은 아무것도 아닌데, 돌을 갖고 빵 만들라 하는 것은 정말 하질 중에 하질 기술인데 니들이 그게 그렇게 귀해보이냐? 좋다! 너 가져와라." 그래서 빵 다섯 개에다 생선 두 개를 갖고 삼천 명, 오천 명을 먹인 것이 아닌가? 이 말을 교회에서 잘못 해석하고 있는 것이다. 예수를 믿으면, 돌덩어리를 가지고, 오천 명을 먹일 수 있는 권능이 생긴다고 생각하는 것이다. 하지만 그것은 신호일 뿐이다. 목적은 그 빵이 아니라 죽지 않는 빵, 그것을 주려고 하는데 그것을 모르고 자꾸 진짜 빵을 찾으니 그것을 준 것 뿐이다. 예수는 분명히 말씀하신다. '하늘에서 내려온 만나 먹은 사람 어디 있냐?' 다 죽었다는 말이다. '생명의 떡이 여기 있는데, 왜 너희들은 죽는 떡만 찾아다니느냐' 이 말이다.

말씀이라는 것이 무엇인가? 인문학으로 바꿔보자. 다른 학문이 다 그런 것은 아니지만, 학문을 실용적으로 하면 돌을 갖고 빵을 만들지만, 적어도 인문학은 죽지 않는 최고의 빵을 만드는 사람이지, 먹어서 죽는 빵을 만드는 것이 아니다. 사람들이 그 소문을 듣더니, 예수님의 말씀을 듣고 몰려오는 것이 아니라, '오병이어, 다섯 개 빵 갖고 오천 명을 먹이셨대!' 라고 하니까 구름떼처럼 몰려드는 것이다. 참얼마나 쓸쓸하셨겠는가? 예수가 빵을 주려고 오셨는가? 오천 명 배부르라고 빵을 만들러 오신 건가? 예수님이 무슨 빵가게 주인이란 말인가?

　나는 지금 여러분들 보고 무슨 크리스천이 되라는 것이 아니다. 그런 죽는 빵과 죽지 않는 빵만 알면, 고독한 인문학을 선택하고 혹 인문학을 선택하지 않았더라도 스티브 잡스처럼 인문학적 공학자, 인문학적 정치가, 시인 같은 CEO가 될 수 있다는 것이다. 그러면 원하지 않아도 돈이 생기고 축복도 받게 될 것이다. 아까 나를 보라고 하지 않았나? 내가 문학해서 굶었는가? 인문학 해도 이렇게 돌아다니지 않는가. 여러분은 무엇을 걱정하는가? 예수를 믿어도 베드로, 도마, 열두 제자 말고도 바울까지 하나도 제대로 산 사람 없고 다 죽었지만, 다 성공한 사람들 아니었는가?

　그러니까 겨자씨만한 믿음이 있어도 된다고 했다. 나는 정말 신앙심 없는 사람이다. 솔직히 고백하면, 지금 50년 가까이 하나님 욕하고, 성경 욕하려고 쓴 글이 잔뜩 있다. 요즘 볼까 무섭지만은, 별의 별 욕을 다했다. '양 잡아주지 말라. 우리 먹을 것도 없다 등' 골려주는 재미, 지적인 오만. 제일 나쁜 것들이다. 인문학자들 중에 잘못해서 여기에 빠지면, 그건 안하느니만 못하다. '지적 오만', '내가 이만큼 알아', '나는 하나님보다 더 현명해'. 나는 어렸을 때, 어머니가 빨리 돌아가시고, 사랑에 대한 충족을 못 받아서 사람한테 남이 사랑을 해주는 것 보다는 나를 미워하게 짖었다. 그래서 보면, 적대감을 갖는 것이다. 사람들을 보면, 선생님, 특히 목사에게는 그러니까 나를 사랑해줄 법한 사람에게는 미리 겁이 나니까 방어차원에서 더 도전적이 된 것이다. 그러니까 나를 좋아할 리가 없었다. 선생님들도 나를 제일 미워했다. 왜냐하면 공부시간 마다 이상한 질문하고, 매도 많이 맞고 했지만은 목사님한테도 예외가 아니었다. 특히 내가 여학생 한 명을 좋아했는데 그 아이가 교회 다닌다는 소문을 듣고, 가서 가짜 신자가 되어서 내가 그래도 칭찬받고 또는 주목을 끌어보려고 했다. 그때 목사님이 노아의 방주 이야기를 했다. 비가 막 와서 어떻게 되고.. 아이들은 그냥 다 듣고 황홀해 있는데, 내가 좀 떠보려고 "목사님!" 하니까 너무 좋아하셨다. 당신 이야기에 반응이 있으니까 말이다. "그러니까 하늘 아래 있는 생명들은 전부 멸하신 거죠?" "그럼 다 멸하셨지. 방주 안에 들어간 것들만 살았지." "그럼 물고기는 어떻게 됐대요?" "물고기는?" 그때 목사님 얼굴이 확 바뀌셨다. "물고기가 노아방주 들어가면 숨 막혀 죽을 텐데요?" 그러자 목사님은 "사탄아 물러가라! 사탄아 물러가라!" 그러셨다.

인문학은 내 머리로 생각하라고 했다. 나는 내 또래 된 사람들이 신식학문을 배웠어도, 꼭 시골에서는 한자교육을 받았다. 서당이라는 곳이 있기 때문에 또한 시골에는 한학을 하시는 분들이 꼭 계셨다. 옛날에 과거를 보시고, 진사벼슬을 하시는 분들도 있었다. 생원, 진사 이분들이 먹고 사는 유일한 길은 어린 아이들, 동네 아이들에게 한자를 가르쳐주기 때문에 후생 차원에서 웬만하면 아이들을 거기에 보내고 먹을 것을 대줬다. 나도 예외 없이 한학하시는 선생님 댁에 형님하고 같이 갔다. 2살 차이인 형님은 아주 모범생이었다. 아버지 말도 잘 듣고, 동네 사람들 말도 잘 들었다. 그래서 우리 둘이 가면 "얘, 너희 형은 저런데 너는 왜 그러니?"식으로 매번 비교를 하곤 했다. 이것은 비밀이지만, 형님은 아침에 일어나면 소금으로 양치하고, 뱉고 하는데 나는 짠 게 싫었고, 매일 아침을 똑같은 반복으로 시작하는 것이 재미가 없어서 그냥 조금만 하고 말았다. 이렇게 달랐다. 나는 새것을 좋아하고 반복을 싫어해서 이렇게 임플란트 안 해도 되는 것을 일찍 하게 되었다. 형님은 모범생이었지만 결과적으로 평범한(ordinary) 삶을 살았다. 그에 비해 나는 미움을 받았고 사람들이 "니 형은 저런데 너는 왜 그렇냐?"라는 소리를 듣곤 했지만, 그래도 올림픽 때 뭐도 하고 뭐도 했는데, 그 까닭은 네오필리아(Neophilia) 때문이다.

형님은 머리도 나보다도 좋았지만, 지금 나는 그보다는 '생각하는 그것'을 여러분들에게 주고 싶다. 여러분 보고 우리 형님처럼 모범이 되라고 하는 것이 아니라, 끝없이 '어째 형은 그러는데 너는 그러냐?' 그런데 그것이 그냥 욕먹는 것이 아니라 남과 다르게 살려고 했을 때, 틀에 찍히지 말고 다르게 살려고 했을 때, 예수가 오셔서 랍비처럼 사셨다면, 제사장처럼 사셨다면, 레위지파처럼 고귀한 신분으로 성직자가 되었더라면, 그리스도교, 2천 년 이상 간 새로운 종교는 시작되지 않았을 것이란 말이다.

정말 예외자로 예수가 계셨다. 그런 점에서 종교로 보지 않고 한 예수로 보았을 때, 하나밖에 없는 사람(Only One)이다. 사람의 아들로 하나밖에 없었던 자, 역사에 딱 한 번 있었던 사람, 부활한 사람, 이렇게 본다면, 여러분들이 종교 패러다임이 아니라 인문학자가 되건, 이 세상을 살건, 하나밖에 없는 사람(Only One)이 되는 길, 그게 바로 어려운 길을 걸어가고 욕먹는 길이지만, 새로운 것이 되는 길이다. 내가 남들처럼 천자문을 그때 열심히 배웠더라면 지금 인문학자가 안되었을 것이다.

서당에 딱 들어가니까 권위주의였다. 머리에 딱 갓을 쓰고, 긴 담뱃대 들고, 기침하면서, 책을 딱 펴고 '천지현황'(天地玄黃)을 제일 먼저 배우게 된다. 여러분은 국어책 제일 처음에 배우는 것이 무엇인지 모르지만, 해방 직후는 이렇게 배웠다. '바둑아, 바둑아, 이리 온, 나하고 놀자.' 이것인데 여기는 천지부터 시작했다. '하늘은 까맣고, 땅은 누렇다.' 애들이 그것을 배우고 있는데 아무렇지도 않게 배웠다. 저는 하도 기가 막혀서 "애들이 왜이래?" 할 수 없이 "선생님! 하늘이 왜 까매요?" 하늘이 까맣고 땅은 노랗다는데 왜 가만히 있지? 나는 무슨 창조적이고 천재적인 것이 아니라, 여러분에게도 하늘이 까맣다고 하면 그것을 승복하겠나? 그런데 왜 승복할까? 워낙 현학자이신 그분이 머리에 뿔난 모자도 쓰시고, 긴 담뱃대도 갖고 계시고 잘못하면 그걸로 때리시고 하니까 천지현황은 절대 진리니까 까맣던 노랗던 우리는 "알 것 없다!" 하고 앉아 있는 것이다. 왜 까맣냐고 물으니까, "밤에 보면 까맣지." 그러는 것이었다. 그러니까 "땅도 밤에 보면 까맣지 왜 누래요 이거?" 그러니까 "나가!"란다. "여태껏 너 같은 녀석은 처음 본다. 수백 명이 내 제자여, 그리고 이 책은 내가 만든 것이 아니고, 옛날부터 어떤 사람도 뛰고 나는 삼정승, 육조 이 판서들 다 이 천지현황하면서 한자를 배우고, 물리를 터득해서 성공했는데 네가 수십만 명이 수백 년을 두고 내려온 이 고전 중에 고전인 천자문에다 네까

짓 게 뭘 안다고 토를 다느냐"고 소리쳤다. 그때 나는 울면서 쫓겨난 것이 아니라 자진해서 "하늘이 까맣다고 하는 곳은 다시 안 오겠다. 잘들 배워라" 하고 나와 버렸다. 그게 단적인 것으로 내가 작품을 하나 읽고, 해체철학을 해도 호락호락하게 하늘이 까맣다고 하는 것은 안 믿는다. 지금에서야 왜 하늘이 까맣다고 했는지, 천지현황에서 천지흑황이 아니라, 똑같은 검은색인데 흑(黑)이라고 했을 때의 검은색과 현(玄)이라고 했을 때의 현자가 어떻게 다른지 '현묘하고 현묘하다' 했을 때 왜 검은자를 썼는지, 현빈(해병대 입대한 연예인 말고)이라고 노자가 말하는 말, 즉 검은 암컷, 이때 현이 무엇인가? 그것을 서당을 쫓겨나고 50년 후에야 왜 하늘을 검다고 했는지, 왜 무덤은 북쪽에다 쓰는지, 왜 북쪽을 현동이라 하는지, 현무 북쪽에는 왜 뱀으로 상징되는 검은 뱀이 있는지. 이걸 알면서 '아 그랬구나' 그때 선생님이, '그래 너 참 똑똑하다. 맞지 하늘이 어떻게 검으냐? 근데 이 검다는 것은, 흑 블랙(black)과는 다른 거야. 너 이렇게 아득하게 먼 것은 가물가물하다고 하지? 그때 가물 현이야. 하늘을 보면 가물가물하잖아. 멀어서. 우리 손에 안 닿는 것, 체험할 수 없는 것, 멀리 있는 것, 신비한 것 그것을 색깔로 표현한다면, 정신적인 색깔로 표현한다면, 검은 색깔, 현이란다. 그래서 북쪽은 하늘과 붙어있기 때문에 사람이 죽으면 혼백은 북에 가 멈춰야 하늘과 통한단다. 그게 북두칠성 아니냐.' 이렇게 가르쳐 주었더라면, 노벨상은 자연과학부터 문학까지 한국인이 싹쓸이 했을 텐데 말이다. 그걸 그렇게 내쫓아가지고, 기회들을 놓쳐 버린 셈이다.

이제 다시 본래 이야기로 돌아가 보자. 자신의 머리로 생각하고, 하나밖에 없는 사람(Only One)임을 지각하고, 생명, 즉 교환가치나 사용가치가 아니라 생명가치를 중시하는 일. 특히 기독교 이론을 보니까 종교이야기가 아니더라도 알 것 같다. 그런데 예수가 부활하셨을 때 다른 제자는 다 믿고 따르는데 희랍계열 도마는 잘 안 믿었다. 희랍인들은 굉장히 지적이었다. 이전의 나처럼 그 사실을 잘 믿지 않았다. 그러면서 예수보고 당신이 부활하였는지 어떻게 알겠는가? 부활한 예수의 모습이 달라졌기 때문일 것이다. 그것을 어떻게 알까? 증명할 길이 없다. 그때 예수께서 어떻게 하셨는가? 손을 내미셨다. 마리아가 만지려고 했을 때는 "만지지 마라. 내가 아직 하나님께 가기 전이라." "더럽히지 말라. 인간의 손으로 이것을 더럽히지 말라." 그러셨던 분이 도마가 당신이 예수인지 어떻게 아느냐 했을 때, 손을 내밀었다. "만져봐라." 만져보니까 못 자국이 있었다. 부활하셨는데도 십자가에 못 박힌 상흔이 남아 있어서, 거기에 못 자국이 있는 거였다. 그때 도마가 엎드리더니 "나는 당신을 믿습니다. 부활한 것을 믿습니다." 그 순간에는 무슨 논리고 뭐고 필요 없다. 상처를 만진 그 순간 엎드리는 그것이 믿음이다. 모든 것을 내던져서 그 가혹한 형벌인 12사도 중에서 이 가죽을 벗겨내는 가장 처절한 고문과 처절한 죽음을 맞았던 도마이다. 그렇게 지적으로 약삭빠르고, 매사를 따지고 하던 그 도마가 어떻게 그런 죽음을 할 수 있었겠는가?

인문학자는 어떤 면에서는 과학자보다도 삶의 가치를 아는 사람이라 할 수 있다. 모든 수난이나 비웃음 그리고 어려움을 물리칠 수 있는 인문학적 가치는 무엇인가? 삶의 가치라는 것이 무엇인가? 영원히 사는 빵이라 하는 것이 무엇인가? 이것을 구하기 위해 추운 방에서도 언 손을 불어가면서 시를 쓰고, 굶은 배를 하고도 소설을 쓰는 것이다. 그렇게 배가 고픈데도 '물감 살까, 빵 살까?' 고민하게 될 때 결국 '아니지 내가 그림 그려야지!' 하며 빵집으로 가지 않고 물감을 사왔다 이 말이다. 이게 순교가 아니고 무엇이겠는가?

왜 인문학 하다가 자꾸 이렇게 예수에 관한 이야기를 하게 되는가? 여기가 신학대학이어서 그런가? 그게 아니라, 하나님의 말씀과 땅의 말씀이 있는데 이 땅의 말씀은 자연과학, 경영학, 정치학 이런 것들인데, 놀랍게도 인문학의 말은 땅의 말이 아니다. 인문학은 하늘의 말과 가장 가까운 것이다. 그래서 메타포를 사용한다. 사랑, 믿음, 돈으로 계산할 수 없는, 숫자로 계산할 수 없는 것은 반드시 인문학적 방법을 쓰게 된다. 역사, 철학, 문학 등은 숫자로 안되는 것들이다.

그럼 지금부터 시간이 없으니까 빨리빨리 여러분하고 키질하면서 여러분들에게 어떤 것이 '인문학'이고 '창조적 상상력'인가에 대한 결론으로 나가보자. 인문학자에게는 누구에게나 상처가 있다. 구체적으로 손을 만져볼 수 있는 상처를 갖지 못하면 추상적이기 때문에 상대성원리 같은 것을 모르게 된다. 그런데 도마의 경우처럼, 누구라도 만져볼 수 있는 상흔이 있기 때문에 인문학은 어려운 것이 아니다. 논리적으로 무엇을 증명하고 숫자를 증명하는 것이 아니라, 만져보면 '아 이것이구나!' 하는 삶의 아픔, 고통, 좌절, 인간이면 누구나 가지고 있는 상처를 인문학은 다루게 된다. 시를 읽고 소설을 읽고 인문학을 공부했을 때, 우리는 감동을 받게 된다. 감동이 없는 인문학은 학문이 아니다. 물론 수학에서도 감동하는 사람이 있을 수 있다. 조금 괴팍스럽긴 하지만 수학 가지고 흥분하는 사람도 있다. 그러나 대부분은 시, 소설, 인문학을 보고 감동하게 된다. 지금도 나는 밤에 잠이 안 오면 서재로 간다. 서재에는 수많은 책들이 있는데 마치 아방궁처럼 수천의 책들이 눈짓하고 윙크하고 뽐내며 '나 읽어주세요~' 한다. 그런데 우연히도 꼭 논리적으로 설명할 수 없는데, '저거 읽었던가?' 하고 책을 빼서 우연히도 책을 넘기다 보면 눈에 딱 들어오게 된다. 그때 벼락처럼 나를 치는 것이 있다. 상처를 만져 본 것이다. 그때 입에서 '악'소리가 난다. 그래서 나는 인문학자를 '아이스크림 장사'라고 부른다. 아이스크림. 내가 '악' 소리가 나야 인문학이다. 그러니까 지금도 감동적인 것 무엇인가를 보면, 입에서 '악' 소리가 난다.

내가 요즘 '생명 자본주의'라는 말을 하고 다니는데, 미카엘 엔데[1](Michael Ende, 1929~1995)의 책을 보다가 '아, 이거구나' 하는 것을 보았는데, 긴 말이 필요없다. 아리스토텔레스도 그랬다. '모든 생물은 번식하지만, 개체는 죽더라도 끝없이 유전자는 번식하지만, 모든 엔트로피(entropy)는 결과적으로는 마지막에 열역학에서 말하는 것처럼 다 식어버리고 무질서로 돌아가지만, 생명은 아니다.' 생명은 죽어도 다시 자기 아들이 또 아들을 낳으며 끝없이 증식한다. 그런데 생물도 아

---

1) 독일의 청소년문학 작가. 배우, 극작가, 비평가 등 다양하게 활동하였으며, 동화《모모》로 독일 청소년 문학상을 수상하였다. 주요 작품으로는《끝없는 이야기》《짐크노프와 기관사 루카스》등이 있다.

닌 돈이 어떻게 새끼를 치겠는가? 도대체 이자라는 것이 무엇인가? 소를 맡겼으면 1년 후에 가면 새끼를 치는데, 금덩어리는 어떻게 새끼를 칠 수 있겠는가? 아주 단순한 이야기인데 도대체 이자라는 것이 무엇인가? 어떻게 돈을 맡겨놓으면 새끼를 낳는가? 이렇게 해서 이 유명한 이 한마디 의문이 돈이 이자를 낳고 이자가 이자를 낳는 계산을 해보니까 요셉이 만약 그 당시에 1마르크를 복리자로 은행에 맡기고 지금 2000년 뒤에 이 땅에 왔다면 그 돈은 천문학적인 숫자가 되기 때문에 지구 땅덩어리만큼의 황금덩어리가 되는 것이다. 그런데 내가 노동을 해서 그 돈을 그냥 하나하나 황금으로 해서 쌓았더라면, 팔뚝만한 황금덩어리도 안된다. 이 차이가 뭐겠는가?

그게 버블이고, 거품 속에서 우리가 살고 있기 때문에 전체가 이자가 오른 만큼 성장하지 않으면 현상유지가 안되는 것이다. 최소한도 3% 성장을 하지 않으면 돈이 새끼를 치기 때문에 가만히 있으면 3% 우리가 후퇴한 것이다. 3% 더 일해야 한다. 다음에도 3% 더 일해야 한다. 이런 분주함 속에 우리는 평생 동안 '이게 삶이다!' '나는 살아있다!' 라고 입에서 '악'소리 나도록 외쳐보지도 못한 채 3%씩 올라가는 금리만을 쫓아가다가 죽는 것이다. 그렇게 죽을 것인가? 그게 행복이란 말인가?

요즘 많은 이들이 문자를 주고받는다. '엄지족'은 보통 100명을 관리한다고 한다. 5분 안에 답장 안 오면 친구가 아니라 한다. 그런데 어떻게 꼬박꼬박 5분 안에 일일이 답장을 할 수 있겠는가. 그래서 문자 늦었을 경우를 위해 변명거리 몇 개를 만들어 놓아야 한다고 한다.

'어머니께서 심부름 시켰다.' '목욕탕 안이라서 문자할 수 없었다.' '어디 아팠다' 등등. 소통이라고 하는 것은 너와 내가 서로 가깝게 지내는 것인데 5분 안에 안 해주면 섭섭하다고 한다. 네가 하면 난 바로 보내주는데 넌 나를 무시했다고 한다. 이런 인간관계들이 뜻하는 것은 무엇인가? 왜 우리는 채팅을 하고, 트위터를 하고 있는가? 이렇게 정보가 홍수처럼 늘어날수록 내 머리로 뭐가 행복한 것인지, 금융 시스템 안에서 내가 어떻게 살아야 되는지, 내가 아무리 착하게 열심히 일을 하더라도 내 삶이 행복하지 않고, 내가 살아있다고 못 느낀다면 내 머리로 생각하고 내 머리로 이해하도록 해야 한다.

왜 강변에서 살자했을까?

이제 약속한대로 우리 같이 인문학을 아주 짧은 시간 안에 실제로 해보자. '엄마야 누나야 강변 살자. 뜰에는 반짝이는 금 모래 빛, 뒷문 밖에는 갈잎의 노래, 엄마야 누나야 강변살자.' 이 노래는 유치원생, 초등학생들도 배우는 것이다. 그런데 여러분에게 이 시를 분석하라고 하면 어려울 것이 뭐가 있겠는가? 조금 어려운 부분이 있다면 아마 '강변'일 것이다. 강변 … 그리고 거기에 보면 '갈잎의 노래', 그것을 학교에서는 갈대라고 가르쳐 준다. 참 웃기는 일이다. 갈잎을 한번 찾아보자. 갈대 잎인가? 강변이라고 하니까 참고서에 전부 갈대 잎이라고 한다. 갈잎은 활엽수이다. 갈대 잎이라고 하면 이 시는 절대 안

된다. 이런 것이 인문학이다. 여러분은 어린 아이들도 읽어대는 수준으로 모든 것을 다 아는 줄 아는데, 예를 들어 '엄마야 누나야 강변 살자'를 영어로 바꾸면 읽기는 읽되, 이게 무슨 뜻인지 아는 사람은 극히 적다. '엄마야 누나야 강변 살자.' 그거 말고 아무것도 없지 않은가? 얼마나 이상한가. 형님 아빠는 어디 갔는가? 얼마나 이상한데 그냥 넘어가는가? 이렇게 당연하게 보이는 것에도 물음을 던지는 것이 인문학이다. 안 그런가? 아니 아버지도 있고 형님도 있는데 살자면서 왜 엄마야 누나야만 강변 살자고 하는 것인가? 형님 아버지는 다 죽은 것인가? 아니면 노래의 주인공은 고아인가? 또 살자고 한 것이니까 지금은 강변에 안 살고 있는 것인가?

그러고 보면, 우리말의 '살다'라는 것처럼 아름다운 것은 없다. 우리는 사랑한다고 안 한다. 사실 여자 만나서 '나 당신 사랑하고 어쩌고저쩌고 …' 해 보라. 닭살 돋아서 한국사람은 그렇게 하지 못한다. 가만히 있다가 '야, 나하고 살자.' 그게 사랑의 고백이다. 우리 선조들은 '다 살자', '함께 살자!', '이 청산에 살어리랏다'부터 '서울에서 살렵니다' 등 '살자'라는 말을 많이 썼고 또 중시했다. 그 안에는 독특한 뜻이 있고, 엄청난 철학이 있다. '살자'의 반대말이 '죽자'이듯이 '너하고 나하고 살자', '너하고 나하고 죽자'라고 한다. 놀랍게도 한국말에는 '살'이라는 말은 없다. '살생한다.'의 '살'(殺), '죽인다'는 말은 없다. 죽인다는 말은 '죽다'라는 말의 사역동사이다. '먹다', '먹이다'처럼 말이다. 그런데 영어에서 '죽인다'(kill)라는 말과 '죽는다'(die)는 전혀 다른 말이다. 우리말은 'be die' '죽게 만드는 것'이지 'kill'이 아니다.

내가 남을 죽이는 순수한 타동사의 '죽인다'는 말이 우리말에는 없다. 이는 매우 놀라운 일이다. 우리말에는 '내가 사람을 죽인다'는 없다는 것이다. 자기가 죽도록 만들뿐이다. 우리말에는 '죽이자', 즉 사람을 죽인 일이 없다. 그걸 어떻게 아는지 요즘 애들이 '너 죽을래?'라고 한다. 참 철학이라는 것 문화라는 것은 무섭다.

우리는 '먹는다'라는 말을 참으로 많이 쓴다. 영어, 인도어, 중국어, 한국어 중에 '먹는다'라는 말을 많이 쓰는 나라를 한번 찾아보라. 밥먹는 것도 먹는 건데, 학교 가서 한 대 맞아도 한 대 먹었다고 하고, 욕도 먹었다 한다. 천진난만한 어린아이들도 '토끼야, 토끼야 겨울이 되면 무얼 먹고 사느냐?'라고 노래하는 등 우리는 먹는 것에 관심이 많다. 그런데 그 먹는다는 것이 나쁜 말인가? 아니다.

모든 것을 너, 나에서 감각적으로, 도마가 상흔을 만져보듯이 만져보는 것, 먹는 것, 여기에 물이 있는데 물을 보고 만져 볼 수도 있고 냄새 맡아볼 수도 있지만 마시면, 물하고 나하고 없어지는 것이다. 진리, 모든 학문은 먹어야 되는 것이다. 그래서 예수가 최후 만찬 때 "이 빵이 나의 몸이다. 이 포도주가 나의 피다. 이것을 마셔라." 이렇게 해서 빵을 먹고, 같이 포도주를 먹게 되는데, 이는 임파테이션 (Impartation), 즉 그분의 몸이 내 안에 들어온다는 것이다. 사랑한다는 것은 무엇인가? 궁극적으로 너와 내가 하나가 된다는 것이다. 내 몸속으로 네가 들어오고, 네 몸속으로 내가 들어가는 것이 완성된 사랑인데, 인간은 영원히 공중전화에서 유리통에 들어가서 혼자 외치는 것처럼 아무리 사랑하는 사람이라고 해도 내가 네가 될 수 없고 네가 내가 될 수 없는 것이다. 인간의 사랑이라는 것은 아무리 사랑해도 거리가 있는 법이다. 이 거리 때문에 시를 쓰고, 소설을 쓰고 그렇게 인문학이 생겨나는 것이다. 영원히 너와 나는 가까워도 엷은 막이 있다. 너와 나 사이에 엷은 막이 있는데 사물과 나, 하나님과 나, 인간과 나 사이에 있는 아무리 가까이 가도 아주 엷은 존재의 막이 있다는 것이다. 그것을 찢고 싶은 것이다. 그게 시고, 소설이고, 인문학에서 말하는 역사고 철학이다.

다시 우리의 논의로 돌아와서, '엄마야 누나야 강변 살자'에서 강변은 생명 공간이고, 엄마, 누나는 아이를 낳을 수 있는 생명의 자궁을 뜻한다고 할 수 있다. 그러나 아버지 형님은 생명을 낳는 게 아니라 오히려 싸우고 경쟁하고 도시 한복판에서 끝없이 싸워가야 하는 존재들이다. 지아비 '부(父)'자가 도끼 '부' 자인데, 그 도끼를 들고 투쟁하는 형상이기도 하다. 이것이 부성원리와 여성원리의 차이다. 기독교도 처음에는 마리아 마르다 등 대부분 여성원리로 되어있다. 나드의 향유를 부은 것도 여성이지 않은가. 그런데 베드로를 중심으로 남성원리가 강화되면서 여성을 배제하기 시작한다. 다시 노래로 돌아와서, 지금 이 아이는 누구하고 사냐하면 아빠 형님을 모델로 해서 강변 아닌 도시에서 살고 있는 것이다. 그러니까 마음속으로는 생명 공간, 생명의 터로 찾아가고 싶은 것이다. 이 노래의 화자는 아마도 남자일 것이다. 그러니까 엄마야 누나야 하는 것이다. 그리고 이 화자는 어린아이일 것이다. 어린아이의 모델은 아버지 형님인 경우에는 도끼를 들고 공장, 전쟁터로 달려가 사람을 죽여야 내가 사는, '살자'

가 아니라 '죽자'의 공간에서 사는 것이다. 그러니까 노래에서는 '살자', '살고 싶다' 라고 한다. 그 유명한 발릴리의 시 '바람이 불어온다. 잔잔하던 바다에 파도가 막 이니까 아 살고 싶다.' 살아서 사는 게 아닌 것이다. 이 어린아이는 아버지와 형님의 도시 속에서 어머니와 누이의 생명 가득한 자궁을 가진, 삶의 젠더 공간, 여성원리가 지배하는 자연 공간, 생명 공간에서 살고 싶어 하는 것이다.

그런데 왜 그곳이 강변인가? 뒤에서 그 강변을 설명하고 있다. 뜰에는 반짝이는 금모래 빛이니까 앞은 툭 튀어가지고, 강물이 흘러가고 있는 것이다. 금모래 빛이 반짝이니까 햇빛이 있다. 하늘에서 햇빛이 확 내리 쬐고 있는 것이다. 모래가 황금빛이라고 하니 전부 눈으로 보는 세계, 시각적인 것이다. 앞뜰이니까 전방성, 시각성 반짝거리는 광택, 모래 하나하나 입자, 전부 시각적인 것을 묘사하는데, 강변이라는 곳은 전방이고 햇빛이 있고, 황금빛이고, 찬란하게 빛나는 것이다. 그런데 '뒷문 밖에는 갈잎의 노래'라 한다. 즉, 앞이 나오니 후방이 나오게 된다. 뒷문 밖에는 갈잎의 노래라니까 바람이 불고 있는 것이다. 앞은 햇빛이 꽉 차있는데 뒤는 바람이 분다. 햇빛과 바람은 대응이 되고 있다. 전방과 후방 역시 대조되고 있다. 그러면 금모래는 뭐가 되는가? 청각적인 것이 되어서 나뭇잎이 바람에 흩날리는 소리가 들리는 것이다. 그러니까 앞에는 시각, 뒤에는 청각이니까 뒤는 산이지 뭐겠는가. 문 열면, 초록색 나뭇잎들이 막 웅성거리도록 바람이 부는 것이다. 산은 수직이고, 강은 수평이다. 앞은 열려져 있고, 뒤는 닫혀 있다. '아 저곳이 우리가 몇천 년 살아온 삶의 터전인 배산임수, 뒤에는 산이 있고, 앞에는 강물이 있고, 산수 동양화 그리는 것을 볼 때, 꼭 산이 있고 강물이 있는 우리들의 토포필리아 태어나는 탄생의 공간이구나.' '그런데 그것을 잊어버렸구나.' '그래서 살자고 그러는구나.' 이 짤막한 시 속에 우리들에게 인문학적 대상이 되고, 배산임수라고 하는 한국인들의 토포필리아가 나타나 있는 것이다. 이렇게 많은 우리들의 삶의 원천을 그려놓은 것인데 이것을 학교에서 어떻게 가르치는가? 갈잎의 노래를 갈대 잎이라고 가르치고, 사전 찾아봐서 어려운거 알 만한 것들은 풀이해주지 않고, 만약 나와 같은 학생이 또 있어 '선생님! 왜 엄마 누나는 있고, 형님 아빠는 없어요?'라고 하면 그 아이는 틀림없이 빰맞을 것이다. '너 이리 나와, 너 선생 놀려? 없으니까 없는 거지!' 우리가 그렇게 배웠다.

여러분은 웃지만 로댕의 '생각하는 사람'을 모르는 분들 있는가? 다 그 작품을 알고 있을 것이다. 하지만 다 안다고 믿는 것이지 실제로는 모를 수도 있다. 내가 여기에 의자를 놓을 테니 로댕의 '생각하는 사람'과 꼭같은 자세로 앉아있을 수 있는 사람이 있는가? 수그리고 있긴 한데, 어떤 자세인지 아마 정확히 알지는 못할 것이다. 왜그런가? 관찰하지 않아서 그렇다. 잘 보지 않는 것이다. 관념적으로 '아 로댕 알아'라고 할 뿐이다. 알고 있다시피, 단테의 '지옥의 문' 제일 꼭대기에 '생각하는 사람' 상이 있다. 지옥의 문 꼭대기에서 무엇을 생각하겠는가? 그는 지옥의 문 꼭대기에서 지옥으로 떨어지는 사람들을 보고 있는 것이다. 그는 오른쪽 팔을 왼쪽 무릎에 대고 있다. 그가 평안한 생각을 하겠는가.

목적으로 사는 인문학

자 이제 결론은 무엇인가? 나는 이렇게 가르친다. 여러분은 우리말을 정말 모른다. 동북아시아 국가들 가운데 우리에게만 '우리'라는 1인칭 복수를 뜻하는 단어가 있다. 일본, 중국에는 1인칭 복수를 뜻하는 고유한 단어가 없다. 그들은 '나'라고 한다. 우리말에 '개'가 붙으면 명사가 된다. '베다'에서 '베개' '쥐다'에서 '집개', 한두 개가 아니다. 마개, 날개는 무엇인가? '날다'에서 '날개', 새가 날지 않을 때도 '날개'인가? 벌써 여러분은 인문학의 창조적 상상력을 배우고 있는 것이다. 아, 날다 했을 때 날개, 그럼 안날 때는 무엇인가? 알을 품으니까 '품개', 비가 올 때 몸을 덮으니까 '덮개' 그러면 여태까지 '날개'를 나는 것으로만 생각했는데 아니다. '날개'는 알을 품는 기능도 있고 비를 막아주는 기능도 있다. 인생 일을 이렇게만 봤는데 그 말의 다른 쪽으로 보니까 '날개'의 다른 '덮개'가 있고 감추어져 있다. 엄마야 누나야 뒤에는 아버지 형님의 안 보이는 것이 있다. 안 보이는 손에 상흔이 있다. 만져 봐야 아는 상흔이 있다. 이렇게 눈에 보이지 않는 것을 보이게 하고, 숨어있는 것을 드러내주는 것이 인문학의 창조적 상상력이고, 그 창조적 상상력이 인류가 한 번도 가보지 못한 길, 내가 한 번도 체험해보지 못한 곳으로 우리가 간다. 그때 손을 잡고 같이 동행하는 자들이 바로 인문학을 하는 동료들이고, 선생님들이다. 그리고 이들이 함께 고민하고 연구하는 곳이 바로 학교이다.

과학을 가르쳐도 '인문학적 접근을 해라' 장사를 하더라도 '인문학적 접근을 해라'. 그러면 교환가치, 소유가치, 모든 가치가 생명가치라고 하는 최종의 목적지에 우리가 도달하게 된다. 다른 것은 다 수단이다. 여러분 이제부터 수단을 살지 말고, 삶의 목적을 사시라. 그것이 인문학이고 그 목적에 도달하기 위한 날개가 상상력이라는 창조의 날개이다.

제2기 (2011. 3. 11)

역사란 무엇인가

김 동 길

사람은 자신의 식견을 넓히고 생각을 깊게 하기 위하여 가끔 세계 지도를 볼 필요가 있다. 커다란 공 모양의 지구의라는 것이 있어 슬슬 굴려가며 세계를 바라볼 수 있으면 더욱 좋다. 지구란 둥근 것이기 때문에 어느 쪽이 동이고 어느 쪽이 서라는 것을 확정할 수는 없다. 시간의 측정도 그렇다. 서양을 중심으로 볼 때 우리가 사는 땅은 지구의 동쪽에 자리 잡고 있는 것이다. 베링 해 어디엔가 날짜 바뀌는 선이 그어져 있어 극동지역에 해가 먼저 뜨는 것으로 되어 있다.

중국이나 인도에서도 농경문화가 꽃을 피운 것이 사실이지만 지중해의 동쪽에 치우친 나라들이 문명의 발상지로 여겨지는 까닭은 그들의 문명, 문화가 서양의 문명, 문화에 큰 영향을 미쳤기 때문이다. 이를테면 나일강변의 이집트 문화와 티그리스, 유프라테스강변의 메소포타미아 문화가 대표적이라고 여겨진다. 이들 문화권에 가장 빈번하게 접촉한 나라는 희랍이었고, 대표적인 도시는 아테네였다. 지중해의 그 지역을 다도해라고 부르는 까닭은 문자 그대로 작고 큰 섬들이 많이 널려 있기 때문인데 점차 바다가 역사를 지배하는 새로운 국면에 접어든 셈이다.

희랍의 도시국가들은 민족의 동질성을 바탕으로 예컨대 텔로스동맹을 맺어 일치단결하여 외적의 침입을 막아냈다. 페르시아 전쟁 같은 것이 그 좋은 본보기라 하겠다. 그런데 개인의 역사나 민족의 역사에도 흥망성쇠는 있게 마련이다. 출생(birth) 다음에는 성장(growth)이 있고 그 성장이 한계점에 도달하면 쇠퇴(decay)가 따르게 마련이다. 쇠퇴가 어느 정도 끌다가 마침내 사멸(death)을 면치 못하게 되므로 '역사는 반복한다'(History repeats itself)는 명언이 생겼을 것이고 우리는 그 말을 받아들이지 아니할 수 없다.

페리클레스의 30년 통치 - 그 황금시대도 저물어 갈 무렵 아테네는 군국주의로 강대해진 스파르타와 희랍 세계의 주도권 쟁탈을 위해 한판 승부를 겨룰 수밖에 없었던 것이다. 그것을 펠로포네소스 전쟁이라고 한다. 이 끈질긴 30년 전쟁에서 군국주의 스파르타는 문화주의 아테네를 점령할 수는 있었으나 희랍세계의 주도권을 장악하는 일에는 실패하고 말았다. 바꾸어 말하면 펠로포네소스 전쟁은 승자도 패자도 없이 민족의 파멸을 초래하였다고 잘라 말할 수도 있을 것이다.

그러나 역사에 일어나는 어느 사건도 무의미하게 끝나지는 않는 법이다. 희랍세계가 기진맥진하게 되자마자 문화세계의 주도권은 지중해의 중심부로 옮겨간다. 지도를 보라. 거기 이탈리아 반도가 당당하게 자리잡고 있지 아니한가. 그 반도의 중심에 자리잡은 로마라는 작은 도시국가 – 그 작은 로마가 역사발전의 기운을 이어받아 '모든 길은 로마로 통한다'고 말할 만큼 강대한 대 로마제국을 건설하게 된다.

비록 로마인들에게 희랍인이 지녔던 창조적 능력은 다소 결핍돼 있었지만 도로를 만들고, 수로를 파고, 집을 짓고, 목욕탕을 만들고, 법을 제정하는 등 실용성 있는 일들에는 단연 어느 민족도 따를 수 없던 천재를 지니고 있었다고 믿어진다. "로마는 하루아침에 만들어 진 것이 아니다"라는 격언은 로마가 얼마나 튼튼한 기초 위에 놓여진 대제국이었는가를 우리들에게 알려주고 있다.

그렇지만 그 거대하던 로마제국도 드디어 분열되어 쇠퇴, 사멸의 길을 걸을 수밖에 없었나 보다. 한때 지구를 누비던 공룡들이 그 자체의 몸의 크기와 무게를 견디지 못해 쓰러져 죽어 멸종되고 말았다는데 로마제국의 운명도 이와 비슷한 것이었다 하겠다. 동서로 갈라진 로마는 각기 일천 년의 세월을 사이에 두고 멸망의 길을 걸었다고나 할까. 오늘의 로마가 수도이던 서로마제국은 기원 5세기에 무너지고, 오늘은 터키의 영토가 되어 이스탄불이라고 불리우던 콘스탄티노플에 수도를 정했던 동로마제국은 15세기에 이르러 사멸의 길을 더듬게 된다. 역사의 중심은 지중해의 중심이던 이탈리아 반도를 떠나 서쪽으로의 행진을 멈출 수는 없었던 것이다.

동로마제국이 무너지던 그 무렵에 가장 강대한 경제력과 군사력을 과시하기 시작하는 나라가 스페인이었다. 1492년 이탈리아 출신의 항해사 크리스토퍼 콜롬부스에게 재정적 후원을 할 수 있었던 왕실은 스페인의 퍼디난드와 이사벨라 국왕이었다. 그래서 콜롬부스가 발견한 아메리카 대륙의 대부분이 스페인 영토가 되었던 것이다. 포르투칼이 차지했던 오늘의 브라질을 제외하고는 오늘의 남미의 모든 나라들이 스페인어를 사용하고 있다는 사실이 흘러간 역사의 한때를 말하여 준다.

스페인의 번영은 16세기 후반에 이르러 그 전성기를 맞이하며 17세기에 이르기까지 계속 유럽의 최강국의 반열에 끼여 있지만 영국을 정복코자 파견했던 스페인의 무적함대(Invincible Armada)가 1588년 엘리자베스 영국 여왕의 해군에 의해 침몰되는 것을 기점으로 스페인의 경제력, 군사력은 시들기 시작한 것이다.

문화의 중심이 지중해를 벗어난 셈이다. 대서양의 새 시대, 이른바 '서양의 시대'가 당도한 것이다. 굵직한 정의가 부분적으로는 들어맞지 않는 경우도 없지는 않지만, 서양의 17세기, 18세기, 19세기는 - 비록 프랑스의 영광을 위해 나폴레옹 같은 불세출의 영웅이 등장하기도 하지만 - 그 3백 년은 영국의 시대였다 하여도 지나친 말은 아니라고 믿는다.

영국은 민주체제의 바탕이 되는 의회정치의 선두 주자로 등장한 셈이다. 특히 청교도혁명을 통해 의회정치의 승리를 못 박은 뒤로는 대서양의 섬나라 영국이 서양을 이끌고 나왔고, 산업혁명이 영국 주도하에 전개된 사실도 주의 깊게 살펴야 할 과제라고 생각한다. 직조계에서 비롯된 눈부신 변화는 유럽인의 생활방식을 바꾸어 놓았다고 할 수도 있다. 나폴레옹의 프랑스도, 괴테의 독일도 크롬웰의 분노를 올바르게 소화한 영국을 당할 수는 없었다. 런던은 유럽의 중심이 되었고 유럽의 중심은 곧 세계의 중심이라고 해도 지나친 말은 아니었을 것이다. 런던의 동남부에 위치한 그리니치(Greenwich)가 전(全)세계 만백성이 지켜야 할 시간의 기준이 되었다는 사실도 결코 우연한 일은 아니었을 것이다.

'해가 지는 일이 없다'던 대영제국의 태양도 일몰의 서러움을 면할 수는 없었던 모양이다. 제1차 세계대전을 전후하여 대서양의 주도권은 동쪽의 런던으로부터 서쪽의 워싱톤으로 옮겨간 셈이다. 나라를 세운지 일백여 년밖에 되지 않던 신생공화국인 미국은 한때 영국의 식민지였을 뿐만 아니라 그 언어나 습관이나 철학이나 생활양식이 영국과 가장 비슷한 나라가 아니었던가. 지나간 일백 년 우리는 미국이 주도하는 세계를 우리 눈으로 직접 보고 그 위력을 우리 피부로 직접 느끼면서 살아왔다. 그런데 그 위대한 미국도 '빛은 동방으로부터'라는 역사 발전의 원칙을 빗겨갈 수 없어서 이제는 동해안의 뉴욕이나 필라델피아보다 서해안의 LA나 샌프란시스코가 더 비중을 차지하였고 벌써 여러 해 전부터 미국의 대통령이 되고자 하는 사람은 뉴욕 주보다 캘리포니아 주를 더 중요시할 수밖에 없는 실정이다. 미국 서해안에는 태평양의 파도가 시시각각으로 밀려와 부딪치고 있지 아니한가. 미국의 서해안은 은근히 태평양시대를 기다리고 있었던 것이 아닌가. 역사의 흐름이란 참으로 미묘한 것이다.

서양의 쇠퇴를 예견한 학자들이 적지 않았던 중에도 슈펭글러(Oswald Spengler)라는 학자는 특이한 존재였다. 그는 제1차 세계대전의 먹구름이 밀려 오는 것을 바라보면서 '서구의 몰락'을 내다보았고 전쟁 중에 이를 집필하여 제1차 세계대전이 끝나는 1918년 이 책을 출판하였는데 그 책의 제목이 『서구의 몰락』(Decline of the West)이었다. 그는 인간의 삶에도 출생(birth), 성장(growth), 쇠퇴(decay) 그리고 사멸(death)이 있듯 국가나 문명권도 그런 숙명적인 길을 갈 수밖에 없으므로 유럽은 이제 쇠퇴하는 것이고 사멸의 비운을 피할 길이 없다고 본 것이다.

토인비(Arnold J. Toynbee) 같은 대(大)석학도 『시련에 직면한 문명』(Civilization on Trial)이란 책에서 서구의 문명이 막다른 골목에 왔음을 경고하였다. 영국 옥스포드대학의 현대사 교수 바라클라우(Jeffrey Baraclough)는 대서양시대는 이미 지나갔고 '태평양의 새 시대가 등장하였다'고 밝힌 바 있다.

역사 발전의 원칙에 따라 태평양을 중심한 인류의 새 시대가 열린다 하여도 준비 없는 민족은 그 활동의 대열에 끼어들지 못하여 마침내 낙오자가 될 수밖에 없다. 태평양의 동쪽에는 가장 가까운 곳에 전통적 문화를 간직하고 있는 나라가 셋이 있다. 중국, 한국, 일본 이 세 나라가 그런 나라들인데 이 세 나라는 새 시대를 위해 협력관계에 들어설 수밖에 없다. 그런데 아무리 협력관계에 있다 하여도 그 중의 어느 한 민족이 주도권을 장악할 수밖에 없다는 것이 역사 발전의 또 하나의 원칙이다. 아테네에서 로마로 옮겨졌으며 또 다시 극동의 어느 나라, 어느 민족 수중에 그 주도권이 가야하는 것이라면 그 나라 그 민족이 과연 어느 나라, 어느 민족이겠느냐 하는 문제에 우리들의 관심이 쏠리지 않을 수 없다. 쉽게 한마디로 요약하자면 21세기 태평양 시대의 주역은 중국인이냐, 한국인이냐, 일본인이냐 하는 것이다. 나는 그것이 한국인일 수밖에 없다는 확실한 증거를 가지고 있다.

'한국인이여, 각성하라'고 내가 부르짖는 까닭이 있다. 우리가 만일 21세기의 우리들의 사명을 감당하지 못한다면 우리 민족은 역사의 쓰레기통에 던져질 수밖에 없기 때문이다. 역사의 쓰레기통에 들어가기를 원하는 한국인은 한사람도 없는데 왜 이렇게도 그 사명을 깨닫지 못하고 건들건들 하고 있는가.

몇 년 전의 예일대학교의 유명한 서양사 교수인 폴 케네디(Paul Kennedy)는 한국에 와서 한국인 청중 앞에 강연하면서 21세기의 주역이 될 민족에게는 다음 세 가지가 필수적이라는 말을 한 적이 있다. 첫째는 높은 수준의 민주주의가 있고, 둘째는 높은 수준의 도덕이 있고, 셋째는 높은 수준의 생산성이 있는 민족이어야 한다는 것이었다.

그의 결론에는 상당한 근거가 있다고 나는 믿는다. 민주주의는 다른 어떤 정치이념이나 정치철학보다도 유능한 인재를 가장 효과적으로 동원할 수 있기 때문이다. 봉건주의는 더 말할 나위도 없거니와 전체주의나 권위주의가 일시적으로 능률적이고 효과적인 것 같으나 민주주의를 따라갈 수 없다는 것은 역사가 이미 증명한 바 있다. 어떤 사람들은 일본의 민주주의가 우리보다 훨씬 앞서 있는 것으로 착각하고 있다. 겉으로 보기에는 그럴듯하다. 의회정치도 매우 뿌리가 깊은 것 같이 보이는 것도 사실이다. 그러나 내용은 딴판이다. 일본은 서구식 민주주의의 겉핥기만 하였을 뿐 막부(幕府)시대로부터 봉건적 사고방식이나 생활방식의 틀을 벗어나지 못하고 있다. 일본인에게는 아직도 개인(individual)이라는 개념이 명확하지 않다. 르네상스 연구의 권위자인 야곱 부르크하르트(Jacob Burckhardt)가 중세의 서구인을 두고 한 말 그대로 '나'라는 존재를 독립적으로 생각할 줄 모르는 것이 일본 민주주의 결격사항이다.

일본은 시행착오라는 것을 거의 겪어보지 않은 채 민주주의 틀을 굳혀 버렸기 때문에 일본이 또 다시 군국주의로 치닫지 않으리라는 보장이 없다. 일본에 민주주의가 조금이라도 살아 숨 쉬고 있다면 일본 자신의 죄악의 역사를 제2차 세계대전이 끝나고도 이미 반세기가 넘은 오늘까지도 그토록 미화하려 하지는 않을 것이다.

민주주의가 거의 불가능하다는 면에서는 중국도 다를 바가 없다. 만리장성을 완성시켰다는 진시황에서 비롯된 절대권은 모택동에게 전달되었고 또 다시 등소평에 의해 계승되었다. 우리는 중국의 천안문사태가 민주주의 부재뿐 아니라 불가능함을 시사하고 있다고 느끼게 된다. 13억의 민주주의는 현재로서는 상상하기 어렵다. 천안문 사태 하나만 놓고 봐도 명백하다. 당국에 의한 언론 통제가 완전무결하다는 것은 우리로 하여금 공산주의 중국의 민주화를 비관적으로 전망하게 한다. 그리고 민주주의 그 자체에 대해 손톱만한 인식도 갖고 있지 못한 중국의 인민대중이 민주주의로 가는 길은 요원하고 험난하다는 느낌이 앞선다.

21세기에는 일본도 중국도 한국의 민주주의를 본받을 수밖에 없다고 나는 확신한다. 물론 한반도의 평화적 통일이 전제되는 것이지만, 이 어지러운 현대사의 소용돌이 속에서 피와 땀으로 민주주의를 체험하고 터득한 국민은 한국인 뿐이다. 일본의 저명한 문예 평론가 가또슈이찌는 1995년 11월 4일 한림대학교 주최로 서울 힐튼에서 열린 '동북아시아의 평화와 한일협력체제의 모색'을 주제로 한 심포지움에서 한국의 21세기를 두고 이런 맥락의 발언을 하여 나를 감동케 하였다. 그의 발언이 끝난 뒤 휴식시간에 나는 그의 손을 잡고 그의 소신을 재확인하였다.

민주주의를 두고 통일된 한반도에 빛나는 내일이 약속되어 있는 것 뿐이 아니다. 도덕이라는 측면에서도 우리들에게 엄청난 가능성이 있다. '가장 높은 수준의 도덕' - 이 지상명령을 두고는 중국도 일본도 한국을 따라올 수 없다. 이러한 나의 주장에 대하여 많은 지식인들은 '꿈 같은 이야기'라고 웃어 넘길지도 모른다. 그러나 기다려 보면 알 수 있을 것이다. 역사 전체를 통하여 한 가지 뚜렷한 사실은 도덕적으로 우수한 민족만이 그 도덕이 우수한 동안만 번영을 누렸고 문화 창조에 새로운 활력을 불어 넣었던 사실을 시인하지 않을 수 없다. 아테네에도, 로마에도, 런던에도, 워싱턴에도 어김없이 적용되는 대원칙이다.

그 반면에 도덕적인 타락이 그 문명권을 파괴하기 시작하였다. 절

도, 사기, 살인, 강도의 범람만이 문제가 아니고 마약의 충동 또는 동
성애의 만연 등도 한 사회와 그 사회가 주도하던 문화의 붕괴를 촉진
하였다. 대영제국이 방대한 식민지를 가지고 약소 민족, 약소 국가들
을 착취하고 있다는 비난을 받으면서도 대영제국의 깃발이 만민의
존경을 받은 까닭은 '백인의 부담'(White Man's Burden)을 감수하는 도덕
적 용기를 지녔기 때문이었다.

　미국이 지나간 100년 동안 시대의 주역을 담당할 수 있었던 것도
'세계를 민주주의를 위해 안전하게 하기 위하여'(To make the world safe
for democracy) 우드로우 윌슨 미국대통령은 제1차 세계대전에 참여하
여 100만 명의 미국 젊은이들을 유럽 전선에 투입하는 도덕적 용기
를 보여 주었고 한국전에서는 자유 진영의 16개국 병사들을 지휘하
여 공산독재의 침략을 물리치고 한반도 남반부에 민주주의 뿌리를
심어놓는 도덕적 역량을 과시한 것이었다.

　오늘 미국은 도덕적으로 타락해가고 있다는 사실을 모르는 사람
들이 없다. 도둑놈도 많아졌고, 폭력배도 들끓는다. 초등학생 때부터
마약을 상습하는 아이들도 많고, 불치의 병인 '에이즈' 때문에 30만
명이 죽어가는 이판의 미국의 도덕이 세계를 이끌고 나갈 수는 없다.
워싱턴의 시장은 마약과 섹스 스캔들로 옥살이를 하고 나온 사람인
데 재선의 영예를 차지했으니, 미국의 지도층은 이제 도덕을 논할 자
격을 상실했는지도 모른다. 대서양시대의 몰락을 역사학도는 이런
현상에서 감지한다. 역사의 교훈이 바로 이런 것이다.

　높은 수준의 도덕은 참된 종교를 바탕으로 하지 아니하고는 불가

능하다. 일본인에게 무슨 종교가 있는가. 중국인에게 무슨 종교가 있는가. 이런 질문을 던지고 한번 깊이 생각해보라. 일본인은 좋은 일이 있을 때엔 - 예컨대 결혼을 한다든가, 결혼을 하고 애를 낳는다든가 하는 경우에는 신사참배를 한다. 궂은 일이 있을 때엔 - 예컨대 집안 식구 중에 환자가 생겼다던가, 사람이 죽었다던가 하는 경우에는 절을 찾아가 불공을 드리는 것이 관습이다. 크리스마스에도 파티도 한다. '당신의 종교가 무엇이요' 하고 물으면 '없다'고 대답하는 사람이 태반이다.

종교의 뒷받침이 없는 도덕은 교양이나 예의는 될 수 있을망정 높은 수준의 도덕에는 미치지 못한다. 일본 사람들이 교양 있는 국민이라는 사실을 시인하자. 예의가 바르다는 것도 인정하자. 그러나 도덕적 수준이 높은 국민은 결코 아니다. 한국을 비롯하여 중국과 동남아의 여러 나라들을 침략하고 강탈한 과거를 조금도 부끄럽게 여기지 않는 일본의 지도층. 그들의 입으로는 도덕을 논할 자격이 없다.

앞서 말한 역사가 폴 케네디는 몇 년 전에 일본에서 강연하면서 일본은 21세기의 주역을 담당할 자격이 없다고 잘라서 말한 적이 있다. 케네디에 따르면 그 까닭은 분명하다. 일본인은 세계를 이끌고 나갈 만한 도덕을 갖고 있지 못하기 때문이라는 것이다.

중국은 본디 종교와는 거리가 먼 현실주의로 일관해 온 민족이다. 노자도, 장자도, 공자도, 맹자도 내세를 이야기하지는 않았고 다만 행복론에 치우쳤을 뿐 '수신제가 치국평천하'(修身齊家治國平天下)가 고작이었으니 순교정신이란 상상조차 못할 높은 도덕의 세계였다. 어느 해 구정에 대만에 갔더니 당시의 총통 장경국의 신년 메세지가 '국민 여러분 돈 많이 버세요!'라는 한마디였으니 그 민족에게서 과연 세계를 이끌고 나갈 도덕을 기대할 수 있겠는가.

한국의 종교들은 오늘 비난의 대상이 되었다. 세속화의 물결 속에 정신을 차리지 못하고 있다는 말에도 일리는 있다. 그러나 이차돈이 흘린 순교의 피 위에 한국의 불교가 자리 잡고 있다면 그 장래를 기대해볼 만도 하다. 이승훈, 김대건 등이 뿌린 피는 더 말할 나위도 없거니와 103명이 동시에 성인의 반열에 모셔지는 식전을 요한 바오로 2세 자신이 이 땅을 찾아와 집례하였으니 그런 나라가 이 지구상에 또 어디에 있겠는가. 그들이 흘린 뜨거운 피 위에 한국의 천주교가 당당히 서 있는 것이다. 일제 강점기의 탄압속에서 공산당의 잔악한 박해 속에서 신앙 때문에 목숨을 버린 300명을 헤아리는 순교자들의 흘린 피밭에서 이 땅에 개신교가 성장한 것이라면 그 내일을 기대해볼 만도 하지 않은가.

나는 확신한다. 우리나라의 이 위대한 종교들이 한국인을 전 세계에서 가장 정직한 국민을 반드시 만들고야 말 것임을 나는 확신한다. 순교자들의 피로 물든 이 땅의 이 종교들이 이 국민으로 하여금 자비와 사랑이 가장 풍성한 국민으로 반드시 만들고야 말 것이다. 종교계의 지도자들이여, 방황하지 말고 하늘이 내려주신 이 사명만을 다하라. 이 겨레가 사는 길이 이 길밖에 없다. 사명이 있는 개인이나 집단이나 민족은 결코 망하지 아니한다. 내 말을 믿으라.

태평양시대는 반드시 오는 것이고 이미 왔다고 하여도 결코 지나친 말은 아니다. 최고 수준의 민주주의를 실천궁행(實踐躬行)하는 나라 - 한국, 가장 높은 수준의 도덕의 나라 - 한국, 세계에서 가장 정직하고 가장 사랑이 차고 넘치는 한국인이 철저한 민주적 질서 속에서 최선을 다하여 땀흘려 일한다면 한국이 새 시대에 가장 생산성이 높은 나라가 되리라는 것은 의심의 여지가 없지 아니한가. 그런 꿈만이 태평양시대에 한국을 살리고 세계를 살린다.

오늘은 사태가 매우 어지럽다. 민주주의는 후퇴하는 것 같고 도덕은 땅에 떨어졌으며 생산성도 여지없이 침체된 느낌이다. 그러나 뜻이 있는 한국인이여 낙심하지 말라. 앞서 강조한 바 있지만 사명이 있는 개인이나 민족이 망하는 일이 과거에도 없었고 오늘도 없으며 내일도 있을 수 없다. 그 숭고한 사명감을 한국인의 가슴속에 특히 이 땅의 젊은이들 가슴속에 심어주는 일이 우리들의 책임이 아니겠는가.

우리는 그 사명을 막연하고 복잡한 말로 꾸미지 말고 몇 마디로 요약하는 일이 시급하다고 믿는다. 가정에서, 학교에서, 사회에서, 정치에서, 민주주의는 과연 최고에의 수준을 향해 전진하고 있는가. 아버지와, 교사와, 대통령의 횡포는 없는가. 그 횡포를 억제하고 민주적 가치를 구현하는 길은 없는가. '나 아니면 안된다' 하는 식의 사고방식을 뜯어 고치기 위해 민주주의를 지향하는 이 땅의 '창조적 소수'(creative minority)여 분발해야 하지 않겠는가. 전 세계에서 가장 정직한 사람이 되기 위해 가장 자비로운 사람이 되기 위해 그대는 오늘 무슨 노력를 하였다고 자부하는가. 한국국민이 전 세계에서 가장 정직하고 가장 자비로운 국민이 되는 길은 나 하나가 먼저 가장 정직하고 가장 자비로운 개인이 되는 그 길 뿐이다.

열심히 일하자. 많이 거두어 전 세계에 굶는 사람, 헐벗은 사람이 한 사람도 없게 되는 그날까지 한국인이여 열심히 일하자. 유명한 시인 롱펠로우의 한 마디로 끝을 맺는다.

"우리 다 분발하여 열심히 일하자. 머리 위엔 하나님을, 가슴속엔 사랑을."

제1기 (2010. 9. 17)

사상과 윤리

기독교적 세계관

손봉호

문화와 세계관

한국에서는 닭이 우는 소리를 "꼬기요!"로 표현하고 영어권에서는 'cock-a doole doo!'라 한다. 같은 닭이 우는데도 이렇게 서로 다르게 듣는다.

어떤 사람들은 언젠가는 닭이 실제로 우는 소리를 그대로 알 수 있을 것이라 생각하고 과거에는 그렇게 생각하는 사람들이 많았다. 모든 사물에는 영원불변한 본질과 본성이 있고 사람에게는 이성이란 능력이 있어서 모든 사실을 사실 있는 대로, 즉 객관적으로 알 수 있을 것이라 믿는 것이다. 특별히 과학적 지식에 많은 신뢰를 두는 사람들은 모든 사실을 과학적 연구를 통하여 객관적으로 알 수 있다고 믿는다. 아직까지는 과학이 충분히 발달되지 않아서 한국인은 '꼬끼요!'라고 듣고 미국사람들은 'cock-a doole doo!' 라고 듣지만 앞으로 과학적 지식이 충분히 늘어나면, 그런 문화적 상대성은 극복되고 실제로 닭이 우는 소리를 알 수 있을 것이라고 믿는 것이다.

적어도 19세기까지는 많은 사람들이, 사실 엄연히 객관적으로 존재하고 인류는 동일한 이성을 가지고 있기 때문에 모든 문화는 동일한 과정을 거쳐서 발전한다고 믿었다. 그런데 서양인들은 좀 더 일찍이 그 이성을 개발하고 과학을 발전시켰기 때문에 객관적 사실에 대한 지식을 가장 먼저 갖게 되었고, 따라서 인류 전체의 문화 발달과정을 맨 앞에서 이끌게 되었고 그 뒤를 동양인과 아프리카인들이 따른다고 생각했다. 이런 서양문화 우월주의(ethnocentrism)는 서양에서 뿐만 아니라 서양의 과학지식과 과학기술에 큰 인상을 받은 비(非)서양 식자들 사이에서도 일반적이었다. 철학자 헤겔(G. W. F. Hegel)이나 공산주의 이론을 만들어 낸 마르크스(Karl Marx), 심지어는 문화인류학의 아버지로 알려진 타일러(E. B. Tylor) 조차도 그런 편견을 가지고 있었고, 중국의 사상가 양계초(梁啓超, 1873~1929), 한국의 독립운동가 안창호 등도 어느 정도 그런 태도를 가지고 있었다.

그러나 오늘날에는 그렇게 생각하는 사람은 거의 없어졌다. 미국의 문화인류학자 보아스(Franz Boas)가 에스키모족에 속하는 이뉴이(Inuit)족의 문화를 연구한 뒤 "이뉴이족의 문화는 서양문화보다 뒤떨어진 문화가 아니라 서양문화와는 다른 문화"란 사실을 실증적으로 보여 주었고, 그것은 오늘날 문화인류학뿐만 아니라 모든 다른 사회

과학에서 수용되고 있다. 문화다원주의는 오늘날 세계 공동체에 일반적인 관점으로 정착되었다. 다른 문화를 차별 대우할 수 없으며 우리의 것과 다른 문화를 존중하는 것을 미덕으로 간주하는 분위기가 지배하게 된 것이다. 긍정적인 발전이라 할 수 있다.

물론 모든 것이 닭의 울음소리처럼 지역마다 항상 다르게 인식되는 것은 아니다. 자연현상의 상당부분은 문화나 지역과 관계없이 대부분의 사람들이 동의할 수 있을 만큼 알려져 있다. 동서고금을 막론하고 자연은 동일한 형태(uniformity of nature)를 갖고 있기 때문이다. 옛날의 물이나 오늘의 물, 서양의 물과 동양의 물이 다 0도에서 얼고 100도에서 끓는다. 물론 0도니 100도니 하는 것은 객관적으로 자연에 존재하는 척도가 아니라 사람들이 약속해 놓은 것이다. 물이 어는 온도를 0도, 끓는 온도를 100도로 약속해 놓고는, 물은 0도에서 얼고 100도에서 끓는다 한다. 그것은 물은 얼 때는 얼고 끓을 때는 끓는다는 말과 다름이 없다. 섭씨(Celsius) 대신 화씨(Fahrenheit)의 약속을 따르면 물은 32도에서 얼고 180도에서 끓는다. 자연현상에 대해서는 사람이나 문화의 차이에도 불구하고 의견일치를 보고 있다. 아마 전 세계가 닭이 우는 소리를 '꼬끼요!'로 표현하자고 약속하면 모든 사람들의 귀에 그렇게 들릴 것이다. 논리적 규칙, 수학, 과학적 지식의 개관성은 모두 이와 같이 약속에 근거한 것이라고 주장하는 사람들이 없지 않다. 그러나 일반적으로 말해서 자연현상에 대한 지식에는 상당할 정도의 객관성이 존재한다 할 수 있다.

그러나 자연현상이 아닌 인간 현상 혹은 인간이 형성하는 사회현상은 의견일치가 그렇게 쉽게 이뤄지지 않는다. 사람에게는 자기 마음대로 보고 듣고 해석할 자유가 있고, 자기가 원하는 대로 결정할 자유의지가 있다. 그리고 환경, 습관, 양육과 교육, 경험, 종교적 신념 등이 서로 달라서 동일한 자극이 들어 와도 다르게 해석하고 다르게 반응한다. 심지어 닭이 우는 소리는 자연현상인데도 그것조차도 서로 다르게 들릴 수 있다.

그런데 그 대상이 추상적이면 추상적 일수록 차이는 더 커진다. 자연, 인간, 신, 시간과 역사, 삶의 의미, 목적, 가치, 죽음, 내세, 몸 등을 어떻게 보는가에 대해서는 사람과 사람 사이에 관점의 차이가 크다. 그런데 그 관점들이 모두 옳을 수도 없고 그 가운데 어떤 것은 옳고 어떤 것은 그르다고 주장할 수 있는 객관적 근거가 없다. 신이 존재하는지 않는지, 자연이 유기적인지 기계적인지, 시간이 한정되어 있는지 영원한지, 인간의 본성이 착한지 악한지 등은 개관적인 증명의 대상들이 아니다.

그런데도 불구하고 이런 것들은 우리가 세계 혹은 삶 전체를 보는 방향을 결정하고 중요한 결정의 바탕을 이루는 매우 중요한 근거가 되는 것이다. 그런 중요한 관점들은 상호 연결되어 있어서 어느 정도 통일성을 가지고 있다. 예를 들어 죽음에 대한 관점과 내세관이 서로 연관되어 있을 수밖에 없고 삶의 의미와 신의 존재가 서로 무관할 수 없다. 이렇게 유기적으로 연결된 중요한 관점들을 통틀어 세계관이라 부를 수 있다.

물론 세계관은 사람마다 어느 정도 서로 다를 수 있지만 개인들이 속한 문화에 의하여 주로 결정된다. 일반적으로 한국인인 김 씨와 이 씨의 세계관 간의 차이보다는 한국인과 미국인 세계관 간의 차이가 더 큰 것이 사실이다. 한 사람의 세계관은 그 사람이 속한 문화에 의하여 주로 결정된다 할 수 있다.

문화의 특성을 결정하는 요소들은 자연적인 풍토, 지리적 조건, 그 사회가 거쳐온 역사적 과정, 그 과정을 거치면서 형성된 전통, 각 분야의 지도자들과 창조적인 개척자들의 사상 등 매우 다양하고 복잡하다. 그들이 상호 영향을 끼치면서 지금의 문화를 만들고 그 성격을 결정했고, 지금의 문화는 또한 앞으로의 문화에 결정적인 영향력을 행사할 것이다. 그러므로 문화는 계속 변하지만 한 문화의 특성과 세계관은 상당기간 유지되는 것이다.

그러나 한 문화의 성격을 결정하는 모든 요소들 가운데 가장 중요한 것은 역시 종교라 할 수 있다. 종교는 다른 요소들과 달리 의심이나 비판을 허용하지 않고 절대적인 복종을 요구하기 때문에 다른 모든 요소들에 결정적인 영향을 끼치지만 다른 요소들의 영향은 상대적으로 적게 받는다. 마치 유클리드 기하학에서의 공리처럼 그 이상의 설명, 해명, 정당화를 허용하지 않는 반면 다른 분야들이 전제해야 하는 기본으로 작용하기 때문이다. 그리고 종교가 바뀌지지 않는 한 문화는 그렇게 쉽게 바뀌지지 않는다. 중국은 공산주의 시대를 거치고, 인도는 영국의 지배를 수백 년간 받았지만 전통문화의 요소를 상당할 정도로 유지하고 있는 반면, 지배 종교를 바꾼 이집트나 그리스는 고대 이집트 혹은 그리스 문화의 특징을 거의 다 상실하고 말았다.

종교가 문화적 성격에 결정적인 영향을 끼치고 그 문화에 따라 그 문화에 속한 사람들의 세계관이 결정된다 할 수 있다.

오늘날 문화다원주의가 일반화됨에 따라 세계관에 대한 관심이 커지고 있다. 모든 문화가 동일한 과정을 거쳐서 발전한다고 믿었을 때는 세계관이란 그렇게 중요할 이유가 없었다. 세계를 보는 눈에 차이가 있다면 그것은 올바른 것과 잘못된 것, 더 발전된 것과 후진적인 것의 차이일 뿐 서로 동등한 권리와 타당성을 가진 차이로 인정하지 않았다. 그러나 모든 문화가 동등한 가치와 권리를 가지고 공존한다고 믿으면 그에 따른 세계관도 동등한 위치에서 차이를 보인다고 인정할 수밖에 없는 것이다. 그래서 과거 서양문화 우월주의 때문에 어느 정도 열등의식을 가졌던 다양한 문화들이 이제는 모두 자신들의 가치와 권리를 주장하게 되었다. 이런 문화다원주의와 그에 따른 문화상대주의가 세계관에 대한 관심을 새롭게 불러일으키고 있는 것이다.

세계관(Weltanschauung)이란 표현은 19세기 독일 철학자 리케르트(Heinrich Rickert, 1863~1936)와 딜타이(Wilhelm Dilthey, 1833~1911)에 의하여 처음으로 학술용어로 사용되었는데 그때 이미 이성의 절대성에 대한 회의가 일어나기 시작했음을 시사한다.

기독교적 세계관

기독교적 세계관이 중요한 과제로 떠오른 것도 이런 문화적 배경과 무관하지 않다. 19세기 말과 20세기 초에 걸쳐 네덜란드에서 코이 퍼(Abrahm Kuyper, 1837~1920), 도예베르트(Herman Dooyeweerd, 1894~1977) 등 신칼빈주의 사상가들이 일어나 인간 이성과 그 이성에 근거한 과학이 객관적이고 중립적이라는 주장에 비판을 가하기 시작하였다. 모든 사람에게 공통적이고 가장 확실한 지식을 가능하게 하는 이성의 능력과 객관적 사실에 대한 관찰에 근거한 과학지식은 객관적이고 가치중립적이라는 주장에 도전장을 내민 것이다. 그들은 과학적 지식을 포함한 모든 사고, 지식, 판단에는 항상 그 배후에 '종교적 동인'이 작용하고 있다고 주장하고 그 주장을 이론적으로 증명하려고 시도하였다. 이성을 절대시하는 것도 하나의 종교적 신념이고, 그런 신념은 인간을 절대시하는 인본주의에 바탕을 둔 것인데 하나님을 절대시하는 기독교와는 정면으로 배치된다고 보았다. 소위 객관적이고 가치중립적이라고 주장하는 과학적 세계관도 하나의 종교적인 신념에 뿌리를 둔 것이므로 기독교인은 이를 비판하고 극복하여야 하며 기독교적 세계관에 입각해서 생각하고 판단해야 한다는 것이다. 그들의 관점이 미국, 캐나다, 남아프리카, 호주, 한국 등의 기독교계에 상당한 영향을 끼쳤다. 한국에서는 2007년에 번역된 사이어(James Sire)의 『기독교 세계관과 현대사상』(The Universe Next Door: A Basic World-View Catalog)(김헌수 역), IVP와 월터스(A. Walters)의 『창조 타락 구속』(Creation Regained)(양성만, 홍병룡 역), IVP가 처음으로 기독교 세계관을 소개했고, 최근에 이승구, 최용준, 손봉호 등이 기독교 세계관에 대해서 책을 썼다. 그리고 2009년에 기존 기독교 학자들의 모임인〈

기독교학문연구회〉와 〈기독교세계관동역회〉가 합쳐져서 〈기독교 세계관학술동역회〉를 출범시키겼고 〈신앙과 학문〉이란 학술지와 〈World View〉란 월간지를 발행하고 있다. 곧 『기독교 세계관교과서』 도 출간할 예정이다.

기독교적 세계관을 논의하는 대부분의 학자들은 기독교적 세계관 을 결정하는 요소로 창조, 타락, 예수 그리스도를 통한 구속, 성령의 역사를 꼽는다. 이 우주가 진화론이 주장하는 것처럼 우연의 산물이 아니라 지능과 의지를 가진 하나님의 피조물이란 사실, 인간은 선하 게 창조되었지만 범죄로 말미암아 악하게 되었으며 예수 그리스도 의 구속을 통해서만 구원을 받을 수 있다는 것, 이 우주는 이신론(理神 論=deism)이 주장하는 것처럼 그 자체의 힘과 법칙에 의하여 움직이는 자동기계가 아니라 성령의 간섭으로 운영된다는 사실을 전제해야 한다는 것이다. 그런데 한국적 상황을 고려하면 거기에 하나님의 존 재, 내세로서의 천국이 첨가되어야 한다고 나는 주장한다. 이런 교리 들이 전제되고 일관성 있게 반영된 세계관만이 기독교 세계관이라 할 수 있다는 것이다.

그러나 기독교 세계관은 이미 만들어져 "이런 것이 기독교적 세계 관이다" 하고 내놓을 수 있는 것은 아니다. 순수하게 기독교적이라 할 수 있는 문화는 존재해 본 일이 없기 때문에 순수한 기독교적 세계 관이 구체적으로 형성된 경우도 없다는 것이다. 아브라함이 하나님 의 부르심을 받았을 때 그는 이미 갈데아의 문화에 젖어 있었다. 하나 님이 아브람에게 고향 땅을 떠나라 한 것은 우상을 섬기던 문화에서 떠나라는 상징적 의미가 있다.

　기독교는 계시의 종교이며, 계시가 필요한 것은 사람이 하나님의 뜻과 진리를 알 수 없기 때문이다. 그런데 그 계시가 백지 상태에서 주어진 것이 아니라 아브람처럼 이미 구체적인 문화에 젖어 있는 사람들에게 주어진 것이다. 성경이 이미 존재하는 언어로 이미 주어진 문화를 배경으로 하여 기록된 것과 같다. 그러므로 모든 기독교인, 모든 교회는 이미 이런 저런 다른 종교에 의하여 형성되었거나 다른 종교적 요소들의 영향을 받아서 형성된 문화 속에 살고 있고 그들 문화로부터 어떤 기독교인도 완전히 벗어나지 못한다. 한국 기독교인이 아무리 철저한 신앙을 가지고 있더라도 한국문화의 영향으로부터 결코 완전히 해방될 수 없다. 따라서 기독교적 세계관은 이미 주어진 무엇이 아니라 신실한 기독교인이 추구해야 할 이상이며, 우리가 속해 있는 문화가 형성해 놓은 세계관을 비판하고 변혁할 수 있는 기제라 할 수 있다. 즉, 무엇이 기독교적 세계관인가를 제시하기 보다는 기독교적이지 않는 세계관의 어떤 요소들을 비판하고 개혁해야 할 것을 지시하는 근거며 틀이다. 그래서 기독교적 세계관은 비기독교적 세계관을 비판하고 개혁할 때 비로소 그 모습을 드러낸다 할 수 있다. 따라서 한국에서 일어나는 기독교 세계관 운동은 한국문화의 비(非)기독교적 요소를 비판하고 개혁하는 운동이며, 이 과정에서 기독교적 세계관의 모습이 조금씩 드러나는 것이다.

한국인의 세계관

한국인의 세계관도 한마디로 특징지을 수 없다. 그러나 한국적 세계관을 형성하는 종교의 특성을 따져보고, 다른 종교와 비교해 보았을 때 그 특징의 일부가 드러날 수 있다.

한반도에서 가장 오랜 시간 지배적인 종교로 남아 있었던 것은 불교인데도 불구하고 한국문화에 끼친 불교의 영향은 그렇게 크지 않다. 세계문화 분류에서 한국은 불교문화권에 속한 것으로 되어 있지 않고 오히려 유교문화권에 속한 것으로 알려져 있다. 가장 최근까지 근 500년을 한국의 지배적인 종교로 남아 있었기 때문에 그 영향이 최근까지 가장 크게 남아 있는 것은 그렇게 이상하지 않다. 그러나 시대적으로 가장 최근의 지배적인 종교였다는 사실이 유일한 이유는 아닌 것 같다. 오히려 무속신앙의 세계관과 비슷한 요소가 많기 때문에 유교의 영향이 큰 것이 아닌가 한다.

한국인의 국민성과 세계관에 가장 결정적인 영향을 끼친 것은 무속종교란 것이 일반적인 견해다. 무속신앙은 그 자체로 하나의 문화권을 이룩할 만큼 그 수준이나 확산범위에 있어서 세계적인 종교가 아니기 때문에 유교나 불교 수준의 고등종교의 대열에 속하지 못한다. 무속적 문화권은 없다. 그런데도 불구하고 한국문화의 저변에 흐르면서 엄청나게 큰 영향력을 행사하였고 지금도 행사하고 있는 것은 무속종교란 것이 일반적이다. 불교, 유교, 기독교 등 한국에 들어

온 모든 고등종교[1]는 정도의 차이는 있지만 모두 무속화된 것만 보아도 그 힘을 알 수 있다. 불교 사찰에는 거의 빠짐없이 무속신앙과 관계있는 칠성각, 산신각 등이 있고 한국 기독교에서 기복신앙이 많은 호응을 얻는 것도 무속신앙의 영향과 무관하지 않다.

유교와 무속종교의 공통점은 둘 다 절대 신이나 내세에 큰 관심을 보이지 않는다는 사실이다. 무속종교는 귀신을 인정하나 무당에 의하여 쫓겨나가거나 복을 가져다 주는 정도의 역할을 할 뿐 자체의 독립적인 의지와 전능한 능력을 가진 절대 신이 아니다. 무교는 적극적인 인간중심의 축복기원이 그 핵심이다. 무병장수, 부귀영화, 무사태평이 가장 중요한 종교적 이상이다. 그런 축복은 선한 삶, 부지런한 노력의 대가가 아니라 신령들의 자의적인 호의에 의하여 좌우되는 것으로 우연한 운수의 결과로 본다. 유교도 신이나 내세에 대해서 별로 관심이 없다. 공자는 제자 계로(季路)가 귀신 섬기는 일에 대해서 질문했을 때 "나는 사람도 제대로 섬기지 못하는데 어찌 귀신을 섬길 수 있겠느냐?" 하고 대답하였다. 한국 무교와 유교는 철저한 인간중심적, 차세중심적인(diesseitig) 세계관을 형성해 놓았다.

이런 세계관은 다양한 형태의 한국적 특성을 생산해 놓았다. 그 가운데는 물론 긍정적인 것들이 없지 않다. 이 세상에서 부귀영화를 누리고 입신양명하기 위하여 열심히 노력한 결과 한국은 불과 60년 만

---

[1] 윤리성이 없고, 계율이 없는 종교는 하등종교
윤리성이 있고, 계율이 있는 종교는 고등종교

에 절대 빈곤으로부터 해방될 수 있었고 원조 받던 나라에서 원조하는 나라로 발전할 수 있었다. 삶의 모든 가치와 목적은 이 세상에서 이룩해야 하기 때문에 세계 어느 다른 나라보다 더 경쟁심이 강하고 부지런하게 일하는 풍토가 형성되어 있다. 이런 차세중심적 세계관이 없었다면 한국은 오늘날의 것과 같은 경제적 발전을 성취하지 못했을 것이다.

그러나 거기에는 부정적인 측면도 없지 않다. 그 가운데서 가장 두드러진 것은 매우 뒤떨어진 윤리문화다. 경제, 예술, 과학기술, 스포츠 등 경쟁적인 추구의 대상이 되는 분야는 매우 빨리 발전하고 성공했으나 비경쟁적인 분야는 매우 뒤떨어져 있는데 그 가운데 대표적인 것이 윤리다. 윤리는 경쟁해서 이기는 것이 목적이 아니라 오히려 부당하게 이익을 보지 않고 다른 사람의 권리를 인정하고 존중해야 가능한 것이다. 더 윤리적이 되기 위하여 경쟁하는 사람은 없고, 도덕성에서 1등을 하려고 노력하는 사람도 없다. 도덕적이 되면 경제나 정치 등 다른 분야에서 오히려 1등을 놓치는 결과를 가져오기 쉽다.

고대 그리스 철학자 플라톤과 18세기 독일 철학자 칸트는 신과 내세가 존재해야 건강한 윤리문화가 형성될 수 있다고 생각했다. 그들의 논리는 복잡하지 않다. 이 세상에서는 실제로 모든 선이 다 보상을 받고 모든 악이 다 철저하게 보응을 받지 못하므로 완벽한 정의가 이뤄지지 않는다. 만약 이 세상이 전부라면 사람들은 윤리적으로 행동하기 보다는 오히려 기회가 생길 때마다 자신의 이익을 위하여 악을 행할 유혹을 더 강하게 받을 것이다. 그러나 만약 내세가 있다고 믿으면 이 세상에서 미완된 인과응보(因果應報)가 거기서 완성될 수 있기 때문에 이 세상에서도 악을 행하지 않으려고 조심하게 된다는 것이다. 그리고 그런 정의가 실현되려면 인과보응을 집행하는 전능한 신이 있어야 하는 것이다. 그런데 만약 내세도, 신도 믿지 않으면 사람들은 자신의 이익을 위해서는 다른 사람에게 해를 끼치면서도 악을 행할 유혹을 많이 받을 것이다. 사람의 속마음을 들여다 볼 수 있는 감시자(police within)가 없기 때문에 위선적이 될 수 있고, 철저한 인과응보를 두려워하지 않기 때문에 불공정해질 수 있는 것이다. 국제투명성 기구가 한국의 투명성지수를 세계에서 39위라 발표했는데 아프리카의 보츠와나(Botswana)보다 더 부패한 나라로 알려져 있다. 우리의 경제, 정치, 학문, 예술 수준에 비해서 턱없이 뒤떨어진 것이다. 이런 윤리적 상황은 한국의 차세중심적 세계관과 무관하지 않다.

도덕적 수준이 낮으면 사람들이 불행할 수밖에 없다. 도덕이란 다른 사람에게 직접 혹은 간접으로 해를 끼치지 않도록 행동하는 것인데, 도덕적 수준이 낮다는 것은 사람이 다른 사람에게 해를 끼치는 빈도가 높고 정도가 심하다는 것을 뜻한다. 과거에는 사람의 행복과 불행이 자연에 의하여 결정되었지만 현대인은 주로 다른 사람과의 관계에서 행복과 불행이 결정된다. 그런데 윤리문화가 뒤떨어져서 사람이 사람에게 해가 되도록 행동하면 해를 입은 사람은 불행할 것이고, 전체 사회의 도덕적 수준이 낮으면 모든 사람이 불행해질 수밖에 없다. 한 조사(World Values Survey)에 의하면 한국인의 주관적 행복지수는 조사대상 92개국 가운데 60위로 우리의 경제나 생활의 편리 수준에 비하면 매우 뒤져 있다.

　윤리적 질서가 깨어지면 모든 사람이 그 피해자가 되지만 특히 사회적 약자들이 더 큰 피해자가 된다. 교통질서가 무너지면 크고 튼튼한 차를 모는 사람보다는 작고 약한 차를 모는 사람이 더 큰 손해를 보고, 자전거를 타거나 걸어 다니는 사람은 길거리에 나갈 수도 없다. 그러므로 모든 비윤리적인 행동은 정의에 어긋나고, 모든 비윤리적인 행위는 약자를 해치는 것이므로 비겁하다 하겠다.

기독교적 세계관과 한국문화의 개혁

　한국문화의 여러 가지 장점에도 불구하고 사람들이 불행하고 불행하다고 느끼면 그 모든 장점들이 아무 소용이 없다. 모든 사람은 행복하기를 원하고 그것은 모든 사람에게 최고의 목적이다. 즉, 다른 모든 것은 궁극적으로 행복을 위한 수단이지만 행복은 다른 어떤 목적을 위한 수단이 아니다. 그러므로 사람들을 불행하게 하는 이 잘못된 세계관은 바꿔야 한다.

　한국에는 기독교인이 가톨릭 신자들을 포함해서 27% 정도가 된다. 그런데도 불구하고 한국 기독교인은 기독교적 세계관보다는 한국적 세계관에 더 충실하고 있다. 그것은 다른 무엇보다 윤리 분야에 가장 두드러진다. 즉, 기독교인이라 해서 윤리적으로 다른 한국인들보다 결코 앞서지 못할 뿐 아니라 오히려 뒤지고 있지 않나 한다.

2010년 11월에 기독교윤리실천운동이 한 전문 여론조사 기관과 함께 한국교회에 대한 시민들의 신뢰도를 조사한 결과 기독교인들을 포함해서 국민의 17.6%만이 한국 개신교회를 신뢰한다고 대답했다. 사회의 다른 기관이나 집단보다 더 큰 불신을 받고 있는 것이다. 한국 기독교인들은 기독교적 세계관보다 한국적 세계관, 특히 부정적인 세계관에 더 충실한 것이 드러났다.

기독교적 세계관을 갖는 것은 단순히 기독교인들이 기독교적 본질에 충실하기 위한 것만은 아니다. 기독교적 세계관은 비기독교인, 한국사회 전체에 이익이 된다고 믿어야 하는 것이다. 적어도 윤리문제에 대해서는 그것은 분명하다. 만약 모든 기독교인이 우리의 내면을 다 감찰하시는 하나님을 믿고 죽은 후에 내세가 있다고 믿으면 지금처럼 거짓말을 많이 하고 불공정하게 행동해서 사회의 불신을 받지는 않을 것이다. 그리고 기독교인들만이라도 철저하게 기독교적 세계관에 충실하다면 우리 사회의 낮은 도덕 수준을 한층 높일 수 있을 것이고, 그것은 우리 국민 모두를 지금보다 더 행복하게 만드는 결과를 가져올 것이다.

윤리는 사회적이다. 한 개인의 윤리는 사회의 윤리문화에 의하여 결정적인 영향을 받는다. 한국인에 비해서 일본인이 더 정직한 것은 일본인 개개인이 한국인 개개인보다 더 훌륭해서가 아니라 적어도 정직에 관한 한 일본의 윤리문화가 우리보다 우수하기 때문이다. 우리의 윤리문화가 개선되지 않는 한 한국인 다수가 윤리적이 되기가 어렵다.

그러나 사회의 윤리문화도 궁극적으로 개인들에 의해서 바꿔질 수밖에 없다. 사회란 그 자체의 양심도 없고 의지도 없기 때문이다. 문화와 개인 간에는 끊임없는 상호교류가 이뤄진다. 그러므로 소수의 구성원들이라도 올바른 확신을 가지고 노력하면 사회 전체의 문화를 바꿀 수 있다. 기독교적 세계관 운동이 한국인의 세계관을 완전히 바꿀 수는 없더라도 한국사회의 윤리문화를 조금이라도 개선할 수 있다면 이는 단순히 신앙적 관점에서 바람직할 뿐만 아니라 한국사회와 특히 약자들에게 상당한 이익을 줄 수 있을 것이다. 이렇게 하는 것이 바로 세상의 빛과 소금이 되는 것이다.

제3기 (2011. 9. 30)

칸트의 윤리사상

백 종 현

학교에서 내게 부탁한 강의 주제가 '칸트의 윤리사상'인데 사실 윤리문제는 누구나 공개적으로 얘기하기가 상당히 어렵다. 윤리는 결국 '이렇게 하는 것이 인간답게 사는 것이다'라는 것을 설명하는 것인데, 대게 그런 얘기를 하게 되면 듣고 나서 '너나 잘하세요.' 이렇게 할 가능성이 많기 때문이다. 그래서 어떻게 보면 윤리 얘기는 남한테 하는 얘기라기보다는 자기 자신한테 하는 얘기라고 할 수 있다. 사실 내가 여러분 앞에 칸트 윤리에 대해서 이야기하지만 그것은 내심 나 자신에게 하는 이야기라고도 할 수 있다.

왜 칸트의 윤리사상인가?

윤리를 이야기하면서 '왜 이 시점에서 그것도 한국에서 칸트냐?' 라는 의문이 들 사람도 있을 것 같아서 조금 설명을 해야 될 것 같다. 우리가 전통적으로는 유교나 불교의 윤리 속에서 살다가 120~130년에 기독교가 들어와 지금은 기독교적 윤리체계에서 사는 한국사람들도 많아졌다. 윤리란 앞서 설명한 것처럼 '우리가 어떻게 사는 것이 가장 잘 사는 것이냐?' 하는 연구이고 합의된 내용인데, 그것이 요약적으로 들어간 것이 법률체계이다. 우리가 지키고 있는 법이라고 하는 것은 마땅히 사람들이 해야 될 내용, 규범이다. 그런데 현재 한국의 법률체계는 뜻밖에도 칸트의 윤리사상에 토대를 두고 있다.

한국의 법체계는 크게 보면 세 가지 기조를 가지고 있는데, 하나가 '인격주의'이고, 또 하나가 '만민평등사상'이고, 또 하나가 '국제평화주의'이다. 우리 법률은 이 세 가지 정신을 구현하고 있는데, 이 모두가 다 칸트의 윤리사상에서 나온 것이다. 그런데 왜 칸트의 윤리사상이 한국의 법체계에 반영이 되었냐 하면 알다시피 우리가 서양 문물을 받아들일 때 우리나라 독자적으로 받아들인 것이 아니라 일본과 더불어 받아들이는데 일본과 함께 우리의 법체계도 독일법 체계에 기반을 두고 있다. 그런데 그 독일법 체계가 칸트의 윤리사상에 토대를 두고 있다. 결국 한다리 건너서 한국의 법 정신은 칸트의 윤리사상에 토대를 두고 있는 것이다. 그래서 그런 저런 인연 때문에 그런지 몰라도 한국에 소개된 최초의 서양 철학자가 칸트이기도 하다.

대략 1905년쯤에 이정직이라는 분이 처음으로『康氏哲學說大略』(강씨철학설대략)이라는 저술을 남겼는데, 그때 강씨가 칸트를 가리킨다. 따라서 이 책은 지금식으로 하자면『칸트철학개론』이라고 할 수 있겠다. 그 다음 한용운 선생이 1910년에『朝鮮佛敎維新論』(조선불교유신론)이라는 책을 썼다. 이것은 여러분도 알다시피 당시 불교가 과거에 비해서 영향력이 점점 줄어들고 있는 것을 보면서 불교에 대한 혁신을 주장하는 내용인데, 그 안에 불교의 마음 이론을 칸트의 그것과 비교해서 설명하는 대목이 있다. 그때 아마 처음으로 칸트라는 철학자가 한국 일반 대중에게 알려진 것으로 생각이 된다. 그뒤에 일제 강점기 때 최현배 선생이『朝鮮民族更生의 道』(조선민족갱생의 도)라고 하는 책을 냈는데, 그 책에서 우리 민족은 도덕적 재무장을 통해서만 다시 살아날 수 있다는 주장을 펴고 있는데 그 내용 상당부분이 칸트의 윤리체계이다. 이렇게 해서 직간접적으로, 제도안과 밖에서, 우리 문화 속에 칸트의 사상이 많이 들어와 있다.

윤리는 인문의 핵심

그럼 이제 칸트 류의 윤리사상이 종래 또는 다른 윤리사상과 어떤 차별성이 있고 어떤 의미를 갖기 때문에 이것이 그런 과정을 거치면서 한국에까지 영향을 미치게 됐는가를 생각해 보자. 지금 우리는 인문학강좌를 진행하고 있다. 그런데 인문학은 무엇인가? 우리는 지금 대부분의 어휘를 한글로 표기하는데, 한글로 인문이라고 쓰지만 뜻을 풀이할 때는 한자를 사용하게 된다. 따라서 인문학의 한자 뜻을 풀면 '인간의 무늬'가 된다. 즉, 인문학의 '문'(文)자는 글월문자가 아니고 무늬 '문'자이다. 쓰기는 글월 문자와 똑같이 쓰지만 무늬 문자로 새겨야 한다. 인간의 무늬인데 이것은 곧 윤리를 뜻한다. 결국 인문학이라고 하는 것은 인간의 무늬에 대한 탐구 또는 인간의 무늬에 대한 연구 또는 인간의 무늬에 대한 성찰, 반성을 하는 것이고, 그때 인문의 핵심은 윤리가 된다.

윤리의 근거 찾기

윤리를 빼면 인간과 동물의 차이가 없어진다. 인간을 여타의 동물과 구별 지어주는 무늬가 바로 윤리기 때문이다. 오래전부터 인간이 살면서 윤리를 생각하지 않은 적이 없는데 문제는 윤리가 항상 명령으로 나타난다는 것이다. '이웃에게 친절해라!', '거짓말하지 마라!', '부모에게 효도해라!'. 이렇게 항상 명령형으로 나타나는데 그 명령의 근거가 무엇이냐? 우리가 왜 거짓말 하지 말아야 되느냐? 왜 우리가 이웃에게 친절해야 하느냐? 이런 걸 반문하게 되면 이게 윤리의 근거, 즉 윤리의 뿌리를 묻는 것이다. 그렇게 그 근거를 어찌 생각하고 또 어떻게 설명하느냐에 따라 특정한 윤리 체계가 드러나게 되는 것이다. 여러분 대부분이 기독교의 어떤 체계 속에 살고 있다고 하면 우리가 왜 거짓말 하면 안 되는지, 그리고 부모에게 효도하는지 그 명령의 근거를 하나님의 말씀에서 찾는다. 하나님이 그렇게 우리한테 지시명령을 내린 것이다. 하나님의 지시명령을 우리는 계명이라 부른다. 또는 하나님의 대행자가, 하나님의 아들이 우리에게 그렇게 일러줬다고 믿는다. 그러니까 그걸 따라야 한다. 명령형이기 때문에 명령을 따르는 사람의 입장에서는 항상 의무가 된다. 도덕은, 윤리는 인간에게 항상 의무로 다가오는데, 그 의무의 근거가 하나님의 지혜와 명령이기 때문이라고 설명하면 '기독교적 설명'이 되는 것이다. 그러나 가령 예를 들어 공자 같은 경우는 왜 부모한테 효도해야 하는지를 은혜를 갚는 차원에서 설명하고 있다. 일종의 보은 사상이다. 어머니, 아버지가 너를 낳아서 오랫동안 애를 써서 길러 줬으니까 그에 대한 보답을 해야 하지 않느냐? 부모에게 효도를 해야 되는 이유를 보은에서 찾고 있는 것이다.

어떤 도덕적 명령이 있으면 그것의 명령권자가 그렇게 할 권한을 무엇에 의해 얻느냐? 그것이 윤리사상의 핵심인데, 그것에 대해 칸트는 '인간이 자유로운 존재자'이기 때문에 그렇다고 보았다. 무슨 말인고 하니 윤리의 모든 근거는 '자유'에 있다고 본 것이다. 그렇게 생각하는 이유가 무엇이냐면, 윤리는 조금 전에 이야기했듯이 항상 당위로 나타난다. 당위는 '~을 해야 한다'라는 것이다. '~을 해야 한다'라고 하는 것은 무엇을 근거로 해서 나오느냐? 공자 같은 경우는 '네가 그런 걸 원하면 남들도 그런 걸 원할 테니까 남의 마음을 헤아려서 너 그렇게 하는 것이 좋지 않겠느냐?'("己所不欲 勿施於人"『논어』〈위령공편〉)라고 이야기한다. 어떻게 보면 이것은 명령이라기보다는 권고이다. 또는 역지사지(易地思之)라 해서 '입장 바꿔놓고 생각해 보아라, 네가 그런 것을 싫어하면 남들도 싫어할 것 아니냐? 네가 싫어하는 일을 하지 않는 것이 결국 남들한테 잘 하는 것 아니냐.' 이렇게 생각을 하는 것이다. 그래서 경험적으로 각자 자기 마음을 헤아려 다른 사람의 사정을 미루어 짐작하고, 그것을 함께 사는 이치로 만들게 되는 것이다. 이게 윤리라고 생각하는 것이다.

이와 같이 설명하는 경우에는 '보통 존재하는 사실에서 당위의 규범을 꺼낸다'라고 말하는데 이것을 논리적으로 설명하기가 매우 어렵다. 우스갯소리를 하면, 자연과학 전공교수가 나에게 이런 이야기를 했다. 인문학자들은, 자연과학자는 우습게 알면서 자연과학에 대해서는 굉장히 외경심을 가지고 있다. 자연과학은 굉장히 존중하면서 막상 자연과학자는 굉장히 우습게 안다는 것이다. 그런데 자연과학자는 인문학은 우습게 생각하는데 인문학자는 존경한다고 한다. 왜 그러냐 했더니 말이 안 되는 것을 말이 되는 것처럼 꾸며대서 이야기하는데 경탄스럽다는 것이다. 많은 인문학 논의는 어찌 보면 논리를 위장했다고 볼 수 있다. 자연과학은 수학적 논리체계에 의해서 설명이 되지만 많은 인문학적인 문제들은 그렇게는 설명되지 않는데, 많은 사람들이 이해하게 하기 위해서는 마치 논리적인 것처럼 포장을 해야 되기 때문에 그런 것이다.

이런 말이 왜 나왔냐면, 어떤 사실로부터 당위를 꺼내기는 굉장히 어렵다. 가령 많은 사람이 한다고 해서 윤리적 당위가 되는 것도 아니고, 많은 사람이 하지 않는다고 해서 윤리적 당위성이 되지 않는 것도 아니다. '1번 사람도 남한테 기회만 있으면 거짓말을 한다. 2번 사람도 그렇다. 3번 사람도 그렇다. 따라서 너도 거짓말해야 한다' 이렇게 말할 수는 없다. '많은 사람들이 거짓말한다고 해서 너도 거짓말해야 한다'라고 말할 수는 없다. 또 반대로 모든 사람은 예를 들면, '1번 사람은 나이 많은 사람들을 보면 자기 자리를 양보한다. 2번도 그런다. 3번도 그런다. 따라서 너도 나이 많은 사람한테 자리를 양보해야 한다.' 이런 것도 아니다. 다른 사람이야 하든 말든 내가 안 할 수도 있는 것이기 때문이다. 왜 다른 사람이 한다고 해서 내가 해야 되고 다른 사람이 안 한다고 해서 내가 안 해야 되는 것은 아니다. 그러나 그렇게 당위라고 하는 것은 일반적인 사실로부터 나오는 것이 아니다. 그런데도 도덕적 명령들은 다 "~하라", "~하지 마라"고 되어 있다.

그런데 가만히 살펴보면 하라는 내용은 보통 사람들이 하고 싶어 하지 않는 것들이고, 하지 말라고 하는 것은 보통 사람이 하고 싶어 하는 것들이다. 가령 예를 들어 '부모에게 효도하라!'는 윤리명령은 있는데 '자식을 사랑하라'는 윤리명령은 없다. 왜 그런가? 균형이 안 맞기 때문이다. 자식은 부모한테 효도해야 하는데, 부모는 왜 자식을 사랑해야 한다는 규정은 없는가? 예를 들어 부모한테 효도하는 사람은 효자나 효녀라고 해서 칭송받고 상도 준다. 하지만 자식을 사랑하는 부모한테 주는 상은 없다. 왜 그럴까? 균형이 맞지 않기 때문이다. 사람들 행태를 살펴보면 누구나 자식을 사랑하고 있기 때문에 굳이 사랑하라고 명령할 필요가 없다. 또 자기 좋아서 하는 일에 대해서 상을 줄 일도 없다. 근데 반대로 '부모한테 효도하라'라는 명령이 있는 것은 대부분의 사람들이 부모한테 효도를 하지 않기 때문이다. 그래서 강제로 시킨다. 그리고 강제로 시킨 일이기 때문에 포상을 하는 것이다.

이렇게 윤리라는 것은 사실과 어긋나는 일을 명령하는 것인데 이제 문제는 이 명령이 어디서 나오는 것인가를 규명하는 일이다. 윤리적 명령이 어떤 사람의 이상에서 나왔다고 보는 견해가 있다. '사람이 사람답게 살려면 이러이러해야 한다'라는 이상을 두고 그 이상에 맞춰서 당위명령을 내린 것이다. 그러니까 그런 이상에 따라 어떤 규칙(도덕규칙 혹은 윤리규칙)을 세울 수 있는 능력이 인간에게는 있다. 그것이 바로 자유의 힘이다. 무슨 말인고 하니, '나도 오랫동안 서있어서 굉장히 피곤하고 자리에 앉고 싶은데, 나보다도 더 힘들어 하는 사람이 있으면 그 자리를 양보해야지' 하는 마음. 내 자연스러운 마음의 욕구를 끊어낼 수 있는 힘. 그것이 자유이다.

모든 자연만물이 그러듯이 인간 역시 일정한 인과관계 속에서 살아가고 있다. 어떤 상황이 주어지면, 그 상황 때문에 행동이 결정된다. 자연물들은 다 그렇다. 인간도 보통은 그렇다. 그런데 어떤 경우에는 그걸 끊어낼 힘이 인간에게는 생긴다. 가령 사람도 역시 배고프면 먹을 것을 찾고, 추우면 따뜻한 곳을 찾으려 한다. 그런데 다른 짐승들과 달리 사람은 배고파도 자신보다 더 배고픈 사람이 있으면 자신의 배고픔을 참을 수 있는 힘이 있다. 그걸 우리는 자유라 한다. 그런 자유의 힘에 기초해서 결국은 도덕규범이 나온다고 칸트는 생각을 하고 그런 힘 위에 인간의 인간다움이 있고, 따라서 '인간은 인격적 존재'라는 말을 한다.

인간은 인격적 존재자

칸트의 대표적인 도덕적 명령 가운데 '인간은 인격이기 때문에 언제 어디서나 너 자신이나 다른 사람을 인격으로 대하고 수단으로 대하지 마라!' 인격이라는 말 속에는 그것이 그 자체로서 가치가 있는가? 인격적인 존재라는 말은 목적이라는 말로도 쓴다. 우리는 보통 인간은 존엄하다고 얘기한다. 왜 인간만 존엄한가? 만약에 인간의 존엄성을 이야기하면 개나 소 등 다른 동물들의 존엄은 어떻게 되는 것인가? 왜 인간만이 존엄한가? 다른 사물들은 존엄하지 않은가? 문제는 그때 존엄하다는 것이 무슨 뜻인가에 달려있다. 예를 들어서 '생명은 다 존엄하다'라고 하면 개나 소나 다 존엄하게 된다. 인간이 존엄하다고 말할 때 인간에게는 '자기 목적성'이 있다. 어떤 것의 수단도될 수가 없는 것이다. 칸트가 자기 자신이나 다른 사람을 목적으로 대하라고 했는데 그런 말 속에 이런 뜻이 있다. 가령 어떤 엄마가 '똑똑한 애를 사귀어라'라고 할 경우에 그 속에는 어떤 뜻이 들어 있는가? 똑똑한 애를 사귀게 되면 배울 것도 많고, 나중에 사회생활하는데 서로 도움도 주고받을 수 있다는 등의 뜻이 포함되어 있다고 한다면 결국 똑똑한 친구는 그 아이한테 자기 삶의 수단이 되는 것이다. 도구가 되는 것이다. 자기가 그 자한테 뭔가를 배울 수 있고 얻을 수 있고 또 도움을 받을 수 있고, 그래서 만약에 그 사람을 사귄다면 그건 그 사람이 도구가 되는 것이다. 뒤집어 생각하면 똑똑하지 않은 사람은 사귈 필요가 없는 것이다. 도구로서 가치가 없어서 그런 것이다. 그렇게 되면 그것은 존엄하지 않다는 것이다.

　도구가 되는 존재자는 존엄성이 없다. 인간은 그런 존재자가 아니다. 칸트의 말에는 이런 뜻이 들어가 있는 것이다. 이런 경우는 남에 대해서 하는 얘기고 경우에 따라서 자기 자신을 도구로 삼는 경우도 많다. 일찍이 공자도 우리를 교육할 때 이런 것을 경계했는데, 논어를 읽어 본 사람은 기억이 날 것이다. 공자 말씀에 "고지학자는 위기인데, 금지학자는 위인이다"('古之學者 爲己, 今之學者 爲人'『논어』〈헌문편〉)라는 것이 있다. 무슨 말인고 하니, 옛날에 공부하는 사람들은 자기를 위해서 공부했는데 요새 공부하는 자들은 남을 위해서 공부한다는 것이다. '위인지학'은 다른 사람을 위해서 하는 공부고, '위기지학'은 자기 자신을 위해서 하는 공부이다. 무슨 뜻인가? 알다시피 공자는 복고주의자니까 '옛날에는 … ', 그러니까 위기지학이 옳다는 말일 것이다. 즉, 요새 것들 하는 것이 다 틀렸단 말이다. 그러니까 '옛날에 공부하던 사람들은 자기를 위해서 공부했는데, 요즘 공부하는 것들은 남을 위해서 공부를 한다'는 말은 옛날에 공부하는 사람은 자기 인격의 완성을 위해 공부를 했는데 요즘에 공부하는 사람들은 남한테 쓸모 있게 되기 위해서 공부를 한다는 것이다. 남한테 자기를 높은

값에 팔기 위해서 공부를 한다. 봉급을 많이 받으려고 공부를 한다. 자기가 좋은 수단이 되려고 공부를 한다. 이런 뜻이다. 그러니까 결과적으로 스스로 자기를 수단화시킨다는 것이다. 그렇게 되면 이제 상대방도 자기를 수단화한다. 쓸모가 있느냐 없느냐에 따라서 그 사람을 판단할 것 아니겠는가? 그것이 인간을 위한 보편적 윤리가 되겠는가? 이것을 칸트는 설명하고 있는 것이다.

칸트의 윤리는 항상 자기가 인격적인 존재자라고 하는 것을 기본으로 해서 인간에게 하달되는 명령이다. 그래서 이제 그것이 의무인데 이 명령은 제삼자가 인간에게 내리는 명령이 아니고 인간 자신이 스스로 자기에게 내리는 명령이기 때문에 자율이라고 한다. 인간은 '자율적 존재자'라는 뜻이다. 자율이라는 말은 타율과 대립되는 개념인데, 타율이라고 하는 것은 남이 정해 놓은 규칙에 자기가 복종하는 것이다. 그에 비해 자율이라는 것은 자기가 정해놓은 규칙을 스스로 따르는 것이다.

우리나라 법률 체계가 칸트의 사상에 바탕을 두고 있다고 그랬는데 가령 예를 들어서 어떤 사람이 형사 범죄를 저질렀다고 치자. 그런 사람들은 처벌을 받게 된다. 그런데 처벌을 내리는 이유가 무엇인가? 어떤 사람이 남의 물건을 훔쳤는데 훔친 거에 대해서 벌을 내린다. 그런데 벌을 내리는 근거가 무엇인가? 이는 여러 가지로 설명할 수가 있다. 예를 들어서 남의 물건을 훔치는 것을 허용하면 누구라도 기회만 있으면 물건을 훔칠 거고 그러면 사회가 혼란해져서 내가 편히 잠을 잘 수가 없게 된다. 잠자는 사이에 누가 무엇을 훔쳐갈까 생활하기가 서로 불편하니까 이런 규정을 만들게 되었다고 설명할 수도 있다. 우리가 오늘날 윤리 규범을 또는 사회 규칙을 설명할 때 공리주의라는 원칙을 이용하는 경우가 많다. 앞서 든 설명이 공리주의적 설명 방식이다. 우리가 사회 질서를 왜 지켜야 하느냐? 사회 질서가 없으면 살기가 굉장히 불편해져서 다시 말하면 우리가 편익을 갖기 위해 사회 질서를 만들었다는 생각이다. 그러면 왜 남의 물건을 훔치는 것을 처벌해야 하는가? 그 이유가 여러 가지 있다고 했다. 보복일 수도 있다. 남한테 해를 끼친 만큼 너도 당해봐라. 그래서 보복이다. 또는 일벌백계라는 말이 있는데 어떤 사람이 어떤 범죄를 저지른 것을 처벌함으로 또 있을지도 모르는 다른 사람의 범죄를 예방하는 효과가 있다는 것이다. 이것에 대해서는 어떻게 생각하는가? 어떤 사람이 범죄를 저질렀는데 그 사람을 처벌하는 이유가 뭐고 하니 그 사람의 잘못 때문에 하는 것이 아니라 다른 사람이 그와 유사한 일을 또 할 것 같은 생각이 들어서 그것을 방지하기 위해서 처벌을 한다는 것이다. 여러분은 이것에 동의할 수 있겠는가? 결국 그 사람은 다른 사람의 범죄를 예방하는 도구가 되는 것이다. 흔히들 실제 생활을 하는데 이런 생각 속에 산다. 그럼 그 사람은 너무 억울한 거 아닌가? 그럼 왜 처벌을 받아야 되는가? 공리주의적인 설명도 적합하지 않고, 일벌백계처럼 어떤 예방을 대비해서도 안 되고 그럼 무엇을 근거로 이 사람을 처벌하는 것인가? 결국 네 자신이 하는 행위에 대해서는 네가 책임을 져라. 네가 했기 때문에 책임을 지라는 것이다. 다른 이유는 없다. 그러니까 그게 만약의 경우에 자기가 한 행위에 대해 상도 주고 벌도 주게 된다.

　국가고시나 입사시험 등을 치게 되면 면접할 때 다음과 같은 것들 묻지 말라고 한다. '어디 출신이냐?' '학교는 어디 나왔냐?' '어머니, 아버지는 뭐하시냐?' '형제는 어떻게 두고 있느냐?' 이걸 왜 묻는가? 그 사람을 선발할 것인가 안 할 것인가를 결정하는 마당에 어느 동네 사느냐, 엄마 아빠는 뭐하냐, 형제는 몇이나 두었느냐, 학교는 어디 나왔느냐 등등을 왜 묻는가? '이 사람이 누군가 하는 것은 이 사람을 둘러싸고 있는 주변 환경이 이 사람을 정할 것이다'라고 우리가 생각하기 때문에 그런 것이다. 그 사람이 어떤 사람인가 하는 것은 주변 환경과는 아무 상관이 없다. 우리가 만약에 이렇게 생각한다면 그런 것을 물을 필요가 없다. 그런데 우리가 그 사람을 둘러싸고 있는 사회적인, 자연적인 조건이 그 사람을 그렇게 만들어 간다고 생각하면 당연히 뒷조사를 하게 될 것이다. 하지만 사람이 자기를 둘러싸고 있는 자연적 조건이나 사회적 조건에 의해서 결정이 된다고 하면 사실 사람을 상주고 벌주고 할 근거가 없어진다. 왜냐하면 어떤 사람이 굉장히 일을 잘하고 칭찬 받을 일을 했다고 하는 것은 조건이 좋은 것뿐이다. 그 사람이 좋은 조건을 타고 나서 그걸 한 거뿐이다. 만약 상을 받고 칭찬을 받아야 한다면 그 사람의 조건이다. 아버지나 어머니가 상을 받던지. 왜냐면 좋은 교육을 시켜줬으니까. 아니면 형제들이 상을 받던지, 아니면 좋은 교육을 시켜줬으니까 그 학교가 상을 받던지 해야 할 것이다. 그 사람은 결국 자기를 둘러싸고 있는 환경에 의해 그 일을 한 거니까 그 사람이 상 받을 일은 없는 것이다. 또 어떤 사람이 아주 나쁜 일을 했다고 치자. 그러면 누가 벌을 받아야 하는가? 그 사람은 어차피 그 사람을 둘러싸고 있는 환경이 나빠서 그렇게 된 거니까 환경이 벌을 받아야 한다. 사회가 벌을 받아야 하는 것이다. 만약 우리 사회에 범죄가 많이 생긴다고 그러면 그 사회 환경이 나빠서 사람들을 그렇게 만든 거니까 그 사회가 벌을 받아야 한다. 그런데 지금 법률체계는 환경에 대한 고려를 안하는 것은 아니지만, 최종적으로는 행위자한테 책임을 묻거나 상을 준다. 그 근거가 무엇인가? 결국 우리가 현재 살고 있는 이 체제는 사회적 조건이나 자연적 조건이 어떠하다 하더라도, 최종적으로는 자신이 결정해서 하는 일이라고 보는 것이다. 잘했으면 자신이 상을 받고, 못했으면 자신이 벌을 받는다. 이것을 바탕에 깔고 있다. 결국 이것이 인간을 인격으로 본다는 뜻이다.

인격이라는 것은 자유를 기반으로 하고 있는 존재자라고 했다. 인격적 존재자는 어떤 환경 속에서도 자기가 한 일에 대해서는 자기가 책임을 져야 한다. 상도 자기가 받아야 되고, 벌도 자기가 받아야 되고, 이런 생각이 지금 현재 우리 윤리의 근간이 되어 있는데 이것이 바로 칸트의 생각이다.

하나님의 정의는 자비하고 대립된다. 자비가 없다. 보상을 해주지 않는다. 예를 들면 반드시 죗값은 치러야 한다. 윤리는 추상같다. 자기가 한 일이기 때문에 그 책임을 면할 수가 없다. 이런 윤리는 별로 인기가 없다. 모든 것이 자신의 책임이 되기 때문이다. 우리나라 도덕 체계에도 어떤 측면에서는 약간 그런 면이 있다. 그래서 처음에 중국

사람들이 칸트를 읽고 공자가 다시 유럽에서 태어났다고 생각했다. 유교도 따지고 보면 자기 책임을 강조하는 면이 있다. 왜냐하면 자기가 수양을 해서 자기가 어느 도의 경지에 오름으로 인해서 윤리적이 될 수가 있다. 그에 비해서 유교는 우리 사회에 표면적으로는 상당히 널리 퍼져있지만, 실제로 유교를 종교로 생각하는 사람은 많지 않다. 몇 해 전에 인구센서스에 보니까 자기가 유교 신자라고 하는 사람은 2만5천 명밖에 없다. 그런데 기독교 신자들은 신, 구교 합쳐 한 1,200만 명쯤 된다. 왜 그렇게 많을까? 오랜 전통을 가진 유교 신자는 몇 명 안되고 기독교는 굉장히 많아진 이유는 무엇인가?

결국 그 안에 구원의 사상이 있는가 여부에 달린 것이 아니겠는가. 사실 자기 힘으로 구원하라고 하면 사람들 힘에 부친다. 그러니까 어떤 절대자나 제삼자의 힘에 의존해서 구원을 받을 수 있다는 쪽에 쏠리게 되어있다. 이것이 자기 책임을 강조하는 윤리체계의 차이이다. 그래서 칸트의 윤리사상도 막상 인기투표를 하면 많은 표를 얻을 수 없을 것이다. 그런데도 현재 우리 법률 체계와 윤리사상의 근본에는 칸트의 사상이 담겨있다. 그러니까 인간을 자율적 존재로 본다.

그렇다고 해서 칸트가 인간을 모든 면에서 거의 신의 수준에 이르는 존재자로 본 것은 아니다. 칸트도 인간을 이성적인 동물로 생각했다. 인간이 이성적 동물이라고 하는 것은 무슨 뜻인가? 동물 가운데서 이성이라는 성격을 추가로 가지고 있다는 뜻이다. 인간이 동물이라고 하는 것은 다른 동물과 똑같이 배고프면 먹어야 하고 추우면 옷을 입어야 하고, 잘 때는 집이 있어야 하고, 이렇게 의식주를 찾는 것은 동물과 똑같다. 그러니까 인간은 인간의 생활에서 가장 기본이 되는 것이 보통 의식주라고 얘기하는데 그것은 인간의 동물적 측면을 말한 것이다. 그러니까 먹고 자고, 옷을 입고 하는 것은 동물과 같다. 다만 동물같이 자연 옷이 아니라 만들어 입고, 동물처럼 동굴에서 사는 것이 아니라 집을 지어서 살고, 또 그냥 자연스러운 열매를 따먹는 것이 아니라 농사를 지어서 먹는 것이 다르다. 이것이 동물은 동물이지만 인간에게는 문화적 요소가 있어 스스로 가꾸는 요소가 있다는 점에서 다르게 된다. 그런데 거기에 인간의 이성이라는 것이 추가된다.

이성과 국영수

이성이라는 것이 무슨 뜻인가? 인간은 이성적 동물이라고 할 때 이성이란 무엇인가? 약간 우스갯소리를 하면 여러분이 이제 초등학교 들어와서부터 학교 또는 주변에서 〈국영수〉란 말을 귀가 닳도록 들었을 것이다. 국어, 영어, 수학 성적이 인간의 앞길을 결정하기 때문이다. 왜 그럴까? 여러 개의 교과목이 있는데 왜 국영수가 초등학교 때부터 고등학교 때까지 그렇게 학생들을 못살게 구는가? 현재 우리나라 교육체제는 공자사상이 아니라 플라톤 사상에 바탕을 두고 있다. 단적인 예가 무엇이냐면 서양식 대학이 우리나라에 도입되기 전에 우리에게도 대학이 있었는데 그것이 바로 '성균관'이다. 성균관은 당시 3년제인데 한 해에 200명씩 뽑았다. 생원과가 100명이고 진사과가 100명이다. 과가 두 개가 있는데 각 과에 100명씩 총 200명을 뽑고 수학기간은 3년이었다. 3년 사이에 공부하는 내용이 무엇이냐면 고시 준비하는 것이다. 생원과든 진사과든 수학 시험은 없다. 역사적으로 우리나라 고등교육에는 수학시험을 쳐본 일이 없다. 그런데 왜 갑자기 수학이 등장했는가? 서양식 교육제도가 들어오면서 그렇게 되었다. 이 중에는 수학 때문에 진절머리 나는 사람들은 차라리 옛날이 좋았을 것이다. 그런데 왜 수학이 그렇게 중요시되었는가? 인간을 이성적 동물이라고 파악해서 그렇다. 이성이라는 말도 번역어인데, 여러분도 알다시피 서양말로 '레셔널'(rational)을 번역한 것이다. 레셔널이라는 말은 라틴어에서 왔다. 로마 사람들이 쓰던 '라지오'(ratio)라는 말이 본래 '셈하다'라는 뜻이다. 그러니까 인간이 이성적 동물이라는 말은 '셈할 줄 아는 동물'이라는 뜻이다. 그러니까 셈을 못하면 인간이 아니다. 사람이 되려면 계산을 잘해야 된다. 그렇게 인간을 파악했으니 수학이 제일 중요한 과목이 되었다. 그런데 이 '라지오'라는 라틴어는 그리스 말의 '로고스'라는 말의 번역이다. 그런데 로고스라는 말은 여러분도 알다시피 '말'이란 뜻이다. 요한복음 첫 구절이 무엇인가? "태초에 말씀이 있었다." 영어 성경에는 "In the begining was the Word."로, 그리스어로는 "엔 알케 엔 호 로고스"이다. 이 로고스라는 것이 '말'이다. 인간이 이성적 동물이라는 말은 그리스 말로는 '말을 할 줄 아는 동물'이라는 뜻이다.

서양식으로 이해를 하면 인간이 이성적 동물이라는 말은 말하고 계산할 줄 아는 동물이라는 뜻이다. 말이라는 것은 언어다. 근데 우리 경우는 한국어 말고 외국어도 필요하니까 국, 영이 들어가는 것이다. 이렇게 말과 셈이 가장 기본적인 것이니까 우리 교육에서 핵심을 차지하게 되었다. 그런데 이것만 가지고서는 아직 완전한 인간은 아니다. 다만 인간의 기본을 갖춘 것이다. 기본도 안되면 다음 단계도 이야기할 수 없으니까 이것이 강조된 것이다.

행복은 어디에서 오는가?

그런데 셈을 할 줄 아는데 그것 가지고 무엇을 셈하는가? 사람들이 누구나 추구하는 것이 있는데, 그건 바로 행복이다. 여러분도 '너 그런 거 왜 하냐?' 이렇게 물으면 '궁극적으로 행복하게 살기 위해서' 라고 대답할 것이다. 사람들이 모든 행위를 하는 데 마지막에 그 행위들이 수렴되는 것은 결국 행복하게 살려고 그러는 것이다. 그런데 행복은 무엇인가? 어떤 때 가장 행복한가? 칸트는 '자기가 남보다 우월하다'라는 느낌을 받았을 때 행복을 느낀다고 생각했다. '내가 역시 잘났다.' '내가 남들보다 우월하다.' 이런 느낌이 사람을 행복하게 만든다고 본 것이다. 결국 사람들의 행, 불행은 나와 남의 비교에서 나온다고 할 수 있다. 그래서 우리가 보통 배고픈 것은 참아도 배 아픈 것은 못 참는다고 한다.

그러니까 똑같이 밥을 2끼 먹을 때는 전혀 불행하지 않았는데 나는 3끼 먹는데 누가 5끼를 먹으면 자기가 한 끼 더 늘어서 더 행복해야 할 텐데 전혀 행복하지가 않다. 왜냐하면 옆 사람은 5끼를 먹으니까. 이렇게 사람들은 비교를 통해서 행, 불행을 사람들이 느낀다. 그러니까 사람들이 맨 먼저 계산하는 것은 저 사람이 나보다 잘났나, 못났나 하는 것이다. 내가 저 자보다 위에 있나, 그렇지 않나 이것을 끊임없이 계산한다. 혹시 여러분은 사회 환경이 바뀌어서 그것을 실감할지 모르는데 옛날에는 사촌이 논을 사면 배가 아프다는 이야기가 있다. 자기와 가까이 있는데 내가 아닌 사람, 내가 아니면서 나와 가장 가까이 있는 사람이 제일 빨리 비교가 된다. 관계가 가깝고 밀접할수록 사람들은 민감하게 반응한다. 그런 것도 결국 인간이 이성적 동물이기 때문이다. 그것이 좋은 방향으로는 경쟁심을 유발시킨다. '나도 우월한 지위에 올라야겠다'라고 좋은 방향으로 그 마음이 발전하는 것이 경쟁이고 그 경쟁이 지금의 문화를 낳았다라고 볼 수 있다. 그런데 이런 비교하는 마음이 나쁜 쪽으로 흘러가면 시기, 질투, 고소한 것, 예를 들어 내가 잘되었을 때도 기쁘지만 남이 못됐다는 소식을 들어도 기쁘다. '그 친구 불합격했대!' 그러면 갑자기 밥맛이 난다. 왜 그럴까? 자기는 가만히 앉아있는데 자기가 우월해진 것이다. 왜냐하면 상대편이 넘어져서 자기가 우월하게 되었기 때문이다. 결과적으로 자기 우월을 확인하는 방법이 자기가 잘되는 경우도 있지만 남이 못되는 경우도 있다. 그래서 인간사에는 해코지가 생겨난다. 동물들은 해코지를 안 한다. 짐승들은 아무리 잘못해도 짐승 같은 짓만 한다. 그런데 사람은 경우에 따라 짐승만도 못한 짓을 한다. 사람이 짐승 정도만 해도 어떤 때는 괜찮다. 그런데 짐승만도 못할 때가 있다. 짐승만도 못하다는 것을

악마라고도 한다. 여러분은 천사와 악마를 많이 이야기할 텐데 천사
와 악마의 단적인 증표가 무엇인가? 어떤 걸 악마라고 그러는가? 천사
는 어떻게 하면 천사라고 그러는가? 다른 사람이 잘되는 것을 보고 기
뻐하는 것이 천사의 마음이다. 다른 사람이 잘못되는 것을 보고 기뻐
하는 것이 악마이다. 악마가 왜 해코지를 하냐면 다른 자가 잘못되는
것이 기뻐서 그러는 것이다. 타자를 구렁텅이에 빠뜨리고 기뻐하는
마음이 들면 그게 바로 악마이다. 하지만 짐승들은 그렇지 않다. 그래
서 이성이라고 하는 것은 양면성이 있다.

이성의 양면성과 윤리의 필요성

인간이 이성적 동물이라고 하는 것은 동물 차원을 넘어갈 수 있는
어떤 힘이기도 하지만 동물들보다 못해질 수 있는 어떤 요소이기도
하다. 양면성이 있다는 말이다. 그렇기 때문에 동물보다도 못하게 되
는 것으로 가면, 수학을 잘하는 사람이 그 계산력을 나쁜 데 쓸 수도
있다. 악마 같은 일을 하는 데 그 계산 능력을 쓸 수도 있고, 언변이 좋
은 사람은 그 능력을 악마 같은 일을 합리화하는데 쓸 수도 있다. 따
라서 말 잘하고 계산 잘하는 것이 반드시 인간을 돋보이게 하는 것은
아니다. 인간을 더 나쁘게 만들 수도 있다. 그래서 이제 이 단계에서
필요한 것이 윤리이다. 앞에서 인간의 윤리가 무늬라고 했다. 그러니
까 어떤 면에서는 인간의 무늬가 영어 잘하고 수학 잘하고 국어 잘하

는 것일지 모르겠는데, 또 다른 측면에서는 그것만 가지고는 안되고 이제 윤리라고 하는 것이 거기에 덧붙여져야 이성이 보다 더 인간으로서 인간이게 만드는 요소로 긍정적으로 활동할 수 있게 된다.

인간의 도덕적 의무들

따라서 윤리는 인간에게 항상 의무로 주어진다. 하지만 인간이 의무라고 확인하는 것만으로 해서 인간이 바로 도덕적 존재자가 되는 건 아니다. 우리가 윤리적인 규칙을 알아야 하지만 그 규칙을 안다고 해서 바로 윤리적이 되는 건 아니다. 물론 윤리적 규칙을 아는 것은 매우 중요하다. 두 사람이 지각을 했는데 선생님이 갑이라는 학생한테 너 왜 지각했냐고 하니까 '난 10시 40분에 모이는 걸 몰랐다'라고 정보가 정확하지 않아서 늦었다고 변명을 하고, 또 한 사람은 '나는 10시 40분에 모이는 건 알았는데 다른 더 중요한 일이 있어서 그렇게 왔다'라고 이야기한다. 보통 모른 사람은 정상참작을 해서 아마 벌을 안받을 수도 있다. 빤히 알면서 선생님 말씀보다는 다른 일이 더 중요해서 그거 먼저 하느라고 늦게 왔다고 하면 선생님이 몹시 화를 낼 가능성이 많다. 그런데 아리스토텔레스의 경우는 앞 사람은 매를 두 대 맞아야 하고 나중 사람은 한 대만 맞으면 된다고 생각을 했다. 왜 그런가 하니 사람은 자기 의무가 무엇인가를 먼저 '알아야 할' 책무가 있기 때문이다. 그 다음에 그 의무를 '이행해야 할' 책무가 있게 된다.

그런데 이제 앞의 사람은 자기 의무가 뭔지도 몰랐고 그 다음에 그걸 행하지도 않았다. 반면 둘째 사람은 자기 의무가 뭔지는 알았지만, 그걸 행하지 못했을 뿐이다. 그러니까 뒷사람은 절반은 한 셈이다. '저 사람은 무지막지하다' 이런 말을 쓰곤한다. 그 뜻은 무엇인가? 무지막지는 모르고 모르는 것이다. 두 번 모르는 것. 그러니까 먼저 사람은 무지막지한 사람이다. 윤리적으로 제일 문제가 되는 것이 무지막지 한 사람이다. 무지막지한 사람은 개과천선할 가능성이 전혀 없기 때문이다. 일단 의무가 무엇인가를 알아야 그것을 기준으로 반성도 하는데 의무가 뭔가를 모르면 반성도 하지 않게 된다. 그럴 경우에는 대책이 없다. 그래서 먼저 의무를 알아야 하는데 그 의무를 안다고 해서 바로 실행이 되는 건 아니다.

덕은 실행하는 힘

실행하는 힘을 뭐라고 하는가? 바로 덕이라 부른다. 윤리의 내용을 잘 아는 사람이 덕 있는 사람은 아니다. 윤리적 행위를 하는 사람이 덕 있는 사람이다. 그래서 덕이라고 하는 것은 윤리적인 행위 능력을 뜻한다. 그래서 어떤 윤리강령이 실천에 옮겨 가려면 덕을 갖추어야 한다. 그 덕이라고 하는 것은 수련을 통해 이루어진다. 우리가 가감승제라고 하는 논리적 규칙은 알지만 실제로 수학시험에서 다 100점을 맞는 것은 아니다. 규칙을 몰라서 수학문제를 틀리는 것은 아니다. 규칙은 알지만 그 규칙을 실천에 옮길 힘이 없어서 그렇게 된다. 그 힘은 결국 연습문제를 통해서 숙달이 되면 풀 수가 있다. 윤리도 똑같다. 윤리적 규칙을 안다고 해서 바로 윤리적인 사람이 되는 건 아니다. 그것도 훈련을 통해서 윤리화되어야 한다. 그것이 수련이다. 이렇게 수련, 수양, 단련이 필요하게 된다. 그래서 윤리도 실천적 훈련, 연습이 필요하다. 훈련을 통해서 어떤 윤리규칙에 대한 지속적인 성향이 생겨나면 덕 있는 사람이라고 말할 수 있게 된다.

인간은 태어날 때 윤리적으로 될 소지를 갖고 태어나는 것이지, 모든 사람이 윤리적이지는 않다. 결국 그 소질을 어떻게 함양해서 실천적 힘으로 발전시키느냐가 중요하다. 이제 칸트는 어떤 것을 인간의 기본적 도덕 의무라고 봤는지 살펴보도록 하겠다.

자기 자신에 대한 의무들

칸트에게서 의무는 '너 자신이나 다른 사람을 언제나 목적으로 대하고 다시 말하면 인격적 존엄성을 있는 존재로 대하고 수단으로 대하지 말라'는 것이 가장 기본인데, 그런 관점에서 자기에 대한 의무가 있고 타자에 대한 의무가 있다. 나에 대한 의무도 있고 남에 대한 의무도 있다. 먼저 자기 자신에 대한 의무에 가장 기본은 너 자신을 완전하게 하라는 것이다. 즉, 자기완성이다. 자기에 대한 가장 최대의 종합적인 책무는 자기를 완전하게 하는 것이다. '자연이 너를 지어낸 것보다 너를 더 완전하게 만들어라.' 이것이 자기에 대한 책무의 총원칙인데 그거 안에 들어있는 것이 몇 가지 있다. ① '자연 그대로의 자기를 보존하고 자신의 자연적 능력을 개발하고 증진시키라.' 자살하지 말라는 것도 도덕적 강령이다. 왜 자살하면 안되나? 이것도 시대와 관점에 따라서 여러 가지 이유가 있다. 유럽의 경우 중세 때 자살은 아주 큰 범죄였다. 특히 노예나 농노들한테 자살은 절대 죄악으로 치부되었다. 마약하는 사람들도 처벌한다. 무슨 근거로 그리 하는가? 자기가 자기 돈으로 마약을 사서 그것을 먹는데 왜 처벌을 하고 또 비난을 하는가? 그 사람이 마약을 한 다음 다른 이를 해칠까봐 그러는가? 왜 해치지도 않았는데 미리 그렇게 하나? 무슨 근거로? 우리가 현재 많은 사회 규범이나 제도들을 가지고 있는데 그것들이 무엇에 근거를 두고 있나 한번 곰곰이 생각해보자. 여러 가지 근거를 댈 수가 있는데 중세 때는 예를 들면 자기 몸이 자기 것이 아니다. 주인 것이다. 그러니까 내가 나를 죽이면 주인의 재산을 축 내는 것이 된다. 그러니까 남의 것을 훔친 것이 된다. 그러니까 자살해서는 안된다. 지금은 노예제가 있는 시대가 아니니까 '자살하지 말라' 또는 '자해하지 말라'라고 하면 그 근거는 어디에서 나오게 되나? 결국은 이제 자기완성, 끝까지 나는 나를 완성시킬 책무가 있다는 데서 나온다. '어느 경우도 자신을 수단으로 만들면 안된다.' 자신 스스로가 존엄한 것이다. 그것을 무엇에 비교해서 비교적 가치를 두면 안된다는 것이다. 무엇보다 못하다던지, 뭐에 쓸모가 없다던지, 그런 것은 자기를 비하시키는 일이다. 칸트는 끝까지 인간은 인격적 존재이기 때문에 어떤 경우에도 비교 당해서는 안된다고 말한다. 그것은 죄악이다. 그래서 결국 자살하면 안된다. 과음이나 과식, 자기 돈 주고 자기가 술 많이 먹는데 그걸 왜 도덕적으로 나쁘다고 하는가? 자기완성에 해가 되기 때문이다. 인격적 존재로서 자기를 모독하는 일이니까 안된다는 것이다. ② '거짓말하지 말라.' 칸트도 거짓말하지 말라고 한다. 그런데 왜 거짓말 하면 안되는가? 거짓말 하면 보통 그것을 통해 이익을 얻으려고 한다. 이익을 얻기 위해서 자기 인격을 내버리는 것이다. 일종의 자기 모독이 된다. 거짓말은 사회 질서를 위해서 필요한 것이 아니라, 자기가 인격적 존재이기 위해서 해서는 안된다는 것이다. ③ '인간은 구걸해서도 안된다.' 왜냐하면 이는 다른 사람의 호의에 나를 맡기는 것이기 때문이다. 동냥 얻으러 갔다가 많이 주면 기쁠 거고, 안 주면 화가 날 것이다. 그러니까 다른 사람의 호의에 나를 맡기는 것은 내 자존심을 깎고 인격을 깎는 일이 된다. ④ '의기소침하거나 자신 없어 하지 말라!' 사람이 자신 없어 하는 것도 죄악이다. 도덕적 의무를 다 하지 않은 것이기 때문이다. 그것도 자기를 너무 하찮게 여긴 거란 말이다. ⑤ '비굴해서는 안 된다.' ⑥ '자기를 모욕 받도록 내버려두어서도 안된다.' 누가 자기를 모욕할 때 가만히 있으면 결국 칸트 생각에 버러지 같이 된다는 것이다. 버러지는 사람이 지나가다 밟아도 그냥 꿈틀하고 만다. 사람은 분명 버러지가 아니다. 누가 자기를 모욕하면 거기에 대해서 확실하게 대응을 해야 된다. 자기 자존을 유지하는 일이다. ⑦ '인간은 다라웁거나 인색해서는 안된다.' 수전노란 말이 있다. 돈의 노예가 된 사람을 그렇게 부른다. 돈의 노예가 된다는 것은 돈이 아까워서 쓰지 못하는 사람이다. 돈 자체를 좋아하는 사람도 있다. 가까운 친척 할아버지가 계셨는데, 내가 대학 다닐 때 세배를 하러 갔다. 당시 나는 철학과에 다니고 있었는데 사람들이 '철학 공부 왜 하냐?' 물으면 대답하기 곤란하다. 보통 사람이 기대하는 것은 무슨 직업을 갖겠다고 하든지, 아니면 무엇에 쓸모가 있다든지 이렇게 말해야 되는데 철학이라는 것은 직업을 가질 전망도 거의 없기 때문이다. 쓸모가 있다는 말도 어디다 말하기 어렵다. '너 왜 철학 공부 하냐?'고 하면 답은 정해져 있다. '그냥 공부가 좋아서요.' 그거 말고 다르게 말했다가는 말이 끝없이 이어지니까 대충 그렇게 얼버무린다. 그런데 당시 할아버지는 동네에서 제일 부자였다. 게다가 수전노로 소문이 자자하던 분이었다. 근데 내가 '그냥 공부가 좋아서요.' 그랬더니 할아버지가 뭐라 그러냐 하면 '나는 돈이 그렇게 좋다' 하셨다. 자기는 돈이 늘어나는 것 자체가 마냥 기쁘다는 것이다. 그런 사람도 있다. 그게 수전노다. 그런데 그 양반이 얼마나 검소하게 사냐하면 옷도 나보다 더 남루하게 입었다. 돈이 아까워서 못 쓰는 거였다. 하지만 칸트는 그러면 안된다고 한다. 자기한테 인색한 것. 그것도 자기 품위를 깎는 일이기 때문이다. 자기 인격을 깎고, 스스로를 돈만 모으는 도구로 사용하는 것이다. 칸트는 그렇게 살면 안된다고 말한다.

타인에 대한 의무들

타인에 대한 의무도 있다. 타인에 대한 의무는 기본이 다른 사람의 행복 증진을 위해 노력해야 한다는 것이다. 다른 사람의 행복을 증진 시키거나 다른 사람의 행복을 해치지 말아야 할 의무가 있는 것이다. 그런 것 가운데 몇 가지가 있는데, '너의 이웃 사람을 너 자신처럼 사 랑하라.', '감사하라.', '함께 기뻐하고 함께 슬퍼하라.', '타인을 멸시 하지 마라.', '거만, 비방, 조롱하지 마라.' 이런 것들은 전부다 기본적 으로는 다른 사람의 행복을 해칠 수 있으니까 하지 말라는 것이다. 왜 냐하면 다른 사람도 인격적으로 존엄한 존재자이기 때문에 그 사람 을 그렇게 대해야 할 책무가 기본적으로 나한테도 있다는 것이다.

인간 사이의 도덕적 의무

이제 나와 남 사이에 동시에 중요한 도덕적 의무가 있다. 그게 대표 적인 것이 '우애'이다. 친구처럼 지내라. 아까 내가 우리나라의 기본 적 사회 윤리에는 서양사상이 많이 들어와 있다고 말했는데, 지난해 부터 갑자기 곳곳에서 〈정의란 무엇인가?〉해서 정의 독서 열풍이 불 고 있다. 그런데 정의는 무엇에 근거를 둔 것인가? 도대체 이 정의가 무엇인가?

나폴레옹이 유럽 정복전쟁을 시작했을 초기에 점령당하는 나라의 지식인들이 크게 환영했다. 자기 나라를 빨리 와서 점령해 달라는 것이다. 왜 그랬을까? 왜 자기 나라를 정복하러 오는 침략자를 지식인들이 환영했을까? 역사에서 보면 나폴레옹이 한 일 중에 중요한 일이 '구체제'(Ancien Regime)를 무너뜨리는 것이었다. 나폴레옹은 점령전을 통해 이전의 구제도를 타파하고 신제도를 퍼뜨린 사람이다. 즉, 프랑스혁명 정신을 퍼뜨린 것이다. 그런데 프랑스혁명 정신이 무엇인가? 우리 헌법도 프랑스혁명 정신을 계승하고 있다. 그때 나온 것이 프랑스 삼색 깃발이기도 하다. 삼색 깃발의 뜻은 '자유, 평등, 이웃 사랑'이다. 자유, 평등이라는 것은 자유롭고 평등한 사회를 구현하려고 애를 쓰지만 이 둘은 사이가 썩 좋지 않다. 자유가 확대될수록 평등이 깨질 가능성이 높다. 또 평등한 사회가 되면 될수록 자유롭지 않을 수 있다. 그러니까 우리가 자유롭고 평등한 사회를 만들자는 것은 거의 기대할 수 없는 상태를 희망하고 있는 것이기도 하다. 그런데 이것이 가능하기 위해서는 '이웃 사랑'이 중간에서 매개 역할을 해줘야 한다. 그것이 바로 우애이다. 친구처럼 사는 것.

이것이 칸트에게서도 중요한데 그러면 친구처럼 산다는 것은 무엇인가? 우리가 친구한테는 돈 빌리는 것? 벌써 친구한테 돈을 빌린다고 하면 친구관계가 깨질 가능성이 높아진다. 근데 많은 경우 '그럴 때 도움 안 받으려면 친구 됐다 뭐해?'라고 생각하는 사람도 있을 것이다. 그런데 왜 친구 사이에 돈을 빌리지 말라고 하는가? 친구관계라고 하는 것은 기본적으로 사랑과 존경이라고 하는 두 원리에 의해서 움직이는데 사랑한다고 하는 것은 사랑하는 자가 우월적 지위에 있는 것이기도 하다. 어머니는 자녀를 사랑한다. 보통 인간관계에서 사랑의 가장 전형적 모습은 엄마가 자기 자식을 사랑하는 건데, 거기에도 사랑하는 엄마가 우월적 지위에 있게 된다. 존경을 받는 자가 우월적 지위에 있는 것이다. 반면 존경하는 자는 밑에 있게 된다. 따라서 존경한다는 것은 존경하는 자를 위로 올리는 것이다. 그런데 또 다른 측면은 사랑은 끌어당기는 것이다. 사랑하는 사이는 밀착된 관계이다. 그런데 존경은 밀어내는 관계이다. 올려놓고 거리를 취하는 것이다. 존경하는 사람은 가까이 갈 수 없다. 존경하는 사람한테는 어깨동무를 할 수 없다. 사랑하는 사람은 끌어안지만, 존경하는 사람은 끌어안지 못한다. 존경하는 이 앞에 가면 굳어진다. 그래서 사랑과 존경이라는 두 가지 원리가 인간관계를 직조하는데 우애는 딱 그 중간이라고 한다. 사랑하면서 존경하고 끌어당기면서 밀쳐내고 그 딱 중간에 있는 것이 우애이다. 그래서 우애 관계가 사회의 기본적 룰이 되면 친구들한테는 신세를 지지 않으려고 한다. 그러나 또 친구 입장에서는 자기 친구가 나쁜 상태에 있는 것을 차마 볼 수가 없다. 그런데 예를 들어 어떤 상황에서 친구한테 누가 돈을 빌려주게 됐는데 만약에 돈 빌려준 사람이 생색을 내면 친구가 아니게 된다. 그러니까 친구 관계라는 것은 자기가 다른 친구를 도울 위치에 놓여 있을 때 절대로 거만하지 않는 것이다. 또 반대로 친구가 다른 친구한테 도움을 받아야 될 상황에 있을 때 절대 비굴하지 않은 관계이다. 그런 관계가 사회관계로서 가장 기본이 되어야 한다. 그것이 우애다. 따라서 칸트의 사회윤리의 핵심은 우애에 있다고 할 수 있다.

윤리의 바탕이 되는 도덕 감정 혹은 양심

이런 여러 가지 도덕적인 규칙들이 있다고 해도 이것이 사회적으로 통용되려면 '바탕'이 있어야 되는데, 그것이 바로 '도덕 감정' 혹은 '양심' 이런 것이 아닌가 생각한다. 도덕 감정이라는 것은 어떤 행위에 대해서 사람들이 서로 기뻐하거나 싫어하는 것을 말한다. 어떤 행위가 일어났을 때 한결같이 함께 시인하거나 혹은 싫어하는 감정이 공유되면 그것이 도덕 감정이다. 그런 것이 만약에 폭넓게 이루어지지 않으면 어떤 도덕적인 규칙이 있다고 해도 실천에 옮겨질 가능성은 적거나 없게 된다. 그것을 다른 말로 '양심'이라고도 한다. 양심은 뭔가? 양심이라는 본래의 말은 맹자에 나온다 맹자가 양지, 양릉, 양심을 이야기하는데 양지는 배우지 않아도 이미 알고 있는 것, 양릉은 배우지 않아도 이미 할 수 있는 능력, 양심은 이미 가지고 있는 마음씨, 본래부터 인간이 가지고 있는 마음씨, 그러니까 누구나 양심을 가지고 있다고 맹자는 생각했다. 근데 누구나 가지고 있는 그 마음씨라고 하는 것이 서양말로 하면 컨션스(Conscience)인데 '함께 안다'는 뜻을 가진다. 우리가 말하든 말하지 않던 이미 너도 나도 알고 있는 것이 양심이다. 그런 양심의 한 표본으로 소크라테스를 예로 들 수 있다. 소크라테스는 직접 책을 쓰지는 않았지만 그의 제자들이 여러 이야기들을 전해주고 있는데 그 중 대표적인 사람이 플라톤이다. 플라톤이 소크라테스에 대해 쓴 여러 글들이 대화체로 썼다 해서 그것을

『대화편』이라고도 부른다. 소크라테스가 악법도 법이라고 했다는 소리를 들은 이들이 있을 것이다. 소크라테스가 직접 그렇게 말한 적은 없지만 그렇게 해석할 수도 있는 말은 했다. 그 내용이 『크리톤』(Crito)이라는 작품이다. 크리톤은 소크라테스의 어릴적 친구이다. 소크라테스는 아테네 시민들한테 민중재판을 통해서 사형을 받았다. 그런데 죄목이 뭐냐면 '자기만의 신을 숭상하고 청년들을 타락시킨다'는 것이었다. 그런데 그 죄목이 소크라테스 친구들이 볼 때는 말도 안되는 부당한 것이었다. 그래서 소크라테스 친구 중에 크리톤이 부자여서 옥 지키는 사람들을 매수했다. 그리고 소크라테스가 독약을 마시기로 되어 있는 그 날 아침에 탈출을 계획하고 아직 날이 밝지 않았을 무렵 소크라테스를 찾아가 탈옥을 제안한다. 매수된 간수는 잠자는 척 하고 있기로 했으니까 지금 나갈 수 있다고 한다. 그때 소크라테스가 자기가 나가면 안되는 이유를 친구에게 설명한다. 너 왜 부당한 짓을 하려고 그러느냐? 지금 여기서 탈옥하는 것은 아테네 법을 어기는 일이다. 자기 탈옥을 도와주겠다는 친구를 소크라테스는 오히려 설득하고 있는 것이다. 그러면서 아테네 법이 자기를 70년 동안 보호해주어서 지금까지 잘 살았는데 그 법이 나로 하여금 죽으라고 하니까 이것은 법도 아니라고 부정하는 것은 앞뒤가 맞는 일이 아니라고 말한다. 설령 아테네가 나에게 부당한 일을 하고 있다고 해도 그것을 부당한 방법으로 대응하는 것은 옳지 않은 일이다. 아무리 상대방이 부당하게 해도 나는 정당하게 대응해야지 상대방의 부당성이 나의 부당성을 정당화해 주지는 않는다. 내가 지금까지 그렇게 설득하고 가르쳐 왔는데 내 말을 삼키라고 하는 것은 이치에 맞지 않다. 그렇게 소크라테스는 탈옥 권유를 거절하고 독배를 마신다.

이것이 내가 말하는 양심이다. 그런 것이 기조가 되지 않으면 어떤 윤리 도덕도 실천하기 어려운데 그래서 다른 사람들의 얘기처럼 양심이란 것이 본래 인간에게 타고났다고 한다면, 양심은 회복하면 되는 것이다. 새로 밖에서 얻어올 것이 아니라 이미 누구나 가지고 있는 것이니까 그 양심을 내가 회복을 하면 된다. 그래서 결국 도덕적 덕을 갖추는 일은 양심을 회복하는 일이 된다.

제2기 (2011. 4. 29)

덕윤리의 현대적 의의

황경식

덕윤리의 일상언어적 유산 : 한국의 경우

우리의 도덕적 현실에서 이미 덕윤리가 도덕적 행위지침으로서 퇴조한 지는 오래된 듯하다. 그러나 우리의 일상언어적 용례에서 아직 덕윤리적 유산이 곳곳에서 잔존하고 있는 것을 보면 우리의 도덕의식에 있어 덕윤리의 역할이 아직도 완전히 소멸되었거나 무의미한 것은 아님을 반증해 주는 단서가 아닐까 생각해 본다. 나아가 우리가 당면하고 있는 도덕적 현실을 성찰하고 보완하는 시발점을 찾는데 있어서도 이같은 단서는 소중한 자산이 될 것이라 생각하며 덕윤리의 재활이 어떤 방식에서 이루어지든 그러한 유산은 재활의 기반으로서의 가치가 있을 것으로 보인다.

우리가 일상에서 덕윤리적 유산의 한 사례로서 자주 만나게 되는 용어법은 사람의 됨됨이를 평가할 경우 재승덕박(才勝德薄)이라는 말을 자주 쓰기도 듣기도 한다는 점이다. 어떤 사람이 가진 재주가 많고 재기는 발랄하나 그를 밑받침할 성품이나 인품이 듬직하지 않을 경우 우리는 재승덕박이라 평가한다. 사람이 무언가 똑 뿌러지고 난 척하며 되바라지기만 할 뿐 어딘가 수더분하고 푸근하며 은근한 인품이 뒤따르지 못한 경우이다. 이는 우리가 사람됨을 평가할 때 어떤 전인격적인 가치나 이념을 전제하고 있음을 의미한다. 단지 지적인 능력이나 기능만이 아니라 정서적 안정과 의지적 견실함이 더해진 전인격적인 무언가가 결여될 경우 인간으로서 신뢰를 하기 어렵다는 뜻이다.

둘째로 우리는 어떤 일의 성취를 자신의 능력만이 아니고 배후에서 도움을 준 그 누구의 덕분(德分)이나 덕택(德澤)으로 돌리는 말을 자주 하기도 듣기도 한다. 그런 성취가 나만의 능력이나 노력만이 아니고 배후에 있는 타자들의 도움이 더해져서 이루어졌다는 것이다. 이는 일정한 성취의 직접적 원인(因)만이 아니고 그러한 원인이 작용할 수 있도록 배후에서 보조한 환경이나 간접적인 원인(緣)에 언급함으로써 인간만사가 상호 도움을 주고받는 어떤 호혜적 공동체 내지 네트워크의 그물망 속에서 이루어짐을 함축한다. 그리고 이같은 네트워크에는 조상의 숨은 도움(陰德)내지 귀신이나 하늘의 도움(天佑神助)까지도 포함된다는 것을 알 수 있다.

세 번째 경우는 우리가 어떤 어려움에 봉착했을 때 자주 쓰는 말로서, 그같은 낭패가 일을 도모한 나 자신의 "부덕의 소치"로 돌리는 용례이다. 이는 자신이 도덕적으로 부족하고 그래서 부덕하며 따라서 일이 잘못된 것에 대해 도덕적 결함을 가진 자신에게 그 책임을 돌린다는 것이다. 이는 단지 개인의 수준에서만이 아니고 과거 나라에 가뭄이나 환란이 닥쳤을 때 왕은 흔히 "짐이 부덕하여 일이 이 지경이 되었다"고 표현되는 언어적 관행을 통해서도 알 수가 있다. 개인이건 나라의 지도자이건 간에 수양을 통해 도덕적 덕을 갖출 경우 그것이 갖는 도덕적 감응력으로 만사형통하고 국태민안(國泰民安)하게 된다는 것이다. 이는 인간이 갖는 덕은 사태의 성패를 좌우하는 역량, 감응력, 카리스마를 갖기도 한다는 것을 의미한다. 지성이면 감천이라는 말도 이러한 맥락에서 이해될 수 있을 것이다.

　이상에서 살펴본 일상언어적 용례에서도 짐작할 수 있지만 우리 사회의 도덕적 현실 내지 현주소는 서구의 현대사회와 완전히 동일시하기 어려운 그 무엇을 함축하고 있는 듯하다. 서구는 이미 수세기 전부터 중세사회와 결별하고 근세사회로 진입하여 근대화, 현대화 과정이 지속됨으로써 전통 사회적 잔재를 청산한 지 오래된 것으로 보인다. 그야말로 서구사회의 규범문화는 덕윤리적 단계로부터 상당한 거리를 취하고 있으며 법에 기초한 사회이념, 즉 법치주의를 상당한 정도 구현하고 있는 단계에 이르렀다 할 것이다. 그러나 한국사회는 법보다는 덕에 의한 규범윤리적 전통을 지속해 온 유교사회로부터 벗어난 지 그다지 오래지 않으며 법치사회에로의 이행이 시작되긴 했으나 아직은 어중간한 단계에 머물고 있는 것으로 보인다.

유교윤리의 전통에 있어서는 '법 특히 형법은 하층민의 행동을 규제하기 위한 것일 뿐 상식있는 사람들을 위한 행위지침은 적어도 이념적으로는 인의를 중심으로 한 덕의 윤리였다' 할 수 있다. 따라서 우리 사회에 있어서는 외견상 법치사회를 지향하고 있기는 하나 아직도 법치의 이념이 일상화, 내면화되지 못하고 있는 듯이 보이며 지금도 법치사회보다는 윤리사회를 지향하는 듯이 보이는 부분이 있는 것으로 생각된다. 따라서 우리의 규범문화는 서구사회에 비해 보다 덕윤리 친화적인 상태에 있는 듯하며, 그래서 덕윤리적 잔재나 유산이 우리의 도덕의식 곳곳에 잔존하고 있는 것이 아닌가 생각된다.

현대사회가 왜 다시 덕윤리를 요청하는가

현대사회에서 다시 덕의 윤리가 문제되는 것은 어떤 연유에서 인가? 그것은 근대에서 현대에로 이어지는 규범문화 자체에 대한 불만족에서 비롯되는 것은 아닌가. 그렇다면 이는 근세 이후 추구해온 윤리적 삶과 그런 삶의 형태를 요구하는 근세 시민사회, 나아가서는 이 모든 것을 포괄하는 근대성(modernity) 자체에 대한 일종의 문화비판과 연계된 것은 아닌가, 등등의 물음이 제기된다. 근세 이후 추구되어온 최소윤리로서 의무윤리에 대한 불만 내지 도덕적 환원주의에 대한 회의는 근세 이후 대두된 자유주의적이고 다원주의적 시민사회가 치루어야 할 갖가지 사회적 비용에 대한 비판과도 관련된다 할 것이다. 삶의 근간을 이루는 도덕체계와 이를 요청하는 사회구조 간에는 긴밀한 상관관계가 있기 때문이다.

우선 근세 이후 현대에 이르기까지 지배적인 윤리는 의무의 윤리 (duty ethics)라 할 수 있다. 그리고 의무의 윤리에 있어서는 어떤 행위가 의무의 행위로서 정당한 행위이며 그것이 왜 정당한 것인지 논거를 제시하는 정당화(justification)의 과제가 우선적으로 요구된다. 근세 이후 대두된 시민사회는 전통적 유대가 해체되고 가치관의 다원화가 급속히 진행되는 바 복잡한 다원주의 사회에로의 성향을 보이며 이같이 다원화된 복잡사회를 규제, 관리할 규범체계는 성원들에게 가지성(可知性)과 구속력을 담보하기 위해 고도의 도덕적 결정성(moral determinacy)을 요구하게 된다. 그리고 결정성을 제고하기 위해서는 가능한 한 성원들의 가치관이 중첩하는 공통요소에 부합하는 최소화 전략과 성원들의 이해와 설득력을 높이는 가시화 전략이 요구된다 할 것이다.

필자가 생각하기에 이같이 도덕적 결정성을 제고하기 위한 최소화 전략과 가시화 전략을 추구한 귀결이 바로 의무의 윤리가 아닌가 한다. 도덕적 행위의 스펙트럼에 있어 의무사항은 그야말로 성원들의 가치관의 다양성에도 불구하고 공유할 수 밖에 없는 최소윤리라 할 수 있으며 이를 이행하지 않을 경우 공동체에 상당한 해악을 유발할 것으로 예견되는 까닭에 그만큼 책임도 무거운 부분이라 할 수 있다. 또한 의무사항은 성원들 누구에게나 쉽게 이해되는 공지성을 지녀야 하는 바 명시적으로 진술되어야 하고 따라서 규칙화를 요구하게 된다. 그러므로 의무의 윤리는 또한 규칙의 윤리(rule ethics)와도 친화성을 갖는다 할 수 있다. 그러나 이같이 규칙에 기반한 의무의 윤리는 준-법적 유형의 윤리로서 도덕적 결정성을 제고하기 위한 고가의 비용은 치르게 되는 바, 도덕의 본령에서 멀어지게 되고 이에 따라 도덕적 행위자들에게 불만의 소지를 갖게 될 수밖에 없는 것이다.

우선 근세 이후 지배적인 의무의 윤리가 갖는 난점은 그것이 정당화에 지나치게 편향된 관심을 갖는데 비해 동기화의 과제에 대해서는 소홀히 하고 있다는 점에서 비롯된다. 그 결과로서 도덕적 행위자들은 어떤 행위가 도덕적으로 가치 있고 정당한 의무적 행위임을 알고 있음에도 불구하고 그것을 행하고자 하는 동기부여가 되지 않아 갈등하게 되고 고심하게 된다. 이같은 의무감과 동기부여 간의 갈등은 일종의 자기분열(schizophrenia) 현상을 초래하게 되는데 이는 결코 도덕적으로 바람직한 현상이라 할 수 없는 것이며 우리가 자주 당면하는 의지나약, 자기기만, 양심의 가책 등도 비슷한 범주에 속하는 도덕경험이라 할 수 있다.

의무와 동기 간의 이같은 부조화와 갈등은 아는 것과 행하는 것 간의 문제, 즉 지행(知行)의 문제와도 관련되어 있다. 소크라테스는 '제대로 알면 행하지 않을 수 없다' 하여 강한 지행합일론을 내세웠지만 우리의 도덕적 현실은 이에 부합하지 않는다는 것을 자주 경험하게 된다. 의무로서 정당한 것이 무엇인지를 분명히 알고서도 우리는 자주 갖가지 유혹으로 인해 그러한 행위에 미치지 못하게 된다. 우리는 자주 도덕적으로 무관심하거나 의지의 나약으로 인해 그러한 의무

수행에 실패하게 된다. 물론 자제심의 결여(akrasia)가 생겨난 원인에는 지식의 불완전성도 있기는 하나 정서의 부조화나 의지의 취약도 있음이 인간의 도덕적 현실임을 간과하기 어렵다 할 것이다.

또한 의무의 윤리가 불만족스러운 이유 중 하나는 도덕적 행위의 스펙트럼은 의무사항만으로 환원하기 어려운 다양성이 존재하며, 따라서 의무사항 일변도의 도덕적 환원주의는 인간의 도덕경험이 갖는 다원성을 무시한다는 점에서 찾을 수 있다. 이를테면 도덕적 행위를 도덕적 의무사항, 금지사항 나아가 도덕적으로 무관한 허용사항(permissiveness) 등으로 나눌 경우 도덕적으로 가치 있는 행위들의 일부가 배제될 수 있다. 이를테면 성인다운 행위(saintly action), 영웅적 행위(heroic action) 등은 도덕적으로 높이 평가되는 행위이기는 하나 그것이 앞서 나온 3분법에는 포용되지 못한다. 이같은 행위들이 의무사항이나 금지사항도 아님은 물론 더욱이 허용사항도 아니며 도덕적으로 높이 평가될 권장사항(recommendable)이라 함이 옳을 것이다.

굳이 이같이 대단한 의무 이상의 행위가 아니라 할지라도 우리의 일상에는 보통사람들이 조금만 노력하면 수행 가능한 다양한 의무 이상의 행위들(supererogatory actions)이 있다. 친절한 행위, 용기 있는 행위, 배려하는 행위 등은 굳이 의무로서 요구되는 것은 아니나 도덕적으로 바람직한 행위로서 덕의 윤리에서는 도덕적 행위의 근간을 이루고 있다. 이상과 같이 살펴볼 때 의무의 윤리는 도덕적 행위에 대해 지나치게 좁은 입장을 취하고 있으며 따라서 우리는 도덕적 의무사항이나 금지사항 나아가서는 도덕적으로 무관한 허용사항을 넘어 의무 이상의 행위, 즉 도덕적으로 권장할 사항이라는 항목을 포함하는 보다 넓은 스펙트럼을 수용해야 하며 도덕적으로 가치있는 것은 오히려 권장사항에 있다고도 할 수 있는 것이다.

또한 의무의 윤리가 갖는 난점은 그것이 지나치게 행위중심적 윤리라는 점에 있다. 행위는 그 결과가 객관적이고 공적으로 평가할 수 있는 외적으로 표현된 대상이다. 그러나 윤리적으로 이에 못지않게 중요한 것은 외적으로 표현되기 이전의 내면적 가치로서 도덕적 동기와 의도이다. 윤리나 도덕의 본령은 오히려 이같은 내면적 가치에 있는 것으로 생각될 수 있으며 외적인 표현으로서 나타난 행위를 문제 삼을 경우 법과 도덕을 구분하기도 어려워질 것으로 보인다. 또한 이같이 지나치게 외적인 표현을 도덕의 중요한 잣대로 삼을 경우 그것은 도덕에 대해 다소간 행태주의적(behavioristic) 편향을 보이는 이해라 할 수 있을 것이다.

나아가서 의무의 윤리는 규칙중심적 윤리와의 지나친 친화성으로 인해, 외적 표현으로서 행위중심적 윤리와 마찬가지 관점에서 도덕에 대한 준-법적인 이해를 보이는 듯이 생각된다. 또한 도덕을 법규의 체계로 이해함으로써 빈틈없는 연역적 체계로 오도할 우려마저 있는 것으로 생각된다. 윤리나 도덕에는 헤어(R. M. Hare)의 지적처럼 원칙의 측면과 결단의 측면이 있는 것으로서 결단의 측면에 주목할 경우 도덕적 주체의 창의적이고 자율적인 선택의 문제를 고려하지 않을 수 없는 것이다. 더욱이 우리가 당면하는 도덕적 상황은 저마다 고유하고 애매한 성질을 갖는 까닭에 주체의 관여에 의한 도덕적 창조성(moral creativity)은 더욱 강하게 요청된다 할 것이다. 결국 도덕에는 법률가적 모형(lawyer's model)을 생각할 수도 있으나 예술가적 모형(artist's model) 또한 고려되어야 할 것으로 사료된다.

이상에서 제시한 제반 논점들을 참고할 경우 우리는 근세 이후 지배적인 의무의 윤리가 여러 측면에서 만족스럽지 못하며, 따라서 이를 대체할 대안적 모형을 구상하거나 아니면 적어도 상당부분 보완할 수 있는 여지가 모색되어야 할 것으로 판단된다. 그러나 난국을 타개하기 위한 대안이나 보완책을 제대로 구상하기 위해서는 신중하게 고려되어야 할 선행요건들이 있음에 주의해야 한다. 우선 근세 이전의 전통사회를 지배했던 윤리체계인 덕의 윤리가 손쉬운 하나의 대안으로 떠오를지 모르나 시대상황과 사회구조의 변화에 따라 그 같은 윤리가 의무의 윤리로 대체된 만큼 덕의 윤리가 자립적 대안이 되기 위해서는 몇 가지 선결문제에 대한 해법이 찾아져야 할 것이다. 또한 덕의 윤리가 대안이 아니라 하나의 보완책이라 생각될 경우 그러한 보완이 어떤 측면에서 어떤 방식으로 이루어질 것인지에 대해서도 세목에 걸친 점검이 요구된다 할 것이다.

덕윤리의 자립적 재활을 위한 선결요건들

어떤 윤리의 자립성(autonomy of ethics)은 일정한 조건 아래서 그 윤리체계가 다른 윤리체계에 의존하거나 도움이 없이도 일상인의 행위지침으로서 역할을 할 수 있는지에 달려있다. 한때 전통사회에서 덕의 윤리가 자립적 규범체계로서 기능을 할 수 있었던 것은 몇 가지 선행요건들이 충족된 상황이 성립했기 때문이었다. 덕의 윤리는 동서를 막론하고 전통과 관행을 공유하는 소규모 마을이나 촌락 공동체 속에서 작동했던 규범체계였다고 할 수 있다. 이같은 공동체에 있어서는 성원들이 대체로 상호 인지하는 가치관과 이를 구현하고 있는 전통과 관행을 공유하고 있었기에 덕의 윤리가 행위지침으로 가능할 수 있는 기반이 성립하고 있었다.

이같이 공유된 기반 위에서 성원들은 일정한 덕이 지정하는 도덕적 행위에 대한 공유된 인식을 지니고 상호 간에 예측 가능한 기대 속에서 살 수 있었다. 이러한 공유된 인지적 지도는 덕의 도덕적 결정성 (moral determinacy)을 상당한 정도로 제고했으며 그들의 예상이나 기대는 대체로 충족되었고 그로 인해 동기부여는 더욱 강화되었다 할 수 있다. 이렇게 생각할 때 일정한 도덕체계는 사회구조와 긴밀한 상관성을 지닌다고 할 수 있을 것이다. 따라서 사회구조가 달라질 경우 새로운 사회구성체는 그를 효율적으로 관리, 운영할 수 있는 바 그에 걸맞는 도덕체계를 요구할 것으로 추정할 수 있다.

중세가 지나 근세로 진입하면서 전통적인 공동체는 서서히 해체되었으며 성원들이 자신의 이해관계를 따라 이합집산하는 바 이익추구적 시민사회가 등장하게 된다. 이같은 시민사회는 가치관의 분화와 다원화를 조장했으며 이를 관리할 수 있는 정치이념으로서 자유주의의 출현을 추동했다. 이같은 자유주의적 다원사회는 연고적 유대가 공고했던 전통사회와는 달리 성원들 상호 간에 고도의 익명성이 형성되었고, 특히 공적 영역을 제외한 비-공적이고 사적인 영역에 있어서는 익명성의 보장이 요청되었다. 가치관의 다원성은 성원들 간의 규범체계를 최소화할 것을 요구했으며, 사생활에 대한 익명성의 요구는 규범의 공지성과 더불어 사회윤리적이고 공적인 윤리에로 추동해갔다.

덕의 윤리를 재활하고자 하는 프로젝트를 위해 요구되는 첫 번째 사항은, 덕의 윤리가 갖는 도덕적 결정성을 제고하는 방도의 구상이다. 당면한 상황에서 덕이 제시하는 행위지침이 사람에 따라 다르게 해석될 경우 덕의 윤리는 도덕적 미결정성의 난점을 지니게 된다. 물론 동서의 덕윤리는 이같은 미결정성을 최대한 배제하기 위해 갖가지 방도를 모색해왔다. 아리스토텔레스는 도덕적으로 요구되는 의무사항들을 분명히 하기 위해 에토스와 노모스를 병렬했다. 서구의 스토아적 덕윤리에 있어서는 덕과 규칙의 관계를 주제적으로 다룸으로써 규칙화가 덕윤리에 있어서도 본질적으로 요구된다고 보았다. 동양의 유교윤리에 있어서도 규칙화를 통한 예의 체계를 제시함으로써 덕윤리의 다양한 주관적 해석가능성을 최대한 경감하고자 했다.

근대 이후 익명적이고 다원적인 시민사회에 있어서는 도덕적 결정성이 더욱 중요한 사항으로 제기됨에 따라 최소화 전략에 의거, 최소윤리로서 의무의 윤리로 대체시키고 명시화 전략에 의거 개별행위중심적 윤리 내지 규칙중심적 윤리로 전환하기에 이른다. 그러나 이미 앞서 지적한 바와 같이 도덕적 결정성이라는 현실적 요구에 지나치게 집착할 경우 다양한 상황들에 내포된 애매성이나 주체의 자유로운 선택을 위한 창조성의 여지를 질식시키게 된다. 인간만사가 그러하듯 인간들이 당면한 도덕적 상황은 개념적 환원주의로 재단하기 어려우며 지나친 환원은 결국 우리의 도덕경험의 다양성을 무리하게 유린하는 결과를 가져오는 나머지 또 다른 극단적 대안을 추구하게 하는 빌미를 주게 된다.

만일 우리가 사정이 이러함에도 불구하고 덕의 윤리를 자립적 윤리체계로 재활하는 프로젝트에 집착한다면 우리는 그러한 덕의 윤리가 번성하고 행위지침으로서 작동할 수 있는 사회형태를 구상하고 현실사회를 그러한 형태로 재편성하고 개혁할 수 있는 전략을 제안하는 과제를 고민해야 한다. 사실상 대부분의 덕윤리가 생겨난 기원이나 사회적 기반은 모두가 소규모 마을이나 촌락 공동체였다. 또한 매킨타이어(A. MacIntyre)를 위시해서 덕윤리 재활을 위한 사회구성체에 관심을 갖는 책임있는 덕윤리학자들은 모두가 이같은 소규모 지역 공동체(local community)를 덕윤리 구현의 현실적 기반으로 제안하고 있다. 그러나 과연 이같은 소규모 공동체에 기반한 덕윤리가 현실적이고 설득력 있는 대안이 될 수 있는가? 만일 그렇지 못할 경우 덕윤리학자들은 잃어버린 과거에 대한 노스탈지어를 노래하는 무력한 낭만주의자들에 불과한 것이 아닌가?

물론 소규모 지역 공동체가 전적으로 현실적 호소력이 없는 대안은 아니다. 오늘날에도 도회지의 주변에 잔존하고 있는 마을 공동체들이 산재하고 있으며 또한 도시문화에 지친 자들이 뜻을 모아 삼삼

오오 마을 공동체를 이루고자 하는 시도들이 있다. 또한 세계 곳곳에 민족, 종교 혹은 삶의 방식을 공유하는 자들 간에 시도되고 있는 공동체(Commune) 운동 또한 부분적으로 유망한 실험이기도 하다. 그러나 이 모든 것들은 거대한 자본주의적 산업사회에 기생하는, 따라서 그런 거대 사회의 생산력과 공급에 의존할 수밖에 없는 것이 아닌가 생각된다. 진정으로 현실사회를 소규모 공동체로 재편하고자 할 경우 보다 설득력 있는 사회경제적 접근이 기필코 요청된다 할 것이다.

결국 덕윤리의 자립적 재활 프로젝트는 전적으로 비현실적인 것은 아니나 적어도 현대사회에 있어서 현실성이 희박한 발상이 아닌가 생각된다. 순수한 덕의 윤리가 인간의 행위지침을 제공하는 자립성을 갖는다고 보기는 어려우며 그 어딘가에 준-법적인 의무윤리를 전제하거나 자신 속에 규칙화 절차를 도입함으로써 도덕적 미결정성을 배제하는 노력이 불가피하다고 생각되며 사회가 다원화, 복잡화 될수록 이같은 절차에 대한 요청이 더욱 강해진다 할 것이다. 또한 덕윤리의 자립적 재활을 위해 그게 걸맞는 공동체의 형태로 현대사회를 재편성하는 대안 또한 그다지 매력적이고 현실성있는 대안이라 할 수 없는 것으로 보인다. 결국 우리의 결론은 덕의 윤리가 도덕체계로서 자립성을 견지하는 일은 개념적으로나 현실적으로 쉽지 않은 과제라 생각된다는 것이다.

의무윤리의 대안 아닌 보완으로서의 덕윤리

덕의 윤리가 개념적으로나 사회적으로 윤리체계로서의 자립성을 확보하기 어렵다는 앞 절의 논변이 어느 정도의 타당성을 갖는다면, 그럼에도 불구하고 근세 이후 지배적인 의무의 윤리에 대한 상당한 불만족이 있다는 점 또한 의미있는 메시지로서 받아들일 수 있다면 우리는 덕의 윤리가 의무윤리를 대체할 수 있는 대안은 아닐지라도 그 부족한 점을 채울 수 있는 보완책으로 수용할 수 있는 가능성을 타진할 수 있을 것이다. 자본주의에 기반한 현대의 자유주의적 다원주의 사회를 해체하고 소규모 지역사회로 재편성할 혁명적인 사회공학이 존재할 수 없다면 이같은 가능성은 우리에게 차선책일지는 모르나 현실적으로 가능한 유일한 출구일 것이기 때문이다.

A. 매킨타이어를 위시한 일부 덕윤리학자들은 자본주의에 기반한 자유주의 사회는, 덕의 윤리가 구현되고 번성하기가 불가능한 사회라고 본다. 특히 이점은 자본주의 사회에 있어서 노동의 단순화 내지 인간 소외현상과 관련해서 논의되고 있으며 이같은 노동현실에 있어서는 노동이 단지 생존을 위한 수단화, 임금노동화 됨으로써 외재적 가치를 지향하는 것일뿐 내재적 가치를 지향하는 의미있는 관행 (practice)으로 성립하기 어렵다는 것이다. 그러나 이같은 노동의 인간소외 현상은 과거 가내수공업 시대에도 없었다고 보기는 어려우며 오늘날에 있어서도 각종 전문직들에 있어 의미있는 관행이 될 수 있는 다양한 직종들이 있음을 염두에 두어야 할 것이다.

노동의 인간소외가 없는 공동체로서 공산주의 사회(communist society)를 열망하면서도 자본주의적 생산양식에서나 가능한 거대한 생산력에 열광한 자가 마르크스였다. 우리 역시 현대의 사회경제적 토대를 전적으로 부정하지 않는 한에서, 나아가 그 위에 기반한 자유주의적 다원사회를 인정하는 한에서 의무의 윤리를 규범의 근간으로 하되 덕의 윤리가 어떤 점에서 이를 보완할 수 있을지 고민해보고자 한다. 우선 의무의 윤리는 근세 이후 우리의 도덕생활에 있어 주로 공적인 영역에 적용하기 위해 구상된 윤리이다. 따라서 덕의 윤리는 일차적으로 비-공적이고 사적인 영역에 보다 적합한 윤리라 생각된다. 지금 우리의 일상에서도 사회윤리나 공공도덕보다는 개인윤리에 있어서 덕윤리의 전통이 많이 잔존하고 있음도 이점과 상관된다 할 것이다.

그러나 덕의 윤리가 일차적으로 영역구분으로 보아 비-공적이고 사적인 영역에 보다 적합한 윤리임이 사실이기는 하나 일단 이점을 받아들이고 나면 사실상 덕의 윤리는 이같은 영역구분을 넘어 다양한 영역과 직종에 광범위하게 응용될 여지가 있음을 수긍하게 된다. 덕의 윤리는 사적 영역을 넘어 공적인 영역, 즉 시민윤리에 있어서도 시민의 덕을 함양하고 교육하는데 있어서 유용하다. 또한 공직자의 덕을 위시하여 교육자, 법조인, 의료인 등 역시 그 직종에 맞는 미덕을 개발하고 교육할 수 있는 여지가 생긴다. 그래서 근래에는 직업윤리에 있어서도 성공(success) 못지않게 봉사(service)의 측면도 강조되며 덕의 윤리는 직장인의 성공만이 아니라 인간으로서의 보람과 행복을 위해서도 강조되고 있다.

자유주의는 비록 덕을 정치의 목적으로 하는 완전주의(perfectionism)에 대해서는 비판적이지만 덕을 정치의 수단으로 수용하는 입장까지 배척할 이유가 없다고 할 수 있다. 자유주의가 덕을 배제할 이유가 없음을 이해하기 위해 정치의 주요 목적이라 할 수 있는 정의의 수행 방식을 생각해 보자. 이같은 방식 중 하나는 정의의 원칙이 행위를 강제하는 부담으로서 외면적, 형식적으로만 그에 따르는 수행 방식이다. 이럴 경우 공적인 영역에서는 처벌의 공포가 두려워 정의의 원칙에 따르게는 될 것이나 그것이 성격에 영향을 주지 않는 한 사적인 영역에서는 여전히 부정의를 쉽사리 자행할 가능성이 열려있게 된다.

이는 자유주의 사회를 안정적으로 발전시키기 위해서는 불충분한 수행방식이 아닐 수 없다. 나아가 그것은 오히려 자유주의를 자멸시키는 결과로 이끌 수도 있다는 비판을 면하기 어려울 것으로 생각된다. 자유주의는 정의의 원칙을 내면화하고 그에 기반해서 행동하는 수행방식을 선호할 것으로 보인다. 이런 수행방식에서는 정의의 원칙이 단순히 행위만이 아니라 성격의 형성과 변화에도 영향을 미칠 수 있다. 이같이 생각할 때 자유주의에서 배제되고 있는 것은 정치의 외재적인 목적으로서 덕일 뿐 정치에 내재하는 수단으로서의 덕, 즉 타인의 권리를 존중하고 다른 의견을 가진 자에 대해 관용을 베풀며 정의에 자발적으로 따르고자 하는 성향, 즉 정의감 등을 오히려 필수적으로 요청한다 할 것이다.

근세 이후 다원주의라는 사회적 현실에 대한 대응책을 추구하는 가운데 정치적으로는 자유주의가, 도덕적으로 의무윤리 등 최소주의적 전략이 제시되었다. 비록 다소 다른 두 가지 측면에서 제안된 것이긴 하나 이들은 모두 다원주의를 관리하기 위한 '근대적 프로젝트'(modern project)의 일환이라 할 수 있다. 그런데 지금까지 일반적으로 자유주의나 의무윤리는 덕의 윤리에 대해 적대적이거나 아니면 적어도 비우호적이라는 견해가 지배적이었다. 그러나 우리가 보기에 이같은 견해는 지극히 흑백논리적 발상에서 유래한 것으로 보인다. 최대윤리이건 최소윤리이건 혹은 공동체주의이건 자유주의이건 간에 그에 걸맞은 덕윤리는 구상될 수 있을 뿐만 아니라 충분히 실현 가능할 것으로 생각된다.

물론 자유주의적 다원사회가 덕목들이 번성하게 될 환경으로서 최상의 조건은 아닐 것이며 소규모 지역 공동체가 보다 유리한 조건일지도 모른다. 그러나 제대로 된 시민교육이나 덕성교육을 통해 유덕한 시민의 육성이 불가능한 것으로 생각되지는 않는다. 시민들이 그같은 덕목을 제대로 갖추지 못함으로써 의무나 정의를 위배했을 경우 당하게 될 처벌의 고통이 그같은 덕목 습득을 재촉하는 동기화의 에너지가 될 수도 있을 것이며 나아가 그런 덕목의 체득으로 인해 자족하고 행복한 삶의 영위가 또다른 하나의 유인이 될 수 있을 것이다. 여하튼 이같은 주장들의 진위는 경험과학적 검증에 의해 밝혀질 것인 바 자유주의적 다원사회가 원리상 덕의 윤리에 비우호적이라는 입장은 자명한 것은 아니라 판단된다.

윤리교육의 새로운 모형과 수양론의 문제

근래에 우리는 윤리교육이라 하면 도덕적 사고(moral thinking)를 중심으로 한 교육을 떠올리게 되고 또한 이런 교육은 자주 도덕적 선택을 두고 고심하는 딜레마(dilemma) 모형을 기반으로 하고 있음을 알수 있다. 이 모형에는 도덕적 행위자가 선택의 기로에서 둘 이상의 선택지를 두고 자신이 당면한 문제 상황의 해답을 찾기 위해 숙고하는 것으로서 도덕적 사고력을 개발하는데 크게 도움을 줄 수 있다. 그러나 우리의 도덕적 실천에 있어서는 이같은 지적인 각성이나 인지적요인이 우선적으로 중요한 것이 사실이나 그것이 충분조건일 수는없는 것이다.

도덕적 선택상황에 당면하여 우리는 자주 딜레마에 봉착하여 고심하는 것도 사실이지만 그에 못지않게 옳은 길이 무엇인지를 알면서도 갖가지 유혹이나 외적, 내적 장애로 인해 행동으로 옮기지 못하는 경우도 많다. 이 가운데서도 특히 우리가 주목해야 할 것은 내적인장애와 관련된 것으로서 옳은 것을 알면서도 의지의 나약이나 감정의 부조화로 인해 그것을 행하지 못하거나 행하더라도 주저하거나마지못해 행하게 되며 행한 후에도 마음이 편하지 못한 경우들이다.이는 도덕적 실천과 관련하여 지적인 각성에 더하여 의지의 강화나감정의 조율 문제가 중요하며 그와 상관된 교육의 필요성을 함축하고 있다 할 것이다.

물론 의지의 나약과 감정의 부조화는 자주 중첩되기도 한다. 좋은 것과 옳은 것이 무엇인지를 알기는 하나 그것을 기꺼이 행하거나 행하고서 즐거움을 느끼고 행복해 하는 감정적 조율이 없다면 그러한 행위를 행하고자 하는 의지 또한 나약하고 취약할 것은 당연하다 할 것이다. 그래서 희랍철학에서와 같이, 오늘날 우리의 개념과 같은 의미의 의지라는 말이 없을 경우에도 지적인 불완전이나 감정의 부조화만으로 도덕적 실패를 온전히 표현할 수 있기도 했다. 그러나 의지의 나약과 감정의 부조가 언제나 일치하는 것은 아니며 개념적으로나 경험상으로 양자는 엄연히 구분될 수 있다. 물론 이 양자를 구분할 경우에 있어서도 의지와 감정은 언제나 긴밀한 상관관계 속에서 다루어져야 할 것이다.

이러한 관점에서 볼 때 희랍철학에 있어서 결여(akrasia)는 의지의 나약으로 옮겨서는 오해의 소지가 있으며 이는 자제심의 결여라 함이 옳을 것이다. 물론 이같은 자제심의 결여가 생겨난 원인은 지식의 불완전에서 올 수도 있고 감정의 부조화에서 유래할 수도 있으며 오늘날 우리의 용례에서와 같이 의지의 나약에서 올 수도 있을 것이다. 소크라테스 같이 주지주의적 성향의 철학자는 그같은 자제심의 결여를 지적인 각성에서 해결하고자 할 것이며, 주정주의적 입장에 서는 철학자는 감정의 조율에서 해법을 찾고자 할 것이고, 기독교 사상에서와 같이 주의주의적 입장에 설 경우에는 의지의 연마와 단련을 통한 의지력 강화로 극복하고자 할 것이다.

이상과 같은 관점에서 고려할 때 도덕교육을 현행과 같이 도덕적 사고교육에 국한할 경우 우리가 도덕교육의 목적을 제대로 달성하기가 어렵다 할 것이다. 도덕적 실천을 담보하기 위해서는 인지적 개발이나 각성에 더하여 의지를 단련하고 연마하는 프로그램과 감정을 정화하고 조율하는 프로그램이 요구된다 할 것이다. 우리의 교육이 지나치게 인지주의적이고 지식 위주의 교육으로 왜소화되기 이전 우리의 교육이념은 지육(知育), 덕육(德育), 체육(體育) 등 삼위일체를 기반으로 한 적이 있다. 또한 입시 위주의 교육으로 파행적으로 운영되기 이전 교육은 갖가지 예능교육의 보조를 받을 수 있었다. 미술과 음악 등과 더불어 덕육과 체육 등은 모두가 의지강화와 더불어 감정조율에 기여한다고 볼 수 있을 것이다. 이 모든 교육들이 정상화되고 복권되기 위해서는 우리가 빨리 입시 위주의 교육에서 벗어나야 하고 그러한 교육과정이 보다 현대화된 프로그램으로 개발되어야 할 것이다.

덕의 개발과 함양의 과제는 위에서 지적했듯 지적인 각성, 의지의 강화, 감정의 조율 등 마음의 전반적인 가능들이 동참하는 그야말로 전인격적인 프로젝트라 할 수 있다. 그러나 또한 인간이 합리적인 존재인 한 이 세 가지 기능 중에 주도적인 것을 어디까지나 인지적인 기능이 되지 않을 수 없다. 인지적인 기능의 안내에 따라 의지가 단련되어야 하고 감정이 조율되어야 할 것이다. 그리고 이같은 기능들의 제휴 아래 성취되는 결과가 덕윤리에 있어서는 유덕한 인격이나 성품(traits of character)이라 할 수 있다. 덕윤리의 일차적 목표는 개별 행위가 아니라 그러한 행위의 기반이 되는 성품, 즉 존재의 변화라 할 수 있다. 그러나 성품의 형성 또한 개별행위들이 집적된 산물이라면 행위와 성품 간의 관계에 대해서는 보다 깊은 논구가 요구된다 할 것이다.

근세 이후 지배적인 의무의 윤리는 성품형성보다는 개별행위를 중심으로 논의가 이루어졌다. 그리고 개별행위에 대해서도 우리의 도덕 판단이나 의도를 외적으로 표현하는 수행적(performative) 기능에 초점을 두고 있었다. 그래서 행위자로부터 개별행위는 원인과 결과의 단선적이고 일방적인 인과관계 속에 있게 된다. 그러나 덕의 윤리는 행위의 이같은 수행적 기능만이 아니라 그 개별행위의 결과가 다시 행위자에게 영향을 미쳐 그의 성품을 변화시키고 형성하는 바 행위의 형성적(formative) 기능에도 주목한다. 따라서 행위자로부터 행위에로 단선적인 인과관계가 성립하는 것이 아니고 다시 행위로부터 행위자에게 인과적 영향을 미치는 바 복선적인 피드백 관계가 형성된다는 것이다.

나아가서 이상과 같이 행위자에서 행위에로 그리고 행위에서 다시 행위자에로 인과적 영향이 복합적으로 오가는 가운데 성향과 성품이 형성되고 그와 더불어 어떤 인식이 형성, 발전하게 된다. 그런데 이같은 인식이 단지 이론적인 인식이 아니고 현실의 실천적 맥락에서 형성된 실천적 지식(practical knowledge)의 함축을 지니게 된다. 실천적 지식은 더욱 세련되고 발전됨으로써 보다 온전한 실천적 지식, 즉 실천적 지혜(practical wisdom)의 단계에로 까지 나아가게 된다. 이같은 지식의 형태에 있어서는 2원적으로 성립하는 지와 행이 새삼스럽게 어떤 관련을 맺는 것이 아니고 이미 태생적으로 실천적 맥락에서 생겨난 지혜인 까닭에 "알면 행한다"는 명제가 의미 있는 입론으로 이해될 수 있는 것이다.

이상과 같이 행위의 형성적 기능과 실천적 지혜에 주제적 관심을 가진 덕윤리학자들은 동서를 두루 해서 그 숫자가 적지 않을 것이다. 그러나 아리스토텔레스의 윤리학에서는 어린 시절에 반복적인 습관화를 통해 덕의 습득을 암시했을 뿐 덕의 함양을 위한 자율적인 수양론이나 공부법에 대한 자상한 천착은 없는 것으로 보인다. 덕성교육은 어린 시절 한때 거치는 것이 아니라 부단한 자기 수양과 수행을 통해 진행되어야 할 평생교육의 과제가 아닐 수 없으며 이점에서 불교의 수행법이나 유학의 수양론은 덕윤리 교육을 위해 참조되어야 할 소중한 유산이 아닐 수 없다. 이점에서 '道를 닦고 德을 쌓자'는 것은 덕윤리의 영원한 과제이자 명법이라 생각된다.

제3기 (2011. 9. 16)

유학사상의 본질과 현대사회

오 석 원

현대사회의 문제들과 유교

현대사회의 문제들

오늘날 현대사회는 급변하고 있다. 세계는 고도로 발달한 과학기술과 정보통신의 발달로 인하여 국경과 지역을 넘어 인류가 하나가 되어 지구촌을 이루고 있으며, 지식의 대중화를 통하여 수많은 사람들의 지적 수준이 나날이 향상되고 있으며, 세계 각국의 다양한 문화가 한자리에 모이고 있다. 이처럼 세계가 하나로 융합되는 반면에 여전히 이기적이고 배타적인 자세로 인하여 민족간, 문화간, 종교간 갈등이 나날이 심화되고 있는 것도 사실이다.

현대사회는 과학과 경제의 발전으로 인하여 우리의 삶은 더욱 편리하고 물질적으로 풍요로워졌으나 인간의 심성은 더욱 거칠어지고 있으며, 무한경쟁의 시대 속에 매몰되어 정신적 여유를 잃어버리고 있으며, 정신질환에 시달리는 사람들이 더욱 많아지고 있다. 이러한 현대사회의 가장 큰 문제로는 무엇보다도 지나친 개인주의로 인하여 극단적 이기주의로 심화되고 있는 점, 지나친 물질 중심의 가치관으로 인하여 인간의 존엄성과 도덕성이 무너지고 있으며, 정상적인 인간관계가 부서지면서 가족마저도 해체되고 있는 점 등을 들 수 있다.

현대사회 문제의 근원

오늘날 세계를 지배하고 있는 현대사회의 이념은 르네상스 이후에 나타난 서구 근대사상이다. 서구 근대사상의 근본적 가치관은 정신적 도덕성보다 물질적 경제성을 중심으로 하는 가치의식에 정초되어 있다. 경제적 실리를 중심으로 하는 가치관은 산업, 과학, 의료기술의 경이적인 발전을 촉발시켜 물질의 풍요와 인류의 복지에 상당한 기여를 하였다. 그러나 물질을 우선으로 삼는 가치는 상대적으로 정신적 도덕성을 약화시키고, 수단이어야 할 물질이 목적이 됨으로써 가치관의 혼란과 함께 인간의 존엄성이 상실되었다. 뿐만 아니라 물질에 대한 끊임없는 욕구는 상대적 빈곤의식으로 인하여 결핍감, 불만감, 적대감을 촉발시키고, 더 많은 물질을 획득하기 위하여 수단 방법을 가리지 않고 투쟁함으로써 사회비리와 폭력사건 등의 병리현상을 유발하였던 것이다.

서구 근대사상의 특징은 인간의 이성을 중요시하는 가치관에 기반을 둔 합리주의 정신이라고 하겠다. 합리주의 사상에는 물질과 정신, 개인과 집단, 인간과 자연 등의 상이한 두 가치에 대하여 종합적이고 상호보완적 관계로 보기보다는 분석적이고 대립적인 관계로 보는 시각이 지배적인 것이다. 이러한 분석적이고 합리적인 가치의식은 과학적 사고를 촉진하였지만, 배타적 양극의 논리로 인하여 사회적 갈등과 투쟁의 문제를 더욱 제고시켰던 것이다.

서구 근대사상의 특징은 사회적 공동체보다는 개인적 개체의 문제에 중점을 두고 있는 점이다. 이처럼 개인을 중심으로 하는 가치의식은 인권의 신장과 자유의 확대를 촉진시켰으며, 개성의 신장과 자아실현의 기회를 얻을 수 있게 해 주었다. 그러나 자유는 책임의식이 수반되지 않을 때 무한한 방임주의로 흐르게 되며, 공동체의식을 외면할 때 개인적 이기주의로 고착될 수 있으며, 건전하고 균형적인 사고를 상실할 때에는 맹목적 투쟁주의와 집단적 이기주의로 전락하는 문제점이 있다.

이와 같이 서구의 근대사상은 절대화된 이성주의로 인하여 인간의 우월성을 야기하여 수많은 자연의 생태계를 파괴하였으며, 합리적 분석주의로 인하여 대립적 가치관을 조성하여 수많은 갈등과 투쟁이 야기되어 인류의 전멸을 초래하는 새로운 위험성이 대두된 것이다. 그러므로 1960년대에 이러한 서구 근대사상의 근본적 문제점을 지적하여 탈근대사상을 주창한 포스트모더니즘(post-modernism)이 대두되었다. 실례를 들면 프랑스의 자크 데리다(Jacques Derrida), 미셸 푸코(Michel Foucault) 등이 나와 서구 근대사상의 대립적 구조주의와 인간우월주의의 허상들을 비판하였던 것이다.

왜 유교인가?

아무리 과학과 경제가 발달되어도 이것을 운용하는 주체는 결국 인간이다. 그러므로 인간의 올바른 정신을 함양하는 일은 그 무엇보다도 시급하고도 근본적인 중요 문제이다. 이를 위해서는 진정한 인간의 본질이 회복되어야 하며, 올바른 가치관과 도덕성을 바탕으로 한 공존의 틀이 마련되어야 한다. 이제 많은 사람들이 좀 더 여유 있으면서 안정된 삶에 대한 갈증을 느끼고 있으며, 새로운 도덕성과 성숙된 인격과 신뢰를 바탕으로 한 올바른 인간관계를 요구하고 있다.

유교사상은 인간에 중심을 두고 있으며, 인간의 진정한 주체성을 기반으로 하여 인의(仁義)의 인도(人道)를 추구하고자 한다. 이러한 유교사상에는 물질 이상의 세계를 추구하는 순수한 도덕성이 있으며, 다른 사람을 배려하고 사랑하는 높은 차원의 인격성이 담겨 있으며, 진리와 정의를 실현하려는 강한 비판정신과 실천정신도 있다. 또한 유교사상이 지향하는 가치의식은 도덕성을 바탕으로 한 물질의 추구, 공동체의식과 자율적 책임의식을 기반으로 한 개인주의, 자연과의 공존과 친화적 관계를 유지하는 인간관이라고 할 수 있다.

어떤 사상일지라도 보편성과 특수성, 본질과 현상, 순기능과 역기능의 요소를 모두 갖추고 있다. 자칫 그 사상의 보편적 본질에 집착하여 특수성을 외면하거나, 부정적 역기능 쪽에 치우쳐 긍정적 순기능 쪽을 해서는 안 된다. 그 반대의 입장도 역시 마찬가지로 문제가 된다고 하겠다. 마땅히 객관적 입장에서 두 면을 동시에 보아야 하며 현대사회에 순기능으로 작용할 수 있는 장점들을 도출하는 작업이 무엇보다도 중요한 일이라고 하겠다.

그러므로 오늘날 인류사회의 올바른 미래방향을 설정하기 위해서는 먼저 수천 년 동안 우리 인류에게 삶의 지혜를 주었으며, 특히 한국사회에 있어서 전통문화의 중심을 이루어 왔던 유교사상의 보편적 본질에 대한 이해가 선행되어야 한다.

유교사상의 본질

유교사상은 공자(孔子, 551-479 B.C.)가 창시한 사상이다. 유교사상의 본질적 특성을 이해하기 위해서는 무엇보다도 유교를 창시한 공자의 사상이 들어 있는 『논어』(論語)를 통하여 이해하여야 한다. 『논어』에서 공자는 인간의 올바른 행동규범으로서의 예(禮), 올바른 가치판단으로서의 의(義) 그리고 올바른 인간관계로서의 인(仁)을 강조하고 있다. 이러한 덕목들 속에 담겨 있는 공자가 주창한 유교사상의 본질적 특성을 정리하여 보면 다음 다섯 가지로 요약하여 볼 수 있다.

인간 중심의 사상

공자사상의 가장 큰 특징은 종래의 신(神) 중심의 사고에서 인간(人間) 중심의 사고로 의식을 전환시켜 주었다는 점에 있다. 종래의 종교적 천명(天命)의 세계를 인간에 내재화시켜 인간의 도덕적 자각을 통하여 초월적 신성(神性)을 인식하도록 한 것이다. 다시 말하면 인간에 내재된 본성을 올바르게 구현하면 인간의 올바른 삶을 구현할 수 있을 뿐만 아니라 궁극적으로는 종교적 체득의 세계까지도 이를 수 있다고 본 것이다.

유교에서 추구하는 도(道)는 인간의 도를 의미한다. 그러므로 인간은 지속적으로 자신을 수양하여 주체성을 확립하고 다른 사람들을 사랑으로 이끌어 가는 사회적 인간 관계성을 매우 중요시한다. 또한 유교에서 강조하는 인간상은 전문적인 사람보다는 지덕체(智德體)가 균형 잡힌 인간을 중요시한다.

유교의 인간관은 자연을 중요시하는 도가(道家)나 초월된 신(神)을 중심으로 하는 일반 종교들과는 근본 입장이 다르다고 하겠다. 이러한 유교의 인간중심의 사상은 인간이 만물을 지배해야 한다는 인간 우월주의적 입장이 아니라 성숙된 인격을 기반으로 인간을 비롯한 우주의 모든 존재와 공존하면서 인간의 책무를 다하는 진정한 의미의 인도주의(人道主義) 사상인 것이다.

현실 긍정의 사상

유교는 이미 지나가 버린 과거나 아직 다가오지 않은 미래보다는 지금 이 순간에 긍정적 자세로 최선을 다하는 사상이다. 내가 마주하고 있는 지금 이 순간의 일상생활 속에서 최고의 가치를 실현하고자 하는 생활철학인 것이다. 유교의 기본 입장은 지금 바로 내가 처하고 있는 현실의 이 순간에 의미를 부여하고 이 순간 속에서 영원성을 추구하는 입장이다. 그러므로 현실에 대하여 부정적 시각으로 접근하고 있는 도가나 불가와는 다른 입장이다. 나에게 주어진 이 상황에서 최선을 다하면 천도와 합치되는 궁극적인 깨달음의 세계까지 이를 수 있다고 본 것이다.

동기와 과정을 중시하는 사상

유교는 결과 그 자체보다는 이상을 향하여 지속적인 노력을 쏟는 그 성실성에 의미를 부여하는 사상이다. 그러므로『대학』에서는 '일일신(日日新)'을 강조하여 매일 올바른 삶을 자각하여 나날이 새로운 삶을 살도록 하였던 것이다.

이와 같이 유교에서는 지속적으로 자신의 단점을 보완하여 새로운 삶을 지향하는 노력의 과정에 커다란 의미를 부여한다. 그러므로 이러한 동기보다는 결과를 중요시하는 법가(法家)와는 다른 입장이다. 인생에 있어서 결과와 목적도 중요하지만 동기와 과정은 더욱 중요하다고 하겠다. 순수한 마음과 성실한 자세로 노력하면서 나날이 새로워지는 삶, 그 속에서 인생의 참된 가치를 구현될 수 있기 때문이다.

실천 중심의 사상

유교에서 앎과 지식은 올바른 가치판단과 도덕적 실천을 전제로 한다. 또한 유학에서의 배움은 새로운 깨달음의 내용으로 오늘날 지식을 중심으로 하는 서양의 학문관과는 다른 입장이다. 송대의 성리학이 이기론을 중심으로 하여 인간의 문제를 정밀하게 분석하지만, 이러한 철학적 분석은 그 궁극적 목표가 도학의 실천에 있는 것이다. 그러므로 유교사상에서는 넓게 아는 것도 중요하지만 무엇보다도 관념에 빠지지 않고 올바른 인격을 바탕으로 한 실천성을 강조하였던 것이다.

인간의 자기존재 구현의 사상

유교에서 올바른 삶을 추구하는 동기와 목적은 바로 인간존재의 자기실현에 있는 것이다. 인간의 존재원리 그 자체가 도덕적 삶을 살 수 있도록 되어 있으므로 최선을 다하여 인간의 도리를 다하여 자기의 존재가치를 구현할 뿐이다. 그러므로 혹 자신의 행위를 다른 사람이 알아주지 않아도 원망하지 않을 수 있으며, 어떤 대가가 없을지라도 다른 사람을 탓하거나 하늘에게조차 원망하지 않을 수 있는 것이다.

오직 사랑(仁)과 정의(義)의 자세로 내가 할 수 있는 능력을 다하고 천명(天命)을 기다리는 이러한 자세에는 참된 자기의 존재가치를 인식할 수 있는 자득처(自得處)와 인간의 삶을 관조할 수 있는 높은 경지의 자락처(自樂處)가 담겨 있다고 하겠다. 그러므로 유교에서는 내세의 구원을 강조하는 종교의 기복주의와 도덕성을 외면한 공리주의를 강하게 비판하는 것이다.

현대사회에서의 유교의 역할

21세기는 세계인이 함께 살면서 통합과 관용이 필요한 시기이다. 미래사회에서 추구해야 할 중요한 과제로 흔히들 인간과 인간의 조화, 인간과 자연의 조화, 종교와 종교의 조화 등을 들기도 한다. 이를 실현하기 위해서 무엇보다도 사람 자체가 가장 중요한 요인이라고 할 수 있다. 어질고 착한 사람, 정의롭고 용기 있는 사람, 예의 바르고 겸손한 사람, 능력과 지혜를 갖춘 사람이 오늘날 더욱 요청되고 있는 것이다.

지구촌의 인류가 인간의 생명을 귀중하게 여기고 평화적으로 공존할 수 있는 구체적인 방안을 모색해야 한다. 미래의 삶은 인간의 존엄성과 도덕성을 바탕으로 한 성숙된 인간, 이러한 인격을 기반으로 하여 인류가 평화적으로 공존하고 상생하는 사회가 되어야 한다.

수기(修己)와 치인(治人)을 지향하는 유교는 사회에 적극적으로 참여하는 이념이다. 이러한 유교의 이념에 새로운 생명력을 부여하여 살아있는 유교로 거듭나는 계기로 삼아야 한다. 또한 유교는 사회의 변화와 요청에 대응할 수 있는 중용(中庸)의 철학이 있으므로 그동안의 역사과정에서 수없이 많은 위기와 비판에 대응하여 올바른 방향을 제시하여 왔다. 그러므로 오늘날 유교는 이러한 시중(時中)의 도를 구현하여 현대사회에 맞는 이론을 정립해서 인류의 미래에 새로운 비전을 제시해야 한다.

맹자는 천시(天時)와 지리(地利)보다 더 중요한 것이 인화(人和)라고 하였다. 오늘날 무엇보다도 우리 유림들에게 절실히 요청되고 있는 것은 이러한 화해정신이다. 유교인들이 상호 신뢰하고 화목을 이룬 터전 위에서만이 모든 발전 방안들이 이루어질 수 있기 때문이다. 또한 가장 중요한 것은 다양한 이론이 아니라 직접 행동으로 옮기는 실천이라고 하겠다. 오늘날 유교가 다시 부흥하기 위해서는 유교인 각자가 먼저 유교이념의 본질을 올바르게 이해하고 가까운 나부터 그리고 지금 이 순간의 일상적인 삶에서 실천으로 모범을 보일 때만이 미래의 희망을 찾을 수 있는 것이다.

21세기의 인류사회는 인간의 존엄성이 회복되고, 진정한 의미로서의 인간화된 세계로 전환해야 한다. 아무리 첨단과학에 힘입어 새로운 우주시대를 이룩한다고 하여도 그것을 조종하고 운용하는 주체는 언제나 인간이기 때문이다. 그러므로 새로운 방향의 과제는 모든 사람들이 좀 더 성숙된 인간을 지향하고, 이러한 인격을 바탕으로 하여 인간 생명의 존엄성을 자각하고, 상대방의 문화와 종교를 소중하게 여기는 가운데 모든 인류가 평화적으로 공존하는 사회가 되어야 한다.

제2기 (2011. 5. 20)

도가사상과 현명한 삶의 길

이 강 수

들어가는 말

도가는 중국 선진 시대에 도(道)에 관한 학설로서 중심을 삼았던 『노자』와 『장자』를 주축으로 삼아 이루어진 학파이다. 전통적인 학설에 따르면 노자는 도가의 창시자이고, 장자는 노자사상을 계승, 발전시켰다. 노자는 노담(老聃)이라고 부르는 사람의 이름이고, 『노자』는 책이름이다. 『노자』는 기원전 약 5세기에 쓰인 것 같으며 노자라는 인물은 기원전 약 6세기 무렵에 생존하였던 것 같다. 장자의 이름은 장주(莊周)인데 기원전 4세기 무렵에 생존하였으며, 오늘날 전해오는 『장자』는 33편으로 되어있다.

도교는 한(漢)민족 고유의 종교이다. 그 연원은 상고시대의 무술(巫

術)에서 찾을 수 있으나, 서기 142년에 장도릉(張道陵)(서기 34-156)이 창도하여 하나의 종교형태를 갖추게 되었다. 도교에서는 노자를 교조로 받들어 태상노군(太上老君)이라고 추존하였다.

도가는 학파이며, 도교는 종교이니 양자는 같을 수 없다. 도가가 현실세계에서 어떠한 일에도 동요하거나 속박당하지 않을 수 있는 정신력을 길러 자유롭게 살아가기를 추구하였다면, 도교는 현세에서 마음(心)과 몸(身)을 수련하여 불로장생하는 신선되기를 목표로 삼는다. 이처럼 차이가 있음에도 불구하고 공통점도 있으니 양자는 다 같이 세계인식의 주체이며 일체 사회적 관계의 초석이기도 한 개체의 삶을 스스로 실현하기를 추구한다.

현명은 재능과 덕행을 갖추고 자기 나름의 견식이 있는 것을 일컫는다. 따라서 현명하게 살아가려면 지성과 덕성이 있어야 한다. 사람들은 흔히 습관으로 말미암아 형성된 습성에 따라 살아간다. 그 습관과 습성을 바꾸어 덕성을 되찾는 일은 쉽지 않다. 위진 시대 철학자 왕필(王弼)에 따르면 덕은 득이니 올바르게 생각하고 말하고 행동함으로써 마음속에서 터득한 것이다. 말하자면 진리를 실천하다 보면 마음속에서 터득함이 있게 되니 이를 일컬어 덕이라고 한다. 이 진리를 노자와 장자는 도라고 한다. 나는 진리에 통할 수 있는 덕을 '아름다운 영혼'이라는 말로 풀이한다. 『장자』〈덕충부〉 편에서는 영지를 지닌 마음을 영부라고 하였다. 성현영소(成玄英疏)에 따르면 영부는 정신의 집으로 이른바 심이다. 이러한 심에는 신령스러운 혼이 깃들일 수 있으니 그러한 심의 성향을 영성이라고 일컬을 수 있다.

평범한 사람이 아름다운 영혼을 가지고 진리에 통하면 '진실한 자아'(眞我)를 성취하게 된다. 진아를 이룩한 이가 진인(眞人)이다. 진인은 참사람이다.『장자』(〈천하〉(天下) 편)에서 말하기를 "노담이여! 옛적의 박대진인(博大眞人)일진저!"라고 하였다. 노담은 노자이고 박대는 학식과 사상이 깊고 풍부한 것이다.『장자』〈대종사〉에서 말하기를 "진인(眞人)이 있은 뒤에야 진지(眞知)가 있게 될 것이다"라고 하였다.

진실한 자아를 찾아서

사람은 물질세계에 육신을 가지고 만물 가운데 하나의 존재자로 태어나 날마다 물질을 쓰고, 그러한 사람들과 인간관계를 맺으면서 살아가는 사이에 남보다 먼저 자기를 생각하고, 남보다 더 자기를 이롭게 하고자 하는 '사적 자아'(私的 自我)를 형성하게 된다. 사적 자아는 자기 생존 유지에 필요한 지식을 가지고 남들보다 앞서 공명을 세워 세력을 가지고 부귀영화를 누리고자 하는 욕망 때문에 남들과 경쟁하고 다투고 싸우기도 한다. 그래서 인류사회는 거칠어지고 험악해져서 약육강식하는 정글처럼 된다. 참된 자아는 소박하여 꾸밈없이 순수하다. 장자는 말하기를 "소박하다는 것은 그와 더불어 섞이는 것이 없는 것이요, 순수하다는 것은 그 정신이 이지러지지 않는 것을 일컫는다. 순수하고 소박한 마음을 체득할 수 있을 때 그를 일러 진인이라고 한다"(〈각의〉편)고 하였다.

그러면 우리는 어떻게 사적 자아를 극복하고 진아를 찾아서 진인이 될 수 있을까? 그 길은 마음에서 찾을 수밖에 없다. 마음이 물(物)에로 향하느냐 '참된 것'(眞)에로 향하느냐에 달려 있다. 물에로 향하게 되면 평범한 사람에서 벗어날 수 없으나 '진'에로 향하게 되면 '참사람'이 될 수 있다.

'역수행주(逆水行舟)하니 부진즉퇴(不進卽退)'라는 말이 있다. 맑디맑은 물이 샘솟는 원천(源泉)을 찾으려면, 물의 흐름을 거슬러 상류쪽으로 향하여 노를 힘껏 저어 기를 쓰고 올라가야 하듯이 사람이 습성에 휩쓸리지 아니하고 참된 자기를 찾으려면 힘써 노력하여 처음으로 돌아가야 할 것이다.(反本復初) 그래서 장자는 말하기를 "성을 닦아 덕을 돌이키어 덕이 지극하면 태초에 같아질 것이다"(〈천지〉편)고 하였다. 태초의 마음은 꾸밈없이 소박하고 순수하다. 여기서 말한 태초의 마음은 사람들의 본래 마음이오, 그 마음의 성향이 본성이다.

노자는 말하기를 "허(虛)를 극에 이르게 하고, 정(靜)을 독실하게 지켜서 … 온갖 사물과 사건이 어지럽게 변화할지라도 결국 각각 그들의 뿌리로 돌아간다. 뿌리로 돌아가면 고요하다고 하니, 고요함 이것이 본원으로 돌아가 본성을 회복하는 것이라고 한다 … "(16장)고 하였다.

참된 마음을 찾으려면 마음을 고요히 가라앉혀야 한다. 허준의 『동의보감』〈내경〉편에서 말하기를 "도가는 마음을 맑고 고요하게 하는 수양으로써 근본을 삼는다"고 하였고, 퇴계 선생의 『활인심방』에서는 "명심정좌"(冥心靜坐), 즉 평온히 단좌하고, 잡념을 사라지게 하여 심경을 고요히 함'을 도인술의 첫 번째 동작으로 삼았다. 이는 마치 물을 고요히 두면 맑아지듯이 마음도 고요한 상태를 유지하면 맑아지게 된다. 이것이 정의 수양공부이다.

마음을 고요하게 할 뿐만 아니라 또한 비워야 한다. 그래서 『노자』 3장에서도 말하기를 "허기심"(虛其心), 즉 그들의 마음을 비우게 해야 한다고 말하였고, 『장자』에서도 말하기를 "진리는 오직 허에 찾아드나니, 허하게 하는 것이 마음을 깨끗이 하는 것(心齋)이다"(〈인간세〉편)고 하였다. 마음을 비운다는 것은 진리를 받아들이는데 방해가 되는 선입견·고정관념·기성지식 등을 버리는 것이다.

심재는 마음속의 욕망을 씻어 내버리는 것이다. 이는 당시 널리 쓰였던 제사의식의 재계와 관련이 있는 듯하다. 『예기』〈제통〉편에 의하면 군자는 제사를 지낼 무렵에 산재칠일(散齋七日)하고 치재삼일(致齋三日)한다. 산재는 제사지내는 이가 그의 마음을 분산시키지 아니하려는 것이오, 치재는 제사지낼 분에 대해 추모하는 마음을 극진히 하려는 것이다.

『장자』에는 참다운 자아를 찾기 위한 방법들이 여러모로 기술되었다. 그중에는 전일(專一)하게 하는 방법이 있다. 지금으로부터 약 이천일백 년 전에 태사공(太史公)은 말하기를 "도가는 사람의 정신을 전일케 한다"고 하였다. 전일은 심지(心志)를 전일케 하는 것이니, 분산된 의식을 집중하는 것이다. 햇빛을 집광기로 모으면 물건을 태울 수 있듯이 사람의 의식도 집중하면 놀라운 힘을 발휘하여 사태를 통찰할 수 있다. 현상계의 잡다한 사물·사건들 속에서 사려 분별하는 사람들의 의식은 분산되기 쉽다. 분산된 의식은 근원의 세계에 가까이 갈 수 없다. 왜냐하면 천지만물의 근원은 '일자'(一者)이기 때문이다.

『장자』에는 또한 '좌망'(坐忘)이라는 수양방법이 있다. 좌망은 단정히 앉아서 마음을 고요히 하여 일체를 잊고 무심·무아의 경지에 몰입하는 것이다.『장자』〈대종사〉편에 의하면 공문(孔門) 현자로 알려진 안회의 경우, 먼저 예악과 인의와 같은 윤리의식을 잊는 공부로부터 시작한다. 장자는 인의도 인간의 본성이라고 보지 않는다. 인간의 본성은 어떤 냄새나 맛도 없는 물처럼 담박하다. 담박한 인간의 본성은 어떤 것도 물들어 있지 않다. 장자의 입장에서 볼 때 인의와 같은 도덕성은 담박한 인간의 본성에 비본질적인 도덕관념이 덧칠해진 것이다. 진리를 깨치고자 하는 현자는 자기 본성에 섞여있는 것들을 씻어 낸다. 명리관념은 물론이고 도덕관념까지도 버린다. 인간의 심성에서 비본질적인 것들이 남김없이 녹아 없어진다면 덕성의 순수한 빛만이 남게 될 것이다. 그 빛은 일체의 근원을 비출 수 있다. 이에 대하여『노자』는 말하기를 "현묘한 거울을 씻어버려 흠이 없게 할 수 있을까?"(滌除玄覽, 能無疵乎. 10장)라고 하였고, 이율곡은 말하기를 "현람은 현묘한 이치를 환히 살피는 것이다"(玄覽者, 照察妙理也.〈순언〉(醇言))고 하였다. 이러한 수양 공부를 거쳐 진리를 체득하게 되면 참다운 자아를 성취할 수 있다.

현명하게 살아가기

나는 현명하게 살아가는 사람을 '현자'라고 부르고자 한다. 현자는 사물·사건들을 심층에서 관찰하여 근본을 알고 사물·사건들의 기미를 살필 줄 안다.

1. 기미를 살핌

노자는 온갖 일은 표면현상만 보려고 하지 말고 그 근본 원인을 찾아서 그에 대처해야 한다고 생각한다. 그래서 말하기를 "말에는 종지가 있고 일에는 주도적인 것이 있다"(70장)고 하였다. 위진 시대 철학자 곽상은 말하기를 "대저 장자는 근본을 안다고 일컬을 수 있다"〈장자서〉고 하였다.

근본을 아는 현자는 근본에서 나오는 사태의 기미를 살필 줄 안다. 그래서『주역』(〈계사〉편)에서 말하기를 "대저 역(易)은 성인이 그로써 먼 것과 가까운 것 그리고 심오한 것을 끝까지 궁구하고 기미를 연구한다. 심오한 것을 끝까지 궁구하므로 천하 사람들의 사상과 감정에 통할 수 있으며 기미를 연구하여 밝히므로 천하의 온갖 일을 이룰 수 있다"고 하였다. 상수리의 싹이 커지면 20~30미터나 되는 상수리나무로 자란다. 현자는 기미를 잘 살필 줄 안다. 일에 기미가 있고, 사람의 심성에도 기미가 있다. 심성의 기미를 살펴서 나쁜 싹은 금하고 좋은 싹은 보존하여 자라게 한다. 이를 잘하면 현자가 되지만 그렇게 하지 아니하면 평범한 사람이나 악한 사람이 된다.

그래서 노자는 말하기를 "아름드리나무도 털끝처럼 작은 것에서 생기며, 구층이나 되는 누대도 한 삼태기 흙에서 쌓아진 것이며, 천리 길도 발아래에서 시작한다"(64장)고 하였고, 또 말하기를 "천하의 어려운 일이 반드시 쉬운 일에서 시작하며, 천하의 큰 일이 반드시 미세한 일에서 시작한다"(63장)고 하였다. 그러므로 현자는 미연(未然)·미유(未有)·미란(未亂), 즉 사건이나 질병이 발생하기 전에 그에 대처하며 자신의 몸이나 나라가 어지러워지기 전에 그것을 다스린다. 그러나 보통 사람들은 근본을 간과하고 말단을 위하며 진실을 간과하고 화려한 것을 좋아한다.

2. 자연에 따름

현명한 사람은 자연에 따라 자연스럽게 말하고 행동한다. 우리는 흔히 '자연보호'라는 말을 쓴다. 이때의 자연은 산천초목과 공기와 흙과 물 등을 가리킬 것이다. 이들은 자연현상이니 노자나 장자가 말하는 자연이 아니다. 노장철학에서 말하는 자연은 그들 현상의 배후에서 그들이 존재하고 움직이게 하는 보이지 않는 힘이다. 노자는 말하기를 "사람은 땅을 본받고 땅은 하늘을 본받고 하늘은 도를 본받고 도는 자연을 본받느니라"(25장)고 하였다. 이에 대하여 왕필은 말하기를 "자연이란 칭호가 없는 용어요, 궁극적인 개념이다"고 하였다.

사람은 그 부모나 조부모가 이름을 지어주나 도는 이름을 지어줄 사람이 없다. 왜냐하면 사람을 포함하여 천지만물은 모두 그로부터 생겨났기 때문이다. 그것은 궁극적인 것이라서 무어라고 일컬을 수 없으니 방편상 '스스로 저절로'를 뜻하는 말로 표시할 수밖에 없다. 현상계의 사물들은 그것을 존재하고 움직이게 하는 것이 있다. 그러나 천지만물의 근본인 도는 그 자신이 그 자신을 존재케 하고 움직이게 한다. 곽상은 자연의 반대말로 '사연'(使然)을 들었다. 사연은 '시켜서 그러한 것'이다. 자연이 주동적·능동적이라면 사연은 피동적·수동적이다. 도는 유일절대의 실체이기 때문에 그 위에서 시키거나 주재하는 것이 있을 수 없다.

노자는 말하기를 "도는 언제나 무위하지만 무불위하다"(37장)고 하였다. 아리스토텔레스는 "부동의 동자"를 운동의 최고 원인이라고 하였다. "부동의 동자"는 스스로는 움직이지 않으면서 모든 사물들을 움직이는 것이다. 노장이 말하는 무위는 존재계열 가운데서 최상위에 있는 도가 만물에 작용하는 모습을 형용한 말이다.

노자는 말하기를 "이 때문에 성인은 무위로써 일을 처리하고 말없이 행동으로 본보기를 보이며, 만물이 그에 의하여 생장·변화할지라도 간섭·지배하지 아니하며, 생기게 하여도 소유하지 아니하고, 위해 주고서도 그 보답을 바라지 아니하며, 공이 이루어지더라도 그것을 자기가 차지하지 아니한다"(노자 2장)고 하였다.

무위와 자연은 동전의 양면처럼 떼어서 말할 수 없다. 부모가 자녀를 간섭·지배하지 않아야 자녀들의 자발성·창의력이 샘솟듯 솟아나오고, 군주가 백성들을 간섭·지배하지 않아야 백성들의 자발성·

능동성이 살아날 수 있다. 그래서 노자는 말하기를 "성인이 이르시되 내가 무위하니 백성들이 절로 잘되며, 내가 고요함을 좋아하니 백성들이 절로 바르게 되며, 내가 일거리를 만들지 않으니 백성들이 절로 넉넉해지며, 내가 욕심을 부리지 않으니 백성들이 절로 소박해진다"(노자 57장)고 하였다.

자연에 따른다는 것은 두 측면에서 살펴볼 수 있으니 하나는 사물들의 자연스러운 성향에 따르는 것이요, 다른 하나는 자기 자신의 자연스러운 본성에 따르는 것이다. 그것은 분별지심으로 얻은 지식에 따르는 것이 아니요, 자기 육신과 관련이 있는 욕망에 따르는 것이 아니며 심지어 인의와 같은 도덕성으로 물든 마음에 따르는 것이 아니라 "성명(性命)의 자연스러운 진정(眞情)"에 맡기는 것이다. 『장자』〈변무〉편에 성명의 자연스러운 진정은 인간의 본성인 덕을 가리킨다. 자기 본성에 따른다는 것은 허정하여 꾸밈없이 소박한 인간의 본성인 덕에서 우러나오는 대로 생각하고 말하고 행동하는 것이다.

사물들의 자연스러운 성향에 따르려면 사의, 즉 자기의 사적 의식을 버려야 한다. 이를 장자는 "이조양양조(以鳥養養鳥)"와 "이기양양조(以己養養鳥)"라는 말로 구별하였다. 『장자』〈지락〉편에 따르면 '옛적에 어떤 바닷새가 노나라 성 밖에 날아드니 노나라 임금이 이름난 악곡을 연주하고 진수성찬을 베풀어 환대하였으나 그 새는 도리어 고기 한 점 먹지 못하고 물 한 모금 마시지 못하고 죽었다'는 것이다. 새를 기르는 방법으로 새를 기르려면 그 새를 놓아주어 숲 속에 깃들어 살고 광활한 대지에서 노닐며 강과 호수에서 헤엄치면서 미꾸라지와 피

라미를 먹고 세 떼의 행렬을 따라 다니고 여유롭고 편안하게 살게 해야 한다는 것이다. 그래서 장자는 "순물자연이무용사언(順物自然而無容私焉)"(응제왕)을 말하였다. 말은 말의 성질에 따라 길러야 하며, 도자기는 진흙의 성질에 따라 빚어야 하며, 나무와 돌과 옥은 각각 그것들의 결에 따라 다스려야 하며, 호랑이는 호랑이의 성질에 따라 다루어야 한다. 인심유의(人心惟危) 도심유미(道心惟微)라는 말이 있듯이 인간세상에는 선한 사람보다 그렇지 않은 사람이 더 많다. 유유상종이라는 말이 시사하듯이 선한 사람들은 선한 사람들과 상종해야 한다.

『장자』〈양생주〉에 "포정해우"(庖丁解牛)란 고사가 있다. 그에 의하면 포정이 수천 마리의 소를 분해하였는데도 칼날이 상하지 아니하고 숫돌에서 방금 갈아낸 것과 같았다는 것이다. 이때 칼은 마음을, 소는 사물들을 비유한다. 칼을 숫돌로 갈아내듯이 마음을 갈고 닦으면 두께 없는 마음, 즉 허심이 된다. 사물에는 결이 있고 그 결에는 틈새가 있다. 장자는 "이무후입유간"(以無厚入有間)이라는 행위의 지혜를 제시하였다. 구정물이 출렁이는 세파에 부대끼면서 살아가는 사이에 우리의 마음에 두께가 생긴다. 마음에 낀 비본래적인 것들을 씻어내면 두께 없는 마음이 된다. 두께 없는 칼로써 사물의 결속에 있는 틈 사이에 들이밀면 칼날이 상하지 않고서도 소를 분해할 수 있듯이 사람들이 마음을 비우고 사물들의 자연스러운 이치를 대하면 사물들로부터 상처를 입지 않고 자기의 생의(生意)를 실현할 수 있다는 것이다. 그래서 노자와 장자는 마음을 비우고 사람이나 사물들의 자연스러운 성향에 따르라고 하였다.

3. 겸허한 삶

세상 속에서 세상 사람들과 어울려 살아가는 방법으로 노자는 "화광동진"(和光同塵)을 말하였다. 화광동진이란 자기 자신의 지혜와 덕 그리고 재기를 드러내지 아니하고 속세와 어울린다는 뜻으로 "화기광"(和其光), "동기진"(同其塵)(4장)에서 유래한다. 이에 대하여 하상공(河上公)은 말하기를 "비록 자기만의 견해가 밝을지라도 마땅히 어리석은 듯이 할 줄 알고서 마땅히 다른 사람들보다 특출나게 나서서 사람들을 어지럽게 해서는 안 된다"고 하였다. 이처럼 자기의 재기를 뽐내지 아니하고 세상 사람들과 어울려 살아가는 것을 현동(玄同)이라고 하여 노자는 다음과 같이 말하였다.

> "아는 사람은 말하지 아니하고 말을 앞세우는 이는 제대로 알지 못하는 것이니 지식을 내세우지 말고, 욕망의 문을 닫으며 그의 예리한 재기를 무디게 하고, 그와 얽힌 원한을 풀어내며, 그의 빛을 함축하고, 그가 몸담고 있는 속세와 어울리면 이를 일러 현동이라고 한다."(56장)

현자는 이처럼 사람들과 어울려 별스런 사람이 아닌 듯이 살아가지만 그의 마음속에는 보석과 같은 덕이 간직되어 있다. 그래서 노자는 말하기를 "성인은 겉에 거친 베옷을 걸치고 있지만 안에 보배와 같은 옥을 품고 있느니라!"(70장)고 하였다.

도가에서는 겸손을 미덕으로 여긴다. 한서(漢書) 예문지(藝文志) 제자략(諸子略)을 따르면, 도가라는 학파는 아마 사관으로부터 비롯된 듯하다. 예로부터 지금까지의 성패와 화복의 도를 일일이 기록한 연후에 '병요집본'(秉要執本)하고, 청허(淸虛)로써 자기 자신을 지키고, 비약(卑弱)으로써 자기 자신을 유지하니 이것은 남면[1](南面)하여 사람을 다스리는 방법이다. 요임금이 선양할 수 있었던 일에 합한다. 〈역〉에서 말하기를 "겸손하고, 겸손하라! 한차례 겸손하여 네 가지가 이로우니 이것이 그의 장점이다"라고 하였다.

윗글은 도가 사상의 특징으로 겸을 들었다. 주역에는 겸괘가 있다. 네 가지가 이롭다는 것은 하늘과 땅과 귀신과 사람이 모두 겸허한 덕을 좋아한다는 것이다. 『병요집본』은 근본적인 이치를 견지하면서 그것을 실행에 옮기는 것이다. 비약은 자기 자신을 낮추고 몸과 마음을 부드럽게 하는 것이다. 청허는 정신을 청정하게 하여 허령하고 아무것에도 걸림이 없는 세계로 진입하는 것이다. 군인남면지술(君人南面之術)은 황노학에서 노자 학설을 치국에 원용한 것이다. 도가에 대한 예문지의 이 기술은 도가의 현자들이 겸손의 미덕을 간직하고서도 자기를 드러내지 아니하고 세상 사람들과 잘 어울려 살아가는 삶의 길을 지적해서 밝힌 것이다.

4. 부드러운 삶

[1) 옛날 임금이나 황제는 조정에서 북쪽에 앉아 얼굴을 남쪽으로 향했다.

여불위(?~235)와 그 문객들이 지었다는 『여씨춘추』〈불이〉(不二) 편에서 말하기를 "노담귀유(老聃貴柔), 공자귀인(孔子貴仁), 묵적귀렴(墨翟貴廉)"이라고 하였다. 렴(廉)은 겸을 나타내는 말이기도 하다. 묵자는 '차별적인 사랑'(差等愛)를 반대하고 겸애를 제창하였으며, 공자는 인을 제창한데 대하여, 노자는 부드러움(柔)을 귀하게 여겼다는 것이다. 노자는 상선약수(上善若水)(8장)라고 하여 물 흐르듯이 살아야 한다고 하였다. 물 흐르듯이 살아간다는 것은 부드러운 삶을 뜻한다. 노자는 이에 대하여 다음과 같이 말하였다.

사람이 태어날 때는 몸이 유연하고 그가 죽을 무렵에는 뻣뻣해지니, 만물과 초목도 생겨날 때는 부드러우면서도 여리고 그것들이 죽어갈 무렵에는 말라비틀어진다. 그러므로 뻣뻣한 것은 죽음의 길이요, 부드러운 것은 삶의 길이다. 이 때문에 군대가 강대하면 이기지 못하고, 나무가 강하면 불살라진다. 견강한 것은 아래로 처지고, 부드러운 것은 위로 솟구친다.(76장)

이와 같이 노자는 부드럽고 여린 것일수록 생명력이 충만하다고 보았다. 이에 근거하여 도교에서는 도인술을 발전시켰다. 도인술은 기와 혈을 잘 통하도록 인도하여 몸과 마음을 유연하게 하고, 그렇게 함으로써 불로장생하기를 추구한다. 혀는 부드럽고 이빨은 단단하지만 혀가 오래가고 이빨이 먼저 망가진다. 노자는 단단한 것보다 부드러운 것이 더 오래갈 수 있다고 생각한다. 사람의 몸이 그렇고 나라도 그렇다. 탄력성 있는 체제는 오래갈 수 있으나 경직된 체제는 무너지기 쉽다. 노자는 부드러운 것이 오래갈 수 있을 뿐만 아니라 윗자리로 올라간다고 보았다. 나무를 보면 여린 가지와 잎은 쭉쭉 뻗어 위로 오르지만 단단하고 뻣뻣한 것은 밑동으로 처진다. 마찬가지로 남에게 부담을 주지 않고 말하고 행동하는 사람은 위로 추대되지만, 사람들에게 부담을 주면서 높은 자리에 앉아 있는 사람은 결국 끌려 내려오기 마련이다.

현자라도 돈과 권력과 명예를 가지지 않은 이는 약하다. 그러한 이가 돈과 권력이 활개 치는 세상을 살아가려면 물처럼 부드러운 심지가 필요하다. 무쇠처럼 단단한 마음과 강철같이 굳센 의지는 상처받고 부러질 수 있다. 어떠한 충격이라도 흡수해낼 수 있는 유연한 마음과 의지를 가져야 복잡하고 어려운 일에 대처할 수 있을 것이다. 노자는 또 말하기를 "자연의 기에 맡겨 지극히 부드럽게 하여 갓난아이처럼 욕구하는 바가 없게 할 수 있을까?"(10장)고 하였다. 이와 같이 노자와 같은 현자는 갓난아이와 같은 몸과 마음을 가지고 물 흐르듯이 부드럽게 살아가는 것을 바람직하게 보았다.

5. 자족

자족이란 욕구 충족의 대상을 자기 밖에서 구하지 아니하고서도 스스로 만족할 수 있는 것이다. 왕필은 말하기를 "대저 제비와 까치에는 배필이 있고 이런저런 비둘기에게도 짝이 있다. 한미한 시골 사람이라도 반드시 모직물과 털옷이 무엇인지는 안다. 저절로 벌써 충분히 갖추고 있는지라 그에 더 보태면 근심한다. 그러므로 물오리의 발을 늘여주겠다고 이어주는 것이 어찌 두루미의 다리가 길다고 잘라주는 것과 다르겠는가?"(노자 20장)라고 하였다. 말하자면 일체 사람이나 사물에는 자기 나름으로 충분한 소질과 재능이 있다는 것이다. 그래서 노자는 말하기를 "남을 아는 사람은 총명하고, 자기 자신을 아는 사람은 현명하다. 남을 이기는 사람은 힘이 있고, 자기 자신을 이기는 사람은 강하다. 만족할 줄 아는 이는 넉넉하고 힘써 행하는 사람은 뜻이 있으며, 자기가 하늘에서 부여받은 것을 잃지 않는 사람은 장구(長久)하다"(노자 33장)고 하였다.

　사람은 각자 타고난 소질이 있다. 부모나 교사는 자녀와 학생들이 지니고 있는 각자의 소질과 잠재능력을 살려내 주어야 한다. 그래서 요임금은 사람들을 진심으로 헤아려서 유익하게 하려고 계(契)를 사도로 임명하여 인륜교육과 직능교육을 관장케 하였으니, 즉 의상과 배와 노, 절구와 절굿공이, 활과 화살, 가옥, 관곽 등을 만들 줄 아는 인재를 기르고 문자를 만들어 천하 사람들이 편리하게 쓸 수 있도록 하였다.『예기』〈표기 진호주〉 사람들은 각자 재능을 타고나므로 자기가 지닌 재능을 일찍 찾아내어 그것을 잘 살려내는 사람이 현명하다. 그래서 왕필은 말하기를 "그의 총명을 남에게 쓰는 것은 그의 총명을 자기에게 쓰는 것만 못하다"(노자 20장)고 하였고, 명나라 때 철학자 왕양명은 말하기를 "산 속에 있는 도적을 쳐부수기는 쉬워도 자기 마음속에 있는 탐욕을 이겨내기는 쉽지 않다."(『왕지공전서』(王之公全書)

권4(券四))고 하였다.

이처럼 자기를 알고 자기를 이겨낼 수 있는 현자는 남에게 의존하려는 생각을 하지 아니하고 남의 시선을 의식하지 아니하며, 남을 부러워하지도 아니하고 자기를 과시하지 아니하며, 부귀·공명 등 외물에 의존하지 않고서도 독자적으로 자연(自然)에 따라 자유롭게 살아가면서 자기의 뜻을 시원스럽게 실현할 수 있다. 자연계에는 인간이 자기 생명 유지에 필요한 것들이 갖추어져 있다. 문제는 그것을 찾아내느냐 못하느냐에 달려있다. 이는 마치 보물찾기와 같다. 하늘이 숨겨 놓은 보물을 찾아내어 필요한 만큼 쓰면 된다. 굳이 자기의 사회적 지위를 높여서 분외의 재물을 쌓아둘 필요가 없다.

노자와 장자에 따르면, 남과의 경쟁에서 이기는 것보다 자기의 감정과 욕망을 이겨내어 자기 자신이 자기의 주인이 되고, 자기를 끊임없이 나아지게 해야 한다. 이는 마치 뱀이 허물을 벗는 것과 같다. 뱀이 몸의 허물을 벗는다면 사람은 마음의 허물을 벗어야 한다. 그래서 장자는 현자 거백옥을 예로 들어 말하기를 "거백옥은 나이 60에 예순 번 변화하였으니 처음에 옳다고 여겼던 것을 나중에 비판하며 그르다고 아니한 적이 없었다. 모르겠도다! 지금 옳다고 하는 것이 59세 때 그르다고 여겼던 것이 아닌지?"(『장자』측양)라고 하였다.

우리 주변에는 마음의 허물을 벗을 줄 모르고 이삼십 년 전의 생각 심지어 사오십 년 전 생각에 얽매어 현실을 오판하는 사람들이 있다. 이를 "각주구검"(刻舟求劍)이라고 한다. 이 말은 『여씨춘추』〈찰금〉편에 나온다. 옛적 초나라 사람이 강을 건너던 중에 칼이 물속으로 떨어지자, 재빨리 배에 금을 새겨 표시하고는 "이것이 내 칼이 떨어진 곳 이다"라고 하였다. 배가 서자 배에 금을 새긴 곳에서 물속으로 뛰어 들어가 찾아보았다. 칼이 그곳에 있을 리가 없었다. 배가 벌써 움직였 기 때문이다. 이는 사물·사건이 끊임없이 변하는 데도 융통성 없이 어떤 사물이나 사건에 집착하는 사람의 어리석음에 대하여 말한 것 이다. 사람은 마땅히 향상심을 가지고 자기 생각이나 말이나 행동을 날로 나아지게 해야 한다. 그렇지 않으면 진부한 사람이 된다.

현자는 이처럼 자기 자신을 알고 자기를 이겨낼 수 있으며 자기를 끊임없이 개선시켜 가면서도 남에게 과시하지 아니하고 남을 부러 워 아니하며 남에게 의지하려는 생각 없이 소박하게 살아가면서 자 족할 줄 안다.

맺는 말

도가사상은 기원전 5~6세기에 노자로부터 발원하여, 기원전 3~4 세기경에 장자에 의하여 집대성되었다. 그 사상은 시대와 지역을 초 월하여 끊임없이 되살려지고 꽃을 피웠다. 그 이유는 무엇일까? 아마 도 진리를 설파했기 때문일 것이다.

'진금불파화'(眞金不怕火)라는 말이 있다. 이는 순금은 불을 무서워 하지 않는다는 것을 뜻한다. 세상이 아무리 험악하게 변할지라도 진 리는 영원히 그 빛을 잃지 않는다. 진리는 누구에게나 열려있다. 그런데도 그 진리를 등지고 부귀공명과 같은 물질적 욕망에 얽매여 있는 사람이 있다. 참으로 안타까운 일이다. 태양은 모든 사람을 두루 비추어 주는데도 등지는 것은 태양을 탓할 일이 아니다.

사람이 진리에 따라 끊임없이 생각하고 말하고 행동하게 되면 자기 마음속에서 터득하는 것이 있게 된다. 이를 덕이라고 한다. 이 덕은 진리에 말미암아 얻어진 것이므로 그에 통할 수 있다. 그러나 습관에 따라 살다보면 습성이 생긴다. 습성에 휩쓸리지 않고 자기를 추슬러서 참된 자기를 찾아내기는 쉽지 않다. 오랜 습관으로 길들여진 것을 어떻게 일조일석에 바꿀 수 있겠는가? 백척간두에서 진일보하겠다는 용맹 정진의 수행이 요구된다. 개꼬리는 삼년 묵어도 황모[2] 되지 않는다.

참된 자아를 찾으려면 물질에로 치닫는 마음을 돌려서 "참된 것"에로 향하게 해야 한다. 참된 자아를 찾으면 진인이 되고, 진인에게는 진지가 있게 된다. 진지를 가진 현자는 기미에 밝고 자연에 따르며 겸허하고 부드럽게 살아가면서도 자족한다. 이와 같이 살아가는 것이 영성-지성-덕성의 조화를 추구하는 귀교 교육목표와도 통할 수 있다고 생각한다.

제3기 (2011. 11. 9)

●

●

---

2) 황모는 족제비의 털을 말한다. 황모는 붓의 재료가 되기 때문에 당연히 개꼬리털보다 귀하다. 따라서 이 말은 바탕이 좋지 못하면 아무리 세월이 지나도 개선되기 어렵다는 뜻이다.

인간과 리더십

인간의 존엄과 법치주의

한승헌

첫머리에

가장 오래된 문제가 가장 새로운 문제라고 했던가? 사람과 법, 인권과 국가 상호 간의 관계 역시 오랜 인류 역사의 흐름 속에서 중요한 성찰의 주제가 되어왔다. 고래로 생성 발전해 온 법이라는 강제규범 속에서 인권 내지 인간은 어떤 위상에 놓이게 되었는가? 인간은 법의 규제대상인가, 보호대상인가? 이런 문제를 더듬어보는 것이 이 논의의 출발점이라면, 인간의 존엄과 권력의 본능, 인간과 법의 갈등, 그 아픔을 실증해준 한국적 경험, 인권의 외연 확대에 따른 새로운 과제 등을 두루 살펴보는 것이 오늘 이 강론의 숙제라고 할 것이다.

시대의 흐름과 변화를 세로축으로 한 관찰과 현재의 시공적 단면

이라는 가로축의 관찰을 병행함으로써 인간과 법 사이의 어긋남을 극복하여 인간의 존엄한 삶이 보장되는 사회를 모색해보고자 한다. "인간으로 살 것인가, 국민으로서 살 것인가"라는 물음을 제기한 헨리 D. 소로우(1817~1862, 미국)의 말을 떠올리면서 인간과 국민 간의 불일치 및 국가와 개인 사이의 관계를 폭넓게 성찰해보기로 한다.

인권사상과 법의 변천

인류의 역사를 놓고 볼 때, 권력에 의해서 강제되는 법이라는 규범은 지배자의 이익을 염두에 둔 지배자의 명령이었다. 피치자의 처지를 중히 여기는 일면이 있었다 하더라도 그것은 어디까지나 다스리는 자의 은덕이나 정략의 소산이었을 뿐이었다. 법은 하향적 지배기능을 당연한 존립목적으로 삼고 있었다.

법학개론 같은 교과서식 법의 개념이 무엇이던 간에, 법이라는 것은 당초 지배자의 통치수단 내지 질서유지를 위한 도구로서 고안된 것이었다. 원시사회나 미개사회에서는 물론이고, 봉건적 정치권력과 가톨릭교회의 절대적인 권위가 판을 치던 중세 유럽시대까지도 법은 그러한 기능을 위해서 태어났다. 동양의 오랜 전제사회 하에서는 더욱 말할 나위가 없었다. 그러한 시대에는 사람을 위한 법보다는 치자의 편의를 위한 법, 그런 사람에 의한 지배가 압도적이었다. 언뜻 그렇지 않은 듯이 보이는 면이 있었다 하더라도 그것은 다스리는 자의 통치, 즉 치세의 방편을 위한 우회성이 다를 뿐이었다.

중세사회가 붕괴되고 근세사회가 막을 여는 전환점에서 두드러지게 나타난 것은 시민계급이 부르짖은 민주주의였으며, 속박의 사회로부터 자유의 사회로 이행되던 그 시기에 지도적 사상으로 작용한 것은 다름 아닌 휴머니즘이었다. 17세기 후반부터 18세기에 걸쳐 유럽을 휩쓴 계몽사상에서도 그 일단을 엿볼 수 있는데, 거기서 강조된 것은 인본주의의 빛깔이 짙은 자연법적 사상이었다.

모든 인간은 한결같이 자유, 평등, 지위, 재산 등에 관하여 자연적인 기본적 권리를 갖는 것으로서 국가의 사명은 그 강대한 권력에 의하여 사회의 질서를 유지하고 외부로부터의 침략을 방지하는 일, 인민의 기본적 권리를 존중하고 자유로운 생활을 보장함으로써 그들의 행복을 증진하는 일이라고 보았다. 따라서 국가가 행하는 입법이나 사법작용은 무엇보다도 자연법의 원리에 입각하여 인민의 자유와 행복을 확보함을 목표로 하지 않으면 안 된다고 보았다. 그러한 자연법사상은 18세기 말엽부터 19세기에 걸쳐 구미 여러 나라에서 구체적인 입법으로 실현되었다. 여기서 비로소 '인간을 위한 법'이 움트기 시작했다. 근대적 형사법의 대종이라 할 죄형법정주의, 형벌불소급의 원칙, 증거재판주의, 잔혹한 고문 및 형벌의 금지, 교육형주의 등이 바로 거기에 뿌리를 두고 있었다. 그리고 대의정치의 확립, 권력분립, 사법제도의 설정 등은 보다 높은 차원에서 인간의 기본적 권리를 보장하려는 제도적 장치였다고 하겠다.

제2차 세계대전을 전후하여 이른바 주축국가들이 전체주의사상을 내걸고 광분한 바 있으나, 그들을 패배시키기까지의 처절한 싸움을 통하여 인류는 인간의 생명과 자유의 소중함을 절실하게 체험하였다. 그 필연적인 귀결로서 전후 세계 도처에서는 인권운동이 더욱 활발하게 일어났고, 예속국가와 후진사회에서도 사람이 사람으로 존중받는 인권 중심의 입법이 뚜렷하게 나타나기 시작했다.

우리 한국의 경우, 비록 자력에 의한 것은 아니었지만, 8·15해방은 우리에게 많은 각성과 변혁을 불러일으켰다. 민주주의니 자유니 하는 이념이 밀물처럼 넘쳐 들어와서 가위 새 시대의 기원을 맞이하게 되었다. 우리 역사상 처음 갖게 된 근대적 의미의 헌법에는 입헌민주정체의 체모에 합당한 여러 조항이 들어 있었으며. 무엇보다 국민의 기본적 인권을 보장하는 여러 규정이 망라되어 있었다.

자연권과 실정법

서구적인 개념의 인권을 말할 때 흔히들 1215년 영국의 마그나카르타를 맨 먼저 거론한다. 그러나 그것은 영국의 귀족들이 자신들에 대한 군주의 과세에 불만을 표시한 끝에 왕과 맺은 계약이었다. 그것은 일반 국민의 인권과는 무관했고, 다만 재산을 소유한 남성들에게만 일정한 권리를 인정하는 정치적 합의였다. 말하자면 재산을 기준으로 한 특권층을 제한적으로 보호하는 내용이었다. 그래서 그런 합의는 인권의 역사에서 불행한 사례였다고 혹평하는 사람도 나왔다.

그런 흐름은 1628년의 '권리청원', 1869년의 '권리장전'으로 이어졌는데, 나중 것은 왕과 의회와의 정치적 합의라는 점이 그전의 것과 달랐다. 이에 비하면, 존 로크(1632~1704, 영국)의 '시민정부론'은 매우 전향적이었다. 그는 정부가 국민과 맺은 사회계약에 따라 법집행의 권한을 부여받게 된다는 전제하에 만약 정부가 국민의 신뢰를 깨고 시민의 생명, 자유, 재산에 대해 자의적 혹은 절대적 권력을 휘두른다면 정부의 권한은 몰수되어 다시 시민들에게 돌아가야 한다고 했다.

오늘날 우리가 말하는 보편적 불가침의 인권론은 위와 같은 존 로크의 자연법사상과 '사회계약론'으로 유명한 루소(1712~1778)의 사상에 기반을 두고 발전해 왔다. 인간 존엄에 관한 철학자들의 생각, 가령 "사람은 어떤 목적을 위한 수단이 아니라 그 자체가 목적으로 대우받아야 한다"고 한 칸트(1724~1804)와 그 밖의 여러 철학자들의 인간 존엄에 관한 사상도 인간의 자연권을 더욱 극명하게 부각시켜 주었다. 그리고 18세기 후반 들어서 미국의 '버지니아권리선언'(1776), 프랑스의 '인민 및 시민의 권리선언'(1789), 미합중국헌법 권리조항(1791) 등으로 이어지면서, 보편적 인권이 국가제도 안에 명문으로 수용되기에 이르렀다.

천부인권설이나 국민주권설은 다 같이 무한권력에 대한 항의개념에서 싹텄다. 근대 이후의 입헌민주국가에서 헌법상으로 국민의 기본권을 보장하게 된 것도 정치권력을 가상적 또는 경험적 침해요소로 보았기 때문이었다. 그러나 '국가로부터의 자유'만으로는 노동문제를 비롯한 산업사회의 새로운 모순 속에서 인권의 실질적인 보장이 어렵다는 사실이 드러났다. 다시 말해서 19세기에는 국가의 불간섭, 즉 자유권의 보장이 주된 목표였으나(소극적 국가관), 20세기에 접어들면서는 사회적 약자를 위한 실질적 자유·평등을 보장하기 위해서 사회권적 기본권이 무게를 더해가게 되었다.(적극적 국가관) 이에 따라 구체적인 정의실현을 위하여 국가권력의 개입 조정이 필요하게 됨으로써 권력배제가 요망되는 자유권적 기본권과는 별개로 권력의 조정기능이 수반되는 생존권적 기본권(국가에 의한 자유)의 비중이 높아져갔다. 그러나 전제주의적 성격이 짙은 정부는 국민의 자유와 권리의 보장이 국가가 추구해야 할 궁극적 정의임에도 불구하고 국가이익과 질서유지라는 명분을 남용하여 기본권 조항을 퇴색시키는 경우가 허다하다. 여기서 국가의 이익과 정부의 이익이 혼동되거나 유지해야 할 질서의 정체가 반민주적일 때에는 법치주의가 오히려 압제의 수단으로 변질될 우려가 현실화되기도 하였다. 그러므로 법에 의한 지배는 법 그 자체의 정립과정이 합헌적이어야 함은 물론이요, 그 내용 또한 강제규범으로서의 타당성이 공인될 만큼 정의로워야 하며, 그 시행이 공명정대하여야 한다.

국민기본권의 억압으로 지탱되는 질서와 안정은 국민에게는 물론이요, 정부를 위해서도 결코 이롭지가 않다. 실인즉 자유의 남용보다는 억압의 남용에서 혼란이 더욱 심화된다는 사실을 위정자는 깨달아야 한다. 인권의 수호야말로 '모든 사람과 모든 국가가 도달하여야 할 공통된 목표'(세계인권선언 전문)임을 깊이 유념하고, 그 실현을 위한 올바른 법치주의의 확립이 민주주의의 근본과제라는 점을 정부와 국민이 다 같이 마음에 새겨야 마땅하다.

법의 보장기능과 지배기능

근대 이후의 법치주의는 다스리는 자의 편의를 위해서가 아니라 다스림을 받는 자의 권리 보장을 위해서 요구되는 제도이다. 그러기에 법률은 하향적 지배기능보다는 상향적 견제기능이 제대로 발휘될 때에만 온전한 규범이 되는 것이며, 그런 요건이 충족되지 않고는 피치자의 인권이 보호되기 어렵다. 만일 법률이 다스리는 자 위주의 지배도구로 전락한다면 법에 의한 통치는 법의 이름을 빌린 권력의 전제와 다를 바가 없다.

언필칭 민주주의 체제하에서라면 법률은 마땅히 인권보장을 최우선의 과제로 삼아야 하며, 국가의 온갖 시책도 그 구성원의 인권보장에 어긋나서는 타당성이 없다. 일찍이 세계인권선언은 그 전문에서 '사람은 전제에 대항하는 최후수단으로 반란을 일으키지 않기 위하여' 인권은 법률의 정하는 바에 따라 보호되어야 한다는 주목할 만한 조항을 두고 있는 바, 이 또한 권력에 의한 탄압의 위험성을 경고하는 적절한 표현이라 할 것이다.

법과 권력에 의해서 보호되어야 할 기본권 내지 인권은 매우 광범하고 다양하다. 그 중에서도 신체의 자유와 언론의 자유는 기본권 중의 기본권이다. 그것은 기본권의 한 부분이라기보다는 모든 자유를 담보하고 증진시키는 중핵적인 권리이다. 언론의 자유를 놓고 말하더라도 그것은 역사적으로 볼 때 정치적 자유의 신장과 떼어서 생각할 수가 없다. 그리고 반대의 자유를 주축 삼은 비판기능이 그 생명이다. 국민을 저버린 권력 추종의 언론은 실인즉 언론의 자유와는 무관한 것이다. 왜냐하면 그런 추종은 언론의 자유가 존재하지 않았던 시대에도 권력의 비호를 받으며 허용되었기 때문이다. 언론은 정부에 대해서 책임을 지는 것이 아니라 국민에 대하여 책임을 져야 한다는 말은 참으로 지당하다.

우리 헌정사를 돌이켜보면, 전후 아홉 차례의 개헌이 있었다. 초기에는 주로 권력구조 내지 통치형태에 관한 부분이 개정의 표적이었다. 그런데 차츰 정치권력이 독재화하고, 정권의 정당성 내지 도덕성이 취약해짐에 따라 국민의 비판과 저항을 진압하기 위하여 언론의 자유를 비롯한 기본권의 봉쇄를 노린 여러 장치가 법의 형태로 등장했다.

헌법상 기본권 제한이 용인되는 사유에는 '질서유지와 공공복리'가 있고, 박정희정권하의 유신헌법(1972) 아래서 '국가의 안전보장'이 추가되었다. 문제는 위와 같은 제약사유를 확대 해석하거나 남용하여 위헌적인 억압을 야기시키는 현실에 있다. 다시 말해서 아무리 법으로 정한다 하더라도 '자유와 권리의 본질적인 내용을 침해할 수 없다'는 기본권 제한의 헌법상 데드라인이 제대로 준수되어야 하는 것이다. 요컨대 법의 지배니 법치주의니 하는 명제는 두 가지로 작용한다. 억압정치 속에서는 피지배자의 준법을 강요하는 데 쓰이고, 민주체제 안에서는 지배자의 준법에 역점을 두고 강조된다. 적어도 근대 이후의 법치주의나 법의 지배는 후자를 가리키는 것이 일반적이다. 도구적 법치주의는 올바른 법치주의가 아니다.

법초월적 정의와 법실증주의

특히 헌법과 헌법적 현실의 불일치가 극심한 우리나라의 경우에는 1) 헌법의 하위규범인 법령이 헌법의 정신과 규정을 떠나서 집권자의 이익에 부합하는 방향으로 제정되거나, 2) 입법절차에 흠이 있는 변칙입법을 하거나, 3) 아예 헌법상의 입법기관도 아닌 곳에서 법률을 만들거나, 4) 법의 적용, 시행과정에서 자유의 억제를 강화시킨 일련의 실상을 부인할 수가 없었다. 그렇기 때문에 건국 이후 오늘에 이르도록 기본권에 관계된 중요 법률에 대하여 위헌 내지 정치적 악용의 논란이 끊이지 않았다. 결국 법의 정립, 내용, 운용에 관한 임상적 경험에서, 법치주의의 본질에서 괴리된 현실을 확인할 수 있었다.

정치권력이 법실증주의를 악용하여 변칙을 되풀이 한 실례는 히틀러 집권하의 독일에서 그 표본을 찾을 수 있다. 히틀러(1889~1945)는 '생명훼멸법', '국민과 국가의 위급을 제거하기 위한 법률' 등을 만들어 사람을 합법적으로 죽이고 투옥하고 추방했다. 그같은 '합의에 의한 독재'가 진보적 민주헌법의 전형이라는 바이마르헌법(1919) 아래에서도 감행되었다 보면, 그보다 못한 헌법 아래에서 합의를 가장

한 독재는 얼마든지 가능하다. 히틀러가 한 일은 항상 '합법적'이고, 헝가리 투사들의 행동은 언제나 '불법'이 되었다. 요컨대 형식만의 적법성으로 포장된 권력의 발동 앞에서 많은 인간의 희생이 강요될 수밖에 없었다. 그러므로 세계 인민은 정치권력에 대해서 종래와 같은 군림 억압의 체질을 떨쳐버리고, 인간의 생존·자유·행복의 증진에 이바지해 주기를 촉구하기에 이르렀다. 나아가서 급변하는 사회변동에 따라 예전과 같은 전통적 개념의 기본인권을 보장하는 데 그치지 않고, 인류가 직면한 새로운 위기에서 인간을 구원해 줄 책무가 국가에 있다는 견해가 힘을 얻기 시작했다. 이러한 변화 속에서 인권의 개념 또한 예전과는 달리 실존적, 현실적인 파악을 통하여 확장·재구성되지 않을 수 없게 되었다. 그 골자인즉, 1) 환경파괴의 위협으로부터의 인간 해방, 2) 전쟁의 살육으로부터의 인간 해방, 3) 경제적 굶주림으로부터의 인간 해방. 4) 언론·표현에 대한 억압으로부터의 인간 해방 등으로 요약할 수 있다. 이렇게 보자면 인권은 형식적 추상적인 자유의 논의에 멈추지 않고, 구체적 현실로 육박해오는 위협에 대한 투철한 인식을 수반하게 된다. 뒤집어 말하면 공해산업, 전쟁위기의 조성, 경제적인 부의 편재 및 언론의 탄압 등이 해소되지 않고는 참다운 인권 보장은 기대할 수 없게 된 것이다.

그럼에도 불구하고 한 나라의 실정법은 기득권(자)의 보호에 끌린 나머지 보수성 또는 수구적인 구태를 버리기 어렵다. 여기서 법의 이념과 법의 현실 사이의 갭이 더욱 넓어지고, 법과 정의의 갈등까지도 빚어지게 된다. 그리하여 정의 실현의 장치여야 할 실정법이 도리어 정의의 실현을 가로막게 되며, 특정의 실정법이 내포하는 '법내재적 정의'는 실정법을 평가하는 척도로서의 '법초월적 정의'에 의하여 규탄을 받게 된다. 그리고 인간은 실정법에 얽매이지 않는 선의 실현을 추구하는 행동성 때문에 법초월적 정의를 추구하는 확신범이 되어 수난을 당하기도 한다. 인권을 부르짖다가 인권을 빼앗기는 시니컬한 현상도 그런 모순의 하나이다. 돌이켜 보건대, 인권의 쟁취 보전을 위한 참된 법치주의는 창조적 소수자의 선각과 저항에 의하여 길이 트이고 열매를 맺었던 것이다. 정말 깨달음이 있는 인간이라면, 법이나 인권상황의 위기를 놓고, 먼저 그 진원지를 찾아야 하고 구조적인 원인 자체를 점검해야 한다. 그러지 않고 권력에 대한 순응과 맹목적 추종으로써 안일을 탐하여 '자유로부터의 도피'라는 손쉬운 길을 택하게 되면 항복자로서의 행복만이 남게 된다. 아무리 천부의 인권이라 한들 그 향유의 주체가 되는 인간 각자가 스스로 이것을 지켜나갈 결의가 없으면 모처럼의 자유도 권력자의 배급품으로 변하고 만다.

한국 헌정사에서 본 인권

우리나라 헌법은 1948년에 제정된 후 아홉 번이나 개정되었다. 횟수가 잦은 것도 문제지만, 그 중에는 말이 개정이지, 실인즉 헌법의 파괴나 다름없는 경우도 몇 번인가 있었다. 우리 헌정사를 되돌아보면, 헌법이 특정인의 집권을 위한 도구로 전락하여 만신창이가 된 과거를 떠올리게 된다. 당초 1948년의 제헌 때만 해도, 헌법기초위원회의 의원내각제·양원제 안이 이승만 박사의 반대로 하루아침에 대통령중심제와 단원제로 바뀌었다. 그후 1952년에는 이 대통령이 국회에서의 간접선거로는 재선이 어렵게 되자, 공고도 되지 않은 발췌개헌안을 헌병들에 의해서 끌려나온 국회의원들이 기립 표결로 처리하여 대통령직선제 개헌을 강행한다. 1954년에는 초대 대통령에 한해서 3선을 허용하는 개헌을 하였는데, 이때 개헌정족수에서 한 표가 모자라 일단 부결을 선포했다가, 사사오입이라는 기막힌 억지를 들이밀어 '가결'로 뒤집었다.

1960년 4·19혁명 후에 전면 개정된 의원내각제 개헌은 국민의 열망에 부합되고 합헌절차를 거친 모범적인 헌법 개정이었다. 그러나 그 다음해 5·16쿠데타로 합헌적인 민주정권을 무너트린 박정희 소장은 1962년에 현역 장교들이 모인 '국가재건최고회의'라는 데서 개헌안(대통령제)을 의결하고, 여기에다 국민투표라는 포장을 씌운다. 1969년에는 박정희의 3선을 위한, 이른바 '3선 개헌'을 했는데, 국회 본회의장도 아닌 국회 제3별관에서 새벽의 어둠을 뚫고 여당의원들만 스며들어가 몇 분 만에 번개작전을 끝낸 것이었다.

박정희 대통령은 1972년 10.17 난데없이 비상계엄을 선포하고 국회를 해산하더니 '비상국무회의'가 입법권을 대행한다면서 장관들의 회의에서 소위 유신헌법이라는 것을 의결한다. 대통령을 국민의 직선이 아닌 통일주체국민회의라는 데서 뽑는데, 중임 제한도 없는 영구 집권의 총통제였다. 속칭 '통대'들에 의한 '체육관 선거'가 되풀이되었음은 물론이다.

1979년 10·26사태로 군사독재정권의 종언이 오는가 했더니, 이번에는 전두환 소장이 12·12군사반란과 5·17 '김대중내란음모조작사건'을 일으키고, 마침내 국가보위입법회의라는 불법 기구를 만들어 거기서 개헌안이라는 것을 통과시킨다. '통대 선거'에 대한 비난을 피한답시고 대통령선거인단에 의한 대통령 간접 선거제를 고안한 터였으니, 체육관 선거이기는 마찬가지였다.

1987년의 빛나는 6월항쟁의 성과로 노태우 씨의 6·29선언에 이은 개헌에서 국민이 열망하던 대통령직선제가 부활되었다.

도합 9회에 걸친 개헌 중에서, 6회는 독재자의 집권 또는 집권연장을 위한 위헌적 개헌이었고, 나머지 3회만 합헌적이고도 민의에 합당한 개헌이었다.

절차적 정의와 법

이처럼 기구한 헌정사를 살펴보고 우리 국민은 우선 집권자를 비난하고 규탄해왔다. 그러나 특정인을 위한 그런 헌법 유린적 개헌에 협력하거나, 편승하거나, 영합한 사람들이 적지 않았다는 점도 잊어서는 안 된다. 말로 다할 수 없는 불법과 독재와 탄압이 감행될 때, 거기에 맞서는 대신 찬양, 협력, 순종, 방관으로 처신한 사람들이 많았다는 사실이 그처럼 치욕적인 헌정사를 반복하는 데 일조를 하게 되었다는 점도 잊지 말아야 한다.

4·19 직후의 의원내각제 개헌과 6월 민주항쟁에 이은 대통령 직선제 개헌이 가장 민의에 충실하고, 절차상으로도 흠이 없었다는 사실에도 주목할 필요가 있다. 지금의 헌법은 말하자면 군사독재에 저항하여 국민들이 궐기함으로써 쟁취한 성과물이라 할 수 있다. 국민이 주권자이기를 포기하고 방관하면 나쁜 개헌이 되는 반면, 국민이 불의에 대항하여 싸울 때에 비로소 올바른 개헌이 이루어진다는 이치를 새삼스레 깨닫게 되었다.

법의 지배라는 명제 역시 힘의 지배나 사람의 지배를 배척한다는 의미 외에 법의 절차에 의하지 않은 권력의 자의적 지배를 배격한다는 뜻이 담겨 있다. 절차가 적법하지 않으면 결과도 정당할 수가 없고 유효할 수도 없다. 지금까지 우리나라는 헌법을 파괴하거나 무시한 집권 또는 개헌으로 말미암아 정부의 정통성 시비까지도 몇 번이나 겪어야 했다.

한 나라의 큰 기틀에서 합헌성이 유린되고 '하면 된다'는 저돌정신이 판을 치는 곳에선 아무리 권력자가 '준법'을 외쳐대도 소용이 없다. '어떻게'의 문제, 즉 절차적 정의를 질식시킨 채 '하면 된다' 식의 힘의 논리만 내세우다 보면 또 다른 힘의 논리를 배격할 도덕적 근거를 상실하고 만다.

절차적 정의는 우선 입법과정에서부터 지켜져야 한다. 날치기통과를 비롯한 변칙입법은 국가규범으로서의 정당성을 인정받을 수 없다. 하물며 헌법상의 입법기관도 아닌 데에서 만들어낸 '법'에 대해서는 더 말할 나위가 없다. 법의 집행과정에서 공권력 스스로가 절차를 어기는 경우도 참된 법치주의를 훼손시킨다. 공권력의 횡포는 법의 지배와 엄연히 구별되어야 한다. 특히 국민의 자유와 권리에 직접적 영향을 미치는 사법권의 행사에서조차 적법절차가 유린된다면 이는 아주 치명적인 문제다. 위법한 강제연행, 불법감금, 고문을 비롯한 가혹행위, 자백강요 등 권력의 광란은 나라의 국체에 대한 신뢰만 더 손상시킨 바 있었다.

근대 이후의 입헌민주국가에서는 법치주의를 내세워 권력자의 명령에 순종을 요구할 수는 없다. 그것은 오히려 권력자의 준법을 강조하는 뜻이 우선하는 개념이다. 또한 적법절차의 요구는 분별없는 권력 발동의 금지를 목적 삼은 것이지, 피치자의 복종을 강요하는 구실이 될 수 없다. 그럼에도 불구하고 집권자의 지배편의를 위해서 법치주의가 변질·타락되는 경우는 얼마든지 있었다. 히틀러도 마르코스(1917~1989)도 법치주의를 외쳤다. 지난날 이승만정권이나 박정희정권도 법치주의를 내세웠지만 그런 해악은 역설적으로 이 땅에 참다운 법치주의를 확립해야 한다는 국민적인 결의를 굳건히 하는데 크게 이바지하였다.

사법부와 인권

흔히 사법부를 '인권의 마지막 보루'라고 한다. 여기에는 입헌주의, 권력분립, 사법권의 독립, 법관의 양심과 용기 등이 전제가 되어 있다. 그러나 한국의 사법부는 국민의 인권을 지키는 소임을 제대로 다하지 못한 것은 물론이고, 집권세력의 간섭을 거부하지 못하거나 그에 영합함으로써 오히려 권력에 의한 국민의 기본권 침해를 합리화시켜 주는 과오마저 범했다. 이용훈 전 대법원장도 그점을 시인하는 발언을 하였다. 즉, '독재와 권위주의시대를 지나면서 사법부는 정치권력으로부터 독립을 제대로 지켜내지 못하고, 인권보장의 최후의 보루로서의 소임을 다하지 못한 불행한 과거를 가지고 있다'라고 했다.(2008. 9. 26. 한국사법 60주년 기념식)

초대 대통령 이승만은 사법부가 검찰의 기소 내용을 무시한다고 공개적으로 공격을 서슴지 않았고, 심지어 법관의 권한을 제한해야 한다고 위협을 했다. 그는 '진보당사건'을 꾸며 대통령선거에 강한 라이벌로 부상한 조봉암을 처형하였으며,(1958) 여러 정치적 사건을 통하여 탄압을 감행하였다.

4·19혁명 후의 민주당정권은 민주적인 헌법 아래 민주정부로서의 면모를 보였으나, 박정희 소장의 5·16쿠데타에 의해서 무너지고 말았다. 박정희는 헌정을 파괴한 뒤 불법으로 권좌에 올라 온갖 학정·탄압을 저지른 내용은 앞서 본 바와 같다. 그는 자신의 영구집권 장치인 유신헌법에 대한 국민적 저항을 막아보고자 정보 수사기관을 총동원하여 노골적인 사찰과 탄압을 자행하고 시국사범을 양산시켰으며, 사법기능을 악용하여 대량 투옥을 서슴지 않았다. 인권 침해국가라는 세계의 비난도 귀담아 듣지 않았다.

1974년이 밝아오자 박정권은 전국민적인 유신헌법 철폐운동을 분쇄하기 위하여 대통령긴급조치 1호를 발동하여 개헌을 주장만 해도 군법회의에 부쳐 징역 15년에 처하였다. 긴급조치 4호로 민청학련사건을 조작하여 180명이나 기소하였는가 하면, 사형과 무기징역 선고를 남발한 외에도 검찰관의 구형을 그대로 따르는 '정찰제 판결'이 허다하였다. 대법원조차도 군법회의의 그런 판결을 그대로 추인하는 허수아비 노릇을 함으로써 민청학련의 배후로 꾸며진 인혁당재건위사건의 사형수 8명에 대한 '사법살인'에 동조하였다.

10·26사태로 박정희 대통령이 피살된(1979) 후 전두환 소장 일파는 '김대중내란음모사건'을 조작하여 집권에 장애가 되는 민주세력을 투옥시키고 '체육관선거'를 거쳐 집권을 하였으나 군부독재의 태생적 한계로 말미암아 저항세력의 탄압에 군사독재의 포악성을 여실히 드러냈다. 건국대 농성사건에서는 1,219명이나 되는 학생을 연행 구속한 광적인 사례까지 있었다.

박정권 이래의 많은 용공조작사건 중에는 당시 〈오적〉 사건을 비롯한 여러 필화사건이 있어서 언론·창작 등 표현의 자유가 반공의 이름으로 숱한 탄압을 받았다. 법원은 검찰의 공소장에 '판결문'이라는 포장을 씌워주기에 바빴고, 국민의 사법부에 대한 불신과 절망은 극에 달했다. 과거 군사독제시대의 정권 추종적 오판은 민주정권이 들어선 이후의 과거사 진상 규명 및 재심에 의하여 무죄판결이 속출하는 것만 보아도 쉽게 알 수 있다.

역대 대법원장의 말은 둘로 나누어진다. '유신은 인권보호에 필요하다'는 등 정부권력에 영합한 사람이 있는가 하면, '모든 것이 회한 과 오욕으로 얼룩졌다. 각본대로 따라달라는 주문을 받았다. 소신대 로 못한 것이 많다'라고 고백한 이도 있었다. 물론 정치권력의 간섭이 나 눈치를 무시하고 소신껏 재판한 법관들도 있기는 했으나 극소수 에 지나지 않았고, 그 중에는 갖은 불이익에 시달리다 못해 끝내는 퇴 임한 사람도 있었다.

1987년 6월 민주항쟁 이후에 사법부의 독립은 그런대로 모양을 갖추어 나가는 것으로 보였다. 그러나 그것은 사법부 자신의 힘에 의 해서가 아니라 국민들의 궐기로 민주화를 쟁취한 덕분이었다. 다시 말해서 법원이 '죄인'이라고 감옥에 보낸 피고인들의 싸움과 수난에 힘입어 사법부가 독립을 누리게 된 것이다. 다만 공안사건 등 일부 시 국사건에서는 여전히 법원 판단의 공정성에 의심이 가는 경우가 적 지 않다. 이점에 관해서 한 퇴임 대법관은 '(사법부가) 권력에 맞서 사 법부의 독립을 외쳤어야 할 독재와 권의주의시대에는 침묵하면서, 정작 사법부에 대한 경청할 만한 비평을 겸허히 받아들여야 할 때, 사 법권 독립이라든지 재판의 권위라는 등의 명분으로 이를 외면한 것 이 부끄럽다'고 고백한 바 있었다.

그런데 사법부의 독립은 올바른 재판의 필요조건의 하나일 뿐이 다. 법관의 독립은 법원 밖에서의 외풍뿐 아니라 법원 내부의 관료적 간섭, 즉 내풍에 의해서도 흔들릴 위험이 크다. 실제로 서울의 한 법 원장이 일정 유형의 사건 또는 구체적 사건의 재판에 관하여 담당 법 관에게 간섭을 하여 크게 문제가 된 바가 있었다. 이밖에도 올바른 사법을 확립하기 위해서는 1) 대법원의 재판 지연 해결, 2) 법관의 전문성 강화, 3) 공판중심주의, 증거재판주의 확립, 4) 양형 편차의 시정, 5) 1심 재판의 강화, 6) 판결문의 난해성 시정, 7) 법관의 특권의식 배제 등 사법부 스스로의 개혁이 절실히 요구된다.

마무리를 겸하여 - 부문별 과제

근대 입헌국가의 법은 기본적 인권의 보장을 으뜸 되는 가치로 삼아서 제정·운용되어야 하지만, 통치의 편의나 치자의 이익을 우선시하는 권력에 의해서 이 명제는 항상 위협을 받는다. 반인권적 법률이 그래서 생겨난다. 따라서 입법권을 갖는 국회가 집권자의 간섭으로부터 자유롭게 기능을 다해야 한다. 정당정치의 이름으로 여당이 집권자에 예속되면 권력분립은 허울만 남는다. 집권자의 이해와 의견에 따라 법이 만들어진다면 거기에 국민기본권의 보장은 기대할 수가 없다.

입법부의 구성원들이 헌법상의 기본권 제한사유인 국가의 안전보장, 질서유지, 공공복리를 구실 삼아 반인권적 법률을 생산해서는 안 된다. 다수당의 머릿수만 앞세운 일방적 강행이나 날치기 또한 마찬가지다. 기존 법률 중에서 폐지론이나 위헌 논의가 많았던 사형제도나 국가보안법 등은 과감하게 폐지해야 한다. 헌법재판소에서 위헌 또는 헌법불합치 결정이 난 법률에 대하여 응분의 개폐를 하지 않고

방치하는 처사 또한 입법부의 직무유기에 다름 아니다.

검찰은 '공익의 대표자'답게 국민의 인권을 존중하는 국가기관으로 거듭나야 한다. 아직도 전근대적인 특권의식과 관료체질에서 벗어나지 못한 채, 갖가지 반인권적 과오와 가혹행위까지 자행하는 사례가 남아 있는 것은 개탄스럽다. 검찰권의 독립은 차치하고 정치적 중립조차 외면한 채, 집권세력의 이해와 필요에 추종하는 듯한 검찰권 행사는 더욱이나 국민을 실망시켰다. 정치적 의도로 하는 표적수사나 눈감아주기 수사는 검찰에 대한 국민이 신뢰를 크게 저상시켰다. 특검제에다가 특별수사기관 신설까지 거론되어 온 작금의 사태에 비추어 검찰의 자성과 함께 그 면모를 일신할 자체 혁신이 절실하다.

인권보장의 마지막 보루라고 불리는 사법부에 관련해서는 앞서도 언급한 바 있거니와 과거의 부끄러운 허물에 대해서 겸허한 성찰을 하는 마음이 법관들에게 있어야 한다. 재판에서 흔히 말하는 '개전의 정'은 단하의 피고인에게만 요구되는 것이 아니라 단상의 법관들에게 더욱 절실히 요구되는 덕목이다. 앞에서 강조했듯이 사법부 밖에서의 '외풍' 못지않게 법원 안에서의 '내풍'을 경계하지 않으면 안 된다. 대법관의 성향을 보수일색 또는 특정 학교 출신일색으로 하지 말고, 진보성향 내지 소수자 보호를 염두에 두고 다양성과 균형을 고려하는 것이 바람직하다.

위헌법률과 위헌적 처분을 심사하는 헌법재판소가 제 기능을 다함으로써 입법부나 행정부에 의한 위헌적 반인권적 처사를 과감하게 바로잡아야 한다. 법의 안정성과 기존의 질서에 치우치는 애매한 결정은 역사의 진보와 소수자 보호에 어긋나는 결과를 빚어낼 개연성이 많다.

국가인권위원회가 제 소임을 다하지 못한 채 국내외의 비판에 직면하고 있는 현실은 매우 안타깝다. 위원장과 위원은 인권에 관하여 전문성을 갖추고 반인권적 요소를 척결할 소신을 가진 사람을 임명해야 한다. 친정부적인 성향을 갖고 정부의 입장에 손을 들어주는 사람을 앉히는 것은 모처럼의 국가적 인권기구를 거세하는 결과를 가져온다. 국내외의 인권단체 및 국제기구로부터 비난이나 받는 부끄러운 현상을 하루속히 벗어나야 한다.

앞서 보았듯이 지금은 자유권적 기본권뿐 아니라 사회권적 기본권이 새로운 보호대상으로 중시되는 시대이다. 생존권, 노동권 등 사회적 약자가 국가에 대하여 실질적인 자유와 평등의 보장을 요구할 수 있는 권리는 20세기에 들어서 주목받는 국민의 중요한 기본권이다. 사회적 평등의 실질적 구현이 없는 자유권은 인간의 존엄을 지켜주지 못한다. 이점은 입법·행정·사법의 모든 영역에서 전향적으로 수용하고 지켜져야 할 명제이다. 자칫 소홀해지기 쉬운 분야의 인권에도 눈을 돌려야 한다. 외국인, 재소자, 군인, 미혼모, 범죄피해자, 장애인, 소비자, 개인정보 등의 인권과 환경권, 행복추구권, 프라이버시 등이 보호·구현될 수 있도록 제도와 그 운영이 획기적으로 진전되어야 한다. 민간 인권단체 또한 포괄적 인권뿐 아니라 각 분야별 인권영역에서 계몽·감시·조사·분석·대안제시·시정요구 등에 전문성을 높여 나감으로써 정부와 기업에 이은 제3섹터로서의 책무를 다해야 한다.

위헌법률에 대한 헌법재판소의 공정한 결정, 입법부와 정당의 과오를 예방 시정할 수 있는 시민운동 내지 유권자운동의 활성화는 더욱 절실하다. 정치에 대한 냉소주의와 무관심 등에 기인한 투표기권 행위를 막는 일도 매우 중요하다. 또한 제2차 세계대전을 계기로 파시즘의 반인도적 인권유린을 경험한 인류는 인권을 국내문제로 국한시키지 않고 국제적으로 보장해야 된다는 점에 눈뜨게 되었다. 그리하여 유엔헌장, 세계인권선언 등에 국제적 인권보장의 보편적 기준이 제시되었고, 이어서 당사국을 법적으로 구속하는 국제조약이 탄생하였다. 1976년에 발효된 유엔의 '경제적, 사회적 및 문화적 권리에 관한 국제규약'(사회권규약, A규약)과 '시민적 및 정치적 권리에 관한 국제규약'(자유권규약, B규약)이 그것인데, 우리 한국도 그 국제인권규약 가입국으로서 소정의 의무를 충실히 이행해야 마땅하다.

한국은 민주공화국을 표방하면서도 그 국체와 정체에 걸맞지 않는 과거를 경험했다. 집권자의 정치적 야욕에 의한 헌법파괴와 정치적 탄압 등으로 법제와 현실 양면에서 반인권적 사태가 끊이지 않았다. 억압에 굴하지 않은 국민 각계의 오랜 저항과 수난을 통하여 군사독재는 물리쳤으나, 민주화 이후의 민간정부 역시 인권보장 면에서 미흡한 면이 적지 않았다. 특히 현 정부의 등장 이후에는 민주주의와 인권의 역진현상이 두드러져서 이를 바로잡는 일이 국민적 과제가 되어 있다. 우리 국민은 지난날의 빛나는 민주화 대장정의 경험과 자부심을 살려서 민주와 인권의 선진국으로 발돋움해야 할 것이다.

일찍이 영국의 정치학자 해럴드 J. 라스키(1893~1950)가 말했듯이 자유를 지키는 데는 제도상의 개혁과 아울러, '자유를 보전하는데 필요한 국민의 용기'가 무엇보다도 중요하다. 심지어 그는 '궁극적으로는 항상 반항하는 용기가 자유의 요체'라고 극언을 했다. 인권을 수호·확장·향상시켜 나가는 국민의 결집된 민주역량이야말로 이 나라를 인권선진국으로 빛나게 하는 밑거름이자 도약대가 되리라고 믿는다. 저 1960년의 4·19혁명과 1987년의 6월 민주항쟁의 교훈이 그것을 말해주고 있다.

제2기 (2011. 6. 3)

●

●

인간의 존엄과 가치

조 국

2011년이 서울신학대학교 개교 100주년인 것으로 알고 있는데 먼저 축하드린다.

내 책 중에 전공과 직접 관련은 없지만 『진보집권플랜』이라는 책도 내고해서 내가 좀 '진보적'이라는 이야기를 듣고 있다. 또 스스로 그렇게 생각하고 있다. 그런데 사실 나는 인류 사회에서 가장 진보적이었던 분은 예수님이지 않았을까 생각한다. 여전히 우리 사회에는 진보, 보수의 문제가 있고, 또 진보 보수를 둘러싼 여러 논쟁도 벌어지고, 서로 상대방에 대해 시쳇말로 하게 되면 '친북좌파', '친북좌빨', 그리고 '수구꼴통'이라는 말들을 쓰지 않는가? 그러면서 공격하고 욕을 하지만, 가장 중심은 '사람에 대한 문제'인 것 같다. '세상에 대한 애정', '사람에 대한 애정' 이런 문제를 가지고 있다면, 나는 진보든 보수든 서로 대화할 수 있다고 생각한다. 나 역시 진보의 입장에 서있지만, 오늘 여러분과 대화하는 자리가 되었으면 좋겠다. 내가 여기서 특별히 여러분에게 무엇을 가르치겠다기보다는, 내가 생각하고 있는 인간의 존엄과 가치에 대해서 이야기해 보고자 한다.

인권의 핵심은 '그/러/나'에 있다!

여기 '소수자의 인권'이라는 말이 있다. 우리 모두는 인간 아니겠는가? 오늘 강연 제목이 '인간의 존엄과 가치'이듯이 우리 모두는 인간이다. 그런데 어느 사회나 강자, 부자는 살아가는데 큰 지장이 없다. 아프리카 같은 경우에도 아주 잘 사는 사람이나 권력자는 살아가는데 이상이 없다. 북한 같은 경우도 최고 권력집단은 살아가는데 아무 지장이 없다. 그것이 북한 같은 사회든 혹 우리와 비슷한 사회든 간에 인권이 문제가 되는 경우는 그 사회의 소수자들인 경우가 대부분이다. 강자나 부자, 힘이 있거나 돈이 있는 사람들은 큰 지장 없이 살아간다. 그래서 우리가 인권을 이야기한다면 그 사회에서 가장 낮은 곳에 있는 사람, 가장 구박받는 사람, 천대받는 사람들에 관한 이야기를 하는 것이 옳다고 생각한다.

조금 어려운 얘기이고 법률적인 이야기이긴 하지만, '인권이라는 게 무엇인가?'부터 시작해 보겠다. 우리 사회에서 인권이라는 말은 누구나 많이 쓴다. 사실 인권이란 말은 새로운 게 아니다. 과거 권위주의 정권의 경우에는 인권이라는 말을 사용하는 자체가 위험시되는 느낌이 있었다. 인권 자체가 아예 보장되지 않던 사회였기 때문이다. 하지만 지금은 인권이라는 말을 모두 불편 없이 사용하고 있다. 여기 자료를 보면, '특정 국가, 특정 실정법과 관계없이'라는 말이 있다. 이 말은 인권에는 법률적으로만 볼 수 없는 문제가 있다는 것이다. 뒤에서 좀 더 자세히 보겠지만, 경기도 안산지역에 가보게 되면 많은 불법체류외국인 노동자가 있다. 그들을 법률적으로만 보게 되면 출입국관리법을 위반한 범죄인이다. 그러면 그들에 대한 대책이 뭐냐, 불법체류 범죄인이니까 빨리 잡아서 추방하는 것이다. 그런데 이를 인권의 관점에서 보게 되면, '이 사람이 불법체류를 했다. 그/러/나!'로 시작된다. '그러나' '이 사람도 인간이다'라는 것이다. 따라서 '이 사람이 불법체류를 했고, 출입국관리법을 위반했으나 이 사람역시 인간임으로 인간으로써 갖추어야 할 최소의 예우를 해주고, 권리를 보장해줘야 한다.' 이런 얘기를 하는 것이 '인권의 핵심'이다. 이곳이 신학대학교인데, 내가 이 분야에 문외한이긴 하지만 신학의 문제도 마찬가지일 것이라고 생각한다. 아무튼 인권의 핵심은 이렇게 '그/러/나/'에 있다.

우리 사회의 소수자들

우리 사회 수많은 약자, 소수자들은 주로 편견이나 차별의 대상이 되곤 한다. 그 사람들을 구박하고 차별하는데 인권의 관점으로 그 사람을 본다는 이야기는, '이 사람은 어떤 사람이다, 그러나 그럼에도 불구하고 그 사람은 인간이다. 인간임으로 어떠한 대우를 해야 된다.' 이렇게 진행되는 것이 인권의 핵심이고 그것이 보장될 때 나는 인간의 존엄과 가치 수준이 높아지는 것이라고 본다. 〈세계인권선언〉 그리고 여러 종류의 〈권리헌장〉을 보게 되면 이런 인권문제가 나와 있다.

한국의 3D직종 공장을 가보면 외국인 노동자 없이는 굴러가지 않는다. 우리나라 사람들은 대졸자는 물론이고 고졸자도 요즘은 3D직종에서 일하려 하지 않는다. 그래서 힘든 직종에서 일하는 이들은 주로 외국인들인데 그들은 국적이 한국인 사람들보다 임금이 반 이하이다. 그 사람들이 와서 일을 하기 때문에 우리가 사용하고 있는 상품들의 가격이 떨어진다. 그리고 그 사람들이 일을 하기 때문에 우리가 외국에 수출하는 상품의 비용 역시 떨어진다. 이런 외국인 노동자들의 숫자가 국내 약 50만 명 정도로 추정하는데, 이들이 낮은 임금으로 일하기 때문에 우리가 소비자로서, 수출하는 사람으로서 득을 보고 있다. 그러나 실제 우리 마음속에는 이 사람에 대한 편견이 있다. 나를 포함해서 우리 모두가 갖고 있다. 여기 '샌드위치맨'이라고 해서 한 외국인 노동자가 '우리는 노예가 아니다!'라는 푯말을 갖고 시위

하는 사진이 있다. 우리가 이 사람들을 바라볼 때 한편으로는 '고맙다'라는 생각도 할 수 있겠지만, 통상 다른 생각은 혹시 이 사람들이 단일 민족 국가인 우리의 혈통을 더럽히는 것 아니냐, 또 간혹 외국인 노동자가 범죄를 저지르게 되면, '외국에서 온 나쁜 놈들이 우리나라 사람 괴롭힌다, 다 쫓아내야 된다!'고 쉽게 이야기한다.

그런데 실제 우리 사회는 이들의 값싼 노동력이 필요하다. 과거를 잘 생각해보면, 우리나라 경제가 어려울 때 한국의 많은 남성들이 대학졸업하고 독일에 광부로 갔고, 많은 여성들은 간호사로 갔다. 한국에 직장이 많지 않았기 때문이다. 그런데 우리는 지금 경제 강국이 되어 잘살게 되었다. 그러니까 더 이상 우리가 나갈 이유가 없다. 그런데 우리보다 못사는 나라에서 우리나라로 들어오게 되었다. 그런데 그런 외국인 노동자들을 구박하는 것은 우리가 올챙이 시절을 기억하지 못하는 것이라 하겠다. 이것을 어떻게 볼 것이냐? 사실 외국인 노동자가 합법적으로 우리나라로 들어올 수 있는 길이 있긴 하다. 하지만 그 경로를 통해 들어오게 되면 임금이 지금 외국인 노동자의 임금보다 더 밑이다. 그래서 많은 사람들이 국내에 들어와 곧 이탈하여 불법체류를 한다. 그런데 이들이 불법체류를 하다 보니까 한국의 일부 공장주들이 낮은 임금마저도 주지 않는다. 내가 실제로 다루었던 사건들을 보면, 외국인 노동자들이 체불된 임금을 달라 한다. 그러면 한국인 사장은 주겠다고 한다. 그렇게 1년 이상 끄는 경우도 있다. 외국인 노동자가 노동위원회에 제소하겠다고 하면, 몇 날 몇 시 어디서 보자고 한다. 그래서 약속한 날 찾아가게 되면 임금을 체불한 사장은 출입국관리직원과 같이 기다린다. 그 자리에서 그 외국인 노동자를 불법으로 잡아 곧바로 추방시켜 버린다. 실제 있었던 일이다. 이 사람이 자기 나라 방글라데시든 어디든 돌아가는 비행기 안에서 어떤 마음이 들겠는가?

지금 한국사회의 수준이 매우 높아졌다. 우리는 OECD가입 국가이기도 하다. 정치는 민주주의가 안착되었고, 기타 경제적, 문화적으로 우리가 누리고 있는 수준은 매우 높다. 그런데 실제 그 뒤를 탁 뒤집어 보면 아직도 부끄러워해야 할 것이 많이 있다. 또 몇 가지 예를 보겠다. 이게 또 외국인과 관련되어 있다. 태국 여성노동자들이 공장에서 일을 하다 하반신마비가 되는 다발성 신경장애에 걸린다. 이게 뭐냐면 여러분이 많이 사용하는 LCD, DVD 등 전자제품을 생산할 때 마지막 공정으로 생산품을 닦는 일이 있다. 이때 매우 강한 독성물질을 사용한다. 이 일을 하는 한국인들에게는 마스크, 장갑, 안경 등을 모두 지급한다. 그런데 이 태국여성에게는 이들 장비를 지급하지 않았다. 이 돈이 얼마 되겠는가? 그리고 난 뒤에 8명 모두 하반신마비가 된다. 이런 뉴스는 우리나라 신문에는 잘 나지도 않는다. 그런데 태국신문에는 어떻게 되겠는가? 이 내용 1면으로 나왔다. '우리 태국여성들이 한국에서 일했는데 이런 일이 벌어져서 하반신마비가 되어 누어있다'고 난리가 난다. 그런데도 우리는 잘 모른다. 여러분 생각을 바꿔 한국의 여성노동자가 일본에 가서 일을 하는데, 같은 일이 일어났다고 하면 주한 일본대사관은 난리가 날 것이다. 그런데 실제 태국여성노동자가 한국에 와서 이런 일을 당했는데 잘 모른다는 것이다. 왜냐, 그들을 같은 사람으로 보지 않기 때문이다. 외국인을 우리와 같은 사람으로 보지 않는 것이다. 그래서 비용을 절감하는 차원에서 다치든 말든 신경 쓰지 않는 것이다.

결혼이주자들의 겉과 속

〈러브 인 아시아〉란 방송 다 아시죠? 나도 자주 보는 프로그램이다. 국제결혼을 해서 잘 사는 부부가 나오고, 그분들의 고국에 가서 가족들 만나게 해주는 프로그램이다. 이제 우리나라의 농촌지역 신혼부부의 1/3은 거의 외국인 여성과 결혼한다. 과거 80년대까지만

해도 국제결혼을 하면 한국인 여성과 주한미군 남성과의 결혼을 떠올렸다. 당시 우리나라의 지위가 낮았기 때문에 대부분 한국여성과 외국인 남성이 결혼을 했는데 지금은 상황이 많이 달라졌다. 지금은 한국인 남성과 외국인 여성간의 결혼

이 더 많다. 그런데 그 결혼 뒤가 문제가 되는 경우가 많다. 여러분도 우리 농촌지역을 지나실 때 잘 보시면 길가에 여러 광고가 있다. 그 광고들 중 한 문구는 말로 하기에 참 어색한데, 이 문장은 실제 광고에서 그대로 가져온 것이다.

"베트남 숫처녀, 초-재혼 상관없음, 나이 상관없음, 장애인 가능, 후불제, 연가제공, 100% 환불, 도망가면 책임짐"

이렇게 광고를 해서 붙여놨다. 시골 마을 입구에 이와 비슷한 플랜카드가 붙어있기도 하다. 또 쪽지 스티커가 시외버스 화장실 앞에 붙어있다. 이 광고가 결혼 홍보 광고로 보이는가? 문구만 보게 되면 결혼이라기보다는 노예시장 광고 같은 느낌이 들 정도이다. 그래서 실제 온갖 일이 벌어진다. 물론 한국인 남성과 결혼해서 사랑하며 잘 사는 경우도 있지만, 이 홍보전단을 보고 몇몇 한국 남성들은 베트남 여성을 '사왔다'라고 생각하고, 그렇기 때문에 자신이 마음대로 할 수 있다고 생각하고, 때로는 때리고 살해까지 하는 일이 벌어진다. 이 사건이 특히 베트남에서 문제가 되었다. 여러분도 아시겠지만 삼국지에 맹획[1](孟獲)이라는 인물이 나온다. 제갈공명이 남만정벌 때 그를 7번이나 잡았다가 풀어줬는데 그는 끝까지 저항한다. 맹획의 안남국

---

1) 중국 삼국시대 남만의 지도자로 알려져 있다. 소설 〈삼국지연의〉에서 제갈양과의 에피소드로 유명하지만, 실존인물인지 여부는 확실하게 알려진 바가 없다.

이 지금의 베트남이다. 삼국시대에도 이 안남사람들은 중국사람들에게 끝까지 저항했다. 이들의 자존심이 하늘을 찌른다. 중국, 프랑스, 미국과 싸워서 이겼다고 생각하고 민족적 자긍심도 높은데, 이런 일이 벌어진 것이다. 그래서 우리식으로 이야기하면 베트남 여성부장관쯤 되는 사람이 한국에 정식으로 항의를 한다. 그래서 한국에서 급히 가서 사과한다. 요즘 국격이란 말을 많이 하는데 제대로 나라망신을 당한 셈이다.

또 어떤 사건들이 벌어졌냐 하면 후한마이라는 여성이 죽었다. 대전에서 일어난 사건인데, 결혼 이주해온 베트남 여성이 한국인 남편에게 맞아 죽은 사건이다. 그때 판결문이다. 여기서 피고인은 가해자인 남편이다.

"그러한 지탄을 피고인에 대해서만 집중할 수만 없을 거 같다. 그것은 우리 사회의 총체적 미숙함의 한 발로다. 우리는 21세기 경제대국 문명국의 허울 속에 갇혀 있는 우리 내면의 야만성을 가슴 아프게 고백해야 한다."

판결문에 이런 말 쓰기가 쉽지 않다. 그런데 김상준 부장판사가 기가 막혀 이런 내용을 판결문으로 남겼다. 그리고 하나 더 기막힌 것은 제가 국가인권위원을 3년 했지만, 이 과정에서 여러 가지 기록들을 보게 되었는데 이 여성이 죽자 베트남 여성들이 모여 울고 위로하고 했는데, 그때 그들은 대부분 수첩을 하나씩 가지고 있었다. 그 수첩은, 우리식으로 이야기하면, 한국-베트남 어휘 실용 회화 사전 같은 거였다. 그것을 딱 펼쳐서 보게 되었는데, 어떻게 되어 있냐면 한국어-발음기호-베트남어 순으로 사전처럼 적혀있었다. 그런데 주로 어떤 말들이 쓰여 있냐 하면, '때리지 마세요!', '만지지 마세요!', '월급 주세요!', '욕하지 마세요!' 이런 말들이 한글로 적혀 있고, 그 밑에는 영어 발음기호가 달려있었다. 그리고 베트남말로 번역도 되어 있었다. 이게 또 하나 우리 속에 있는 악마성, 야만성의 모습이라 할 수 있을 것이다.

〈러브 인 아시아〉의 모습이 있는가 하면, 다른 한편으로는 이런 일이 벌어지고 있는 것이다. '못사는 사람 우리나라 시집와 잘되었다.' '우리나라 와서 먹고 살고 돈까지 벌어 친정에 송금한다.' 이런 오만함이 있고, 차별의식을 가지고 있는 것이다. 우리 모두가 가지고 있는 것이다. 이것들을 우리가 되돌아 봐야 하는 것이 아닌가, 이런 문제는 사실 정치적으로 진보다 보수다 할 수 없다. 우리나라 사회에서 정치가 진보로 갈 것인가, 아니면 보수로 갈 것이냐 관계없이 오늘 주제는 우리 사회에 살고 있는 인간, 시민 대중이 가지고 있는 우리 내면의 그 무엇, 그것을 이야기하려고 하는 것이다. 지금까지는 외국인 이야기를 주로 했다.

또 하나의 한국인, 이 땅에서 혼혈인으로 살아가기 …

두 번째는 외국인의 피가 섞인 사람이다. 이들을 우리는 혼혈인이라고 부르기도 한다. 하인즈 워드란 사람을 다들 아실 것이다. 미식축구  프로팀인 피츠버그 스틸러즈의 러닝백인데 이분이 한국에 와서 환영을 받고 서울시 명예시민이 되었다. 그런데 펄벅 재단에서 제공한 사진이 있는데, 여기 오른쪽에 있는 분이 하인즈 워드의 어머니다. 원래 이분은 주로 미군을 상대로 하는 동두천 클럽에서 회계를 보고 있었다. 이분의 경우는 양공주라 불리는 직업여성의 국제결혼과는 달리 회계를 보다가 그곳에서 연애를 하게 되어 미국으로 들어가게 된다. 내가 여러분에게 하고 싶은 질문은, "만약 하인즈 워드가 미국이 아닌 한국에서 자랐다면 어땠을까?"라는 것이다. "주변 사람들이 뭐라고 했을까? 하인즈 워드의 어머니를 뭐라고 놀렸을까?" 아마 특정 단어가 생각날 것이다. 그리고 하인즈 워드에 대해서도 뭐라 놀려댔을 것이다. 이게 우리 모습이다.

외국인은 물론이고, 외국인의 피가 섞여도 그에 대해 편견을 갖는다는 것이다. 아래쪽은 어떤 작가의 〈또 하나의 한국인〉이라는 제목의 사진이다. 이 아이는 외견상 흑인으로 보인다. 하지만 100% 한국 사람이다. 영어도 못하고, 한국식 주민번호도 가지고 있다. 젊은 학생들은 기억할지 모르지만 가수 중에 윤수일 씨라고 있다. 그리고 인순

이라는 가수도 있다. 인순이 씨는 최근 〈나가수〉에 나왔기 때문에 다

알 것이다. 이들을 보고 사람들은 외국인 또는 혼혈인들도 가수도 되고 출세도 한다고 생각한다. 그런데 실제 통계조사를 보면, 한국에서 혼혈인들의 거의 90%는 직장이 없다. 어릴 때 차별받고 교육을 못 받아서 직장 자체를 갖지 못하는 경우가 90%인 것이다. 그런데 아주 극소수가 노력을 통해 TV에 나오게 된다. 그런데 몇몇 성공한 경우의 화려함만 보고 실제 그뒤에 있는 혼혈인들의 고통은 모르거나 외면하는 것이다. "아, 쟤 아빠가 누구 같아!" 이렇게 심한 이야기를 하면서 흑인에 대한 나쁜 용어를 쓰지 않는가? 이렇게 혼혈 국민들을 무시하고 차별하는 것이 우리 속에 있다. 생각을 바꾸어 재일교포를 생각해 보자. 재일교포가 일본에서 차별받으면 우리 사회는 난리가 난다.

화냥년이라는 말이 있다. 이 말은 환향녀(還鄕女), 즉 '고향으로 돌아온 여자'란 뜻인데, 이게 뭐냐면 병자호란(1636~1637)이 끝나고 청의 요구에 따라 많은 수의 우리 처녀들을 중국으로 보낸다. 그후 다양한 외교교섭을 통해 다시 그들을 데려 온다. 그런데 정작 고향에 돌아오니까 사람들은 이 여성들이 청의 시녀나 첩노릇을 했다고 해서 손가락질하기 시작했다. 사실 우리 국력이 약하고 정부가 못나서 그리된 것인데도, 돌아오니까 환향녀라 놀린 것이다. 심지어 양반가의 경

우에는 자살하라고 압박을 하기까지 했다. 그렇게 해서 환향녀가 화냥녀가 된 것이다. 이것이 우리 속에 있는 차별의식이다. 외국인에게 갔다왔다 하면 그 사람에 대한 엄청난 딱지가 붙는다. 아까 하인즈 워드의 어머니 김영희 씨에 대해서도 어떤 단어를 썼을지 짐작이 될 것이다.

우리가 보통 인종차별이라고 하면 유색인종이, 미국 드라마나 영화에서 백인으로부터 받는 차별만 생각한다. 그리고 우리는 황인종이니까 피해자다라고만 생각한다. 그런데 실제 사건을 보게 되면, 미국이나 유럽에서는 황인종이나 흑인종이 차별을 받을지 모르겠지만, 우리나라에서는 우리가 차별을 하는 가해자가 된다. 그래서 2007년에는 유엔 인종차별철폐위원회에서 한국에 외국인과 혼혈인을 차별하는 단일민족 이미지를 극복하라고 권고한다. 우리는 지금까지 '일본으로부터 차별받았다'라고 생각하며 스스로 피해자라고 생각할지 모르지만, 우리의 국력과 경제력이 높아졌는데 그 만큼의 인권의식과 수준이 높아지지 않았기 때문에 우리나라에 있는 외국인들에 대해서는 우리가 차별을 하고 있다. 물론 그 차별대상은 우리나라에서도 백인 같은 경우는 차별을 덜 받는다. 백인들은 화장품 광고에도 종종 나온다. 그런데 우리나라보다 못한 나라에서 온 유색인종 출신의 외국인에 대해서는 차별한다. 이것이 지금 우리의 문제이다. 누누이 말씀드렸지만 진보-보수의 문제를 떠나서 우리 모두의 문제인 것이다.

성소수자 문제

성소수자 문제도 아주 예민한 사회적 이슈이다. 특히 기독교에서는 더 예민한 문제일 것이다. 요즘 이 성소수자 문제는 드라마, 영화에서 언급할 정도로 사회적 이슈화되고 있다. 이들이 아직 소수이고, 보통 어느 사회든 95% 정도는 동성애자가 아니니까 가볍게 생각할 수도 있겠지만, 성소수자 문제에도 매우 복잡한 쟁점이 있다. 종교적 관점으로 보게 되면 성소수자 문제는 죄악으로 바라본다. 그런데 아까 인권 설명하면서 언급했던 '그럼에도 불구하고'라는 말을 생각해보면, 이 사람들도 우리와 같은 인간이다. 죽여서는 안 된다. 성소수자라고 함부로 죽일 수는 없는 것이다. 그러면 어떻게 할 것인가? 대부분의 한국사람, 대략 우리 국민 95% 정도가 이성애자이기 때문에 성소수자에 대한 편견을 가질 수밖에 없다. 그리고 이들의 구체적 현실과 상황에 대해 크게 배려하거나 신경 쓰지 않게 되어있다. 그런데 현실에서는 온갖 일이 벌어진다. 종교 신앙적 관점을 떠나서, 많은 사람들이 이 사람이 성소수자라는 것을 이용해서 그것을 공개하겠다고 해서 협박을 하고 돈을 갈취하고, 그것을 이유로 각종 성폭행을 행사하기도 한다. 그런데 그 문제가 가려진다. 이 사람들은 성소수자라는 이유만으로 그 자체가 온갖 편견이 있는데, 그것을 이용하는 범죄가 생겨나고 있는 것이다. 그렇다면 "너희는 성소수자니까 당해도 싸!" 이래야 하는가? 이것은 아니다! 예수께서는 당시 성매매 여성들과도 대화를 나누셨고, 또 종종 그들을 만나시기도 하셨다. 그래서 나는 예수께서도 지금 우리 사회에 계시다면 성소수자를 만나서 얘기를 했을 것이라고 추측한다. 물론 가정이긴 하지만, 예수께서는 그들을 만나 그들의 이야기를 들어보고, 위로해줄 것이라 보는데, 언제부터인가 우리 사회는, 기독교 신자는 물론이고, 대부분 성소수자에 대해 '이상한 놈, 니들은 변태니까 당해도 싸!'라고 잘라버린다. 나는 이런 상황을 우리가 돌이켜 보아야 하지 않을까 생각한다.

장애자의 인권

그 다음 장애문제를 한번 보겠다. 한 장애우 남성이 버스 밑에 들어가 있다. 지금 버스 밑에서 데모를 하는 것이다. 그런데 여기 보면 조그만 플랜카드가 있는데, 뭐라고 쓰여 있나 하면, "답답해 미치겠다!"이다. 많은 비장애인들은 어떻게 생각하느냐 하면, 장애인들은 선천적으로 장애가 된 거라 생각한다. 그런데 통계를 보면 우리나라 장애인의 90%는 후천적이다. OECD 통계를 따르면, 대한민국은 산업재해에서 세계 1등이다. 많은 사람들이 건강하게 태어났다가 후천적으로 다쳐 장애를 갖게 된다. 저의 친척 중에도 멀쩡히 생활하다가 회사에서 다쳐 장애등급을 받은 사람이 둘이나 된다. 그런데 우리 사회 다수의 비장애인은 장애는 영원히 발생 안하고, 남의 일이고, 자기와 자기 가족에게는 생기지 않을 것이라 생각한다. 그런데 장애는 생겨난다.

여러분 보통 비장애인들은 장애인이 전동휠체어를 타고 버스나 대중교통 앞에서 왔다갔다 하게 되면 '저 사람들이 왜 이렇게 위험하게 밖에 나와서 저러지'라고 생각을 한다. '몸도 불편한데 집에 있지.' '요즘 케이블 TV 채널이 수백 개인데 그거나 보면서 쉬는 게 좋지 않을까? 왜 복잡한데 나와서 그러지?'라고 생각한다. 그런데 장애인들은 '답답해 미치겠다'고 한다. 그분들도 몸만 불편할 뿐이지 머릿속, 마음은 우리와 똑같다. 나오고 싶다. 그런데 나오면 위험하다. 나가도 태워주지 않고, 차는 그냥 통과한다. 언어장애가 있는 사람이 말을 어눌하게 하면 저능아라고 생각한다. 아니다! 말을 정상인처럼 못할 뿐이지 머릿속은 우리와 똑같다. 그런데 우리는 그 사람들에 대해서 강한 편견을 가지고 있다. 그래서 그 사람을 도와주지도 않고, 그들을 위한 시설을 만들지도 않는다. 예를 하나 들어보겠다.

최영이라는 청년은 우리 학교 학생이다. 이번에 판사가 되었다. 이 학생이 원래 눈이 나빴던 것이 아니라 나이가 들어서, 대학에 입학해서 시력을 잃어간다. 그리고 결국 실명했다. 그래서 난감한 상황이 된 것이다. 시력을 잃은 상태에서 사법고시 공부를 하면 매우 복잡해진다. 왜냐하면 모든 교과서를 점자로 바꿔야 한다. 대학을 졸업하기 위해서도, 사법고시를 보기 위해서도 아주 많은 노력이 필요했다. 이 학생을 학교에 입학을 시킬 때, 우리 학교에는 장애인을 위한 시설이 거의 준비가 안 되어 있었다. 물론 장애인을 위한 엘리베이터 정도는 있었지만, 시각장애인을 위한 시설은 없었다. 그런데 시각장애인이 응시를 하였고, 게다가 이 학생의 성적이 매우 뛰어났다. 그래서 학교가 매우 난감한 상태에 빠졌다. 이 학생이 오게 되면 이 학생이 듣는 모든 수업을 점자로 바꿔줘야 한다. 여러 가지 논의를 하다가 결국 입학을 시키기로 했다. 지금은 판사가 되었지만, 그때 학교가 이 학생에게 입학을 허락하지 않았다면 이 학생은 어떤 길을 걸었을까? 눈만 안보일 뿐이지 충분히 학업을 성취할 수 있는 능력이 있었는데도 말이다. 이 학생은 장애가 되고서 한 가지를 배웠다고 한다. 비장애인이 장애인을 위해 주는 것이 참 고마운 일이긴 하지만, 아무리 위해 줘도 참 좋은 비장애인들도 장애인의 마음을 그대로 읽지 못한다는 사실을 깨달았다고 한다. 지금 장애인을 위한 인권을 이야기하지만 내가 얼마나 알겠는가? 그래서 이제 판사가 된 최영 씨는 향후 우리 사회의 시각장애인을 포함한 여러 장애인들을 위한 법률문제를 잘 처리해 줄 것이다. 그들의 심정, 고통, 처지를 나보다 100배나 더 잘 알지 않겠는가? 이렇게 도와줄 때 나는 실제 비장애인의 마음을 가져야 한다고 생각한다. 왜냐하면 비장애인이 장애인을 위하는 것은 마음만으로 안된다. 세상일은 마음만으로 되는 것이 아니라 돈이 든다. 왜냐하면 각종시설을 마련해야 하기 때문이다. 그 시설을 부담하겠다는 자세가 필요하다. 우리의 세금을 장애인을 위해서도 쓸 수 있어야 한다. 그럴 때만 장애인이 제대로 크고, 다른 한편 비장애인들도 언젠가 사고로 장애인이 될 수도 있기 때문에, 이는 비장애인을 위한 투자이기도 하다.

장애인 이야기를 하게 되면 많은 사람들이 성공한 장애인에만 초점을 맞춘다. 〈포레스트 검프〉(Forrest Gump, 1994)라는 영화에는 좀 모

© 1994 Paramount Pictures

자란 주인공이 등장한다. 그런데 그는 열심히 달리기를 했고, 그 결과 잘되었다고 하는 내용을 영화는 전하고 있다.

우리 사회 장애인 이야기를 할 때 그것을 극복하고 성공한 몇몇 장애인, 앞서 언급한 최영 판사 같은 경우만 이야기하기 쉽다. 이 경우 어떤 문제가 있냐면 성공하지 못한 장애인들은 개인의 노력이 부족하기 때문에 성공하지 못한 것 아니냐는 편견을 가질 수 있다. 장애인이건 비장애인이건 성공한 사람은 적다. 비장애인보다 장애인은 훨씬 성공하기 쉽지 않다. 성공한 장애인만 박수치고, 찬양하고, 부각시키다 보면 애초에 그렇게 될 수 없는 사람들은 우리의 시야에서 밀려나게 된다. 이것이 우리가 조심해야 할 부분이다. 최영 학생의 경우 지적, 육체적 능력이 되기 때문에 나름대로 성취를 이뤄냈다. 그런데 많은 수의 장애인은 그렇지 않다. 아직 개봉은 안 되었지

만, 〈달팽이의 별〉(Planet of Snail, 2012)이라는 다큐멘터리가 만들어지

고 있다. 시청각 장애인, 보이지도 않고 들리지도 않는 장애인이 어떻게 사는가에 대한 다큐영화인데 꼭 보시길 권한다. 이분의 아내는 척추장애가 있는데 영화는 이들의 일상을 담아내고 있다. 말도 안되고 귀도 안 들리니까 손으로 서로 교신을 한다. 그런데 이 시청각장애를 가지고 있는 남성이 히브리어를 공부한다. 히브리어를 공부하면서 성경을 공부하는 모습인데, 그 영화를 보시면 '우리가 어떻게 장애인을 보고 있는가?', '그 사람이 실제 어떤 고통을 느끼는가?'를 보다 분명히 알 수 있을 것이다. 꼭 한번 〈달팽이의 별〉이라는 영화를 보면 참 좋겠다고 생각한다.

대체복무에 대하여

이것도 참 복잡한 문제이다. 기독교계뿐만 아니라 현 우리나라가 남북 대치 상황에 있기에 더욱 예민한 문제이다. 〈여호와의 증인〉이라는 종파가 있다. 기독교에서는 이단으로 판정하고 있다. 이들은 수혈도 거부하고 국가기관에 복무하는 것도 거부하는 특이한 교리를 가졌다. 우리 사회에 이 사람들이 병역법 위반으로 1년에 한 300명

씩 계속 감옥을 간다. 하지만 그 숫자가 그리 크지 않고, 이 종파가 이단으로 알려져 있고 또한 소수교파이기 때문에 대부분이 관심에서 밀려나 있다. 그런데 UN인권이사회에서, 미국의 국무장관이 이 문제를 해결하라는 권유를 한다. 이와 관련해서 서울대 법대에서 세미나를 열었더니 첫 번째 들어온 질문이 "군대갔냐?", "당신 여호와의 증인이지?"라는 말이었다. 미국은 물론이고 대부분의 유럽 국가들은 종교적 이유의 병역거부 제도를 인정한다. 독일은 헌법이 인정한다. 종교이유로 병역 거부하는 문제를 해결하는 방식이 OECD 나라에서는 대부분 군복무 대신 그보다 더 긴 어떤 일을 하게 해준다. 예를 들어서 한센 병이나 결핵환자들을 돌보는 일이나 정신병원 등에서 36개월간 근무시키면 어떻겠느냐? 군대 대신 이 일을 할 것인가를 선택하도록 만드는 제도를 대부분의 OECD 가입국들은 운용하고 있다. 그런데 우리는 대부분 관심이 없다.

양극화 문제

그 다음에 사회 평등권 문제를 이야기하겠다. 지금까지는 소수자의 문제였는데, 또 소수자 중 하나가 어려운 사람이다. 지금 보시는 통계는 국세청에서 만든 것이다. 이 통계는 우리 사회의 20%의 소수가 80%의 부를 가지고 있음을 알려주고 있다. 그런데 이 통계 역시 정확한 것은 아니다. 왜냐하면 이 결과는 소득자, 즉 소득이 있는 사

람을 가지고 만든 것이기 때문이다. 소득이 전혀 없는 사람까지 이 통

계에 포함하게 되면 그 수치는 대략 10 대 90이라고 한다. 이것이 전하는 바는 우리 사회의 부익부 빈익빈 양극화가 매우 팽배되어 있다는 것이다.

한 사례를 들어보겠다. 18살, 두 어린 이가 있다. 하나는 양지마을에 사는 은 경이고, 한 명은 대치동에 사는 수미라 는 아이다. 은경이는 도합 8만원으로 한 달을 살아간다. 반면 대치동 수미는 매달 200만원을 쓴다. 은경이 의 생활비 8만원은 수미가 지불하는 매달 휴대전화비용 11만원 보다

적다. 이처럼 소득의 불균형은 어른들뿐만 아니라 아이들에게도 영향을 미치고 있다. 이런 상태에서 은경이와 수미의 공정 경쟁은 기대하기가 어

렵다. 학교 가는 문제이건 이후의 문제이건 당연히 수미가 100미터 달리기에서 50미터 쯤 앞에 와 있는 상태이다. 이런 사회적 불균형, 소득의 양극화 문제를 우리가 외면할 수 없다. 특히 양지마을 은경이 의 경우, 이 친구도 능력이 있고 또 특별한 재능이 있을 수도 있을 것 인데, 경제적 조건과 환경 때문에 이것을 제대로 발휘하지 못하는 상

황에 처할 수도 있다. 나는 대치동 수미의 부모님을 비난할 생각은 없다. 자기 자녀에게 투자하고 싶은 것은 인간의 본성이다. 문제는 국가와 사회가 어느 쪽을 더 챙겨야 할 것이냐의 문제인데, 당연히 저는 양지마을 은경이를 도와주는 쪽으로 가야한다고 생각한다.

그런데 그렇지 않은 일들이 발생한다는 것이다. 예를 들면 여러분 중에서도 알바하는 사람들이 있을 것이다. 알바비가 지금 시간 당 4,320원이다. 여기 햄버거 그림이 있다. 이 그림은 세계의 최저임금을 햄버거 가격, 특히 맥도날드 빅맥 세트 가격으로 비교하여 등위를 매긴 것인데, 한국이 꼴찌다. 현재 빅맥 세트는 5,000원이다. 그런데 4,320원 하는 우리나라 최저임금으로는 빅맥 세트를 사먹을 수 없

다. 물론 빅맥 세트가 좋은 음식은 아니다. 그렇지만 한 시간 일해서 그만큼의 햄버거, 감자튀김은 먹을 수 있어야 하는 게 OECD 가입국의 임금수준인데 우리나라는 그보다 더 아래에 있다는 것이다. 그러니까 대학생이든 고등학생이든 알바를 하면서 번 돈으로 먹고 살아가기가 쉽지 않다는 것이다. 게다가 알바 중에는 청소년들도 적지 않다. 주말 야간에 〈동대문 밀리오레〉에 가보면 알바를 하고 있는 많은 수의 고등학생들을 보게 된다. 이 학생들의 집은 대부분 어렵다. 알바를 통해 생계를 꾸려가는 것이다. 통계를 보면 이들 대다수가 하루 5시간을 일한다. 청소년이 평일

5시간씩 일하게 되면 공부할 시간이 없다. 이런 일이 반복되면 더욱 공부하기가 쉽지 않다.

우리 학교가 있는 신림동에는 〈순대골목〉이라는 큰 시장이 있다. 그곳에서는 주로 순대 볶음과 소주를 판다. 그곳에 있는 가게들에서 서빙하는 알바들 중 다수가 고등학생이다. 그런데 월급을 제때 주지 않아 〈순대골목〉에서 일하는 청소년들이 울고불고해서 〈노동위원회〉, 〈인권위원회〉 등에서 와서 시급을 주라고 조치를 한 적이 있다. 문제는 이런 일들이 잘 없어지지 않는다는 것이다.

비정규직 문제

또 비정규직 문제가 있다. 우리 사회에 지금 800만에서 1,000만 정도의 비정규직이 있다고 한다. 정규직은 점점 적게 뽑고 비정규직은 많이 뽑는다. 그리고 이 자리에도 20대 청년들이 많이 있을 터인데, 여러분들 졸업한 뒤에도 정규직으로 들어갈 확률이 갈수록 줄어든다. 그런데 우리나라만 비정규직이 있는 것은 아니다. 다른 OECD 가입국에도 비정규직은 있다. 그런데 다른 OECD 국가들의 비정규직은 우리처럼 사회적으로 큰 문제가 되지 않는다. 그 이유는 그들 나라는 '동일노동, 동일인금'이라는 노동법 원칙을 지키고 있기 때문이다. 좀 어려운 말인데, 예를 들어 울산에는 현대자동차가 있다. 우리나라 최고의 기업 중 하나인데, 그 공장에는 생산용 컨베이어 벨트가 쉼 없이 돌아간다. 그 라인에서 소나타나 그랜저 같은 자동차를 조립하게 된다. 그때 라인의 양쪽에서 노동자들이 줄을 서서 똑같은 장소

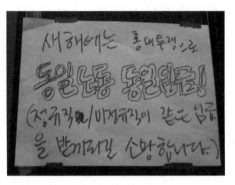

에서 동일한 속도로 차를 조립한다. 그래야 맨 마지막에 완성차가 나온다. 그런데 잘 보시면 컨베이어 벨트가 지나가는데 양쪽에 서있는 노동자들이 입고 있는 조끼의 색깔이 다

르다. 색깔에 따라 정규직과 비정규직을 구분하기 때문이다. 같은 장소에서 똑같은 노동을 동일한 속도로 하는데 임금은 비정규직이 정규직의 반 토막이다. 이런 것을 '외주'라고 한다. 정규직으로 일하게 되면 효도수당, 명절수당, 회사에서 제공하는 낮은 가격의 아파트 제공 등등의 여러 서비스를 받을 수 있다. 월급 외에도 회사 소유의 휴게시설을 공짜로 이용하는 등의 혜택을 정규직은 받는다. 하지만 비정규직에게는 해당 사항이 없다. 그런데 다른 나라는 일을 같이하게 되면 임금은 동일하게 준다. 그런데 우리의 경우는 그렇지 않다. 그래서 비정규직이 되는 순간 우리 사회에서는 살기가 힘들어진다. 나는 가능한 한 빨리 이 법을 고쳐야 한다고 생각한다.

통계가 말하는 대한민국의 현실

이런 이야기들은 대부분 공적 통계를 통해 사실을 확인할 수 있다. 인터넷에 접속해서 OECD라고 검색하면 홈페이지를 찾을 수 있다. 그곳에 가시면 다양한 통계자료를 찾아볼 수 있다. OECD는 1년에 한 번씩 각 나라의 정부가 제출한 자료를 가지고 순위를 만들어 홈페이지를 통해 공시를 한다. 이 통계를 살펴보면 우리나라의 노동시간이 OECD 가입국가들 중 최고 수준이다. 2등이 헝가린데 그보다 303시간 더 많이 일한다. 일을 왜 많이 해야 하느냐? 임금이 낮기 때문이다. 그래서 오래 일을 하고, 노동문제를 보게 되면 어른들은 노동을 많이 하고 학생들은 공부를 많이 한다. 0교시에 야간 자율학습, 보충수업 등등. 어른이나 아이나 가장 많이 일하고 가장 많이 공부하도록 짜인 사회가 대한민국이다. 두 번째 자살률이 또 1위이다. 이 통계에는 여성 자살률 1위라고 되어있는데, 2010년에 슬프게도 남녀 모두 1위를 차지했다. 따라서 지금은 남녀 모두 1위다.

그런데 이에 비해 복지관련 통계는 빈곤층 비율 꼴찌이고, 그 다음으로 저소득층 장애인 실업자를 위하여 정부가 지원하는 사회적 공공지출 비용 꼴지, 정부의 현금지원과 세금혜택으로 인한 불평등도 꼴지, 보건 관련 정부의 지출규모는 꼴찌에서 2등이다. 매우 많은 일을 하고, 노동시간도 최고로 길고, 산업재해율도 1위, 비정규직 1위다. 또한 우리나라 최저임금이 OECD 국가들 중 최저다. 그리고 복지수준은 꼴찌다. 아주 팍팍한 세상에 살고 있는 것이다.

우리나라의 60~70년대는 절대 빈곤사회였다. 정말 먹고살기 힘들었다. 그러다가 경제적으로 고도성장을 하였고, 그 결과 지금 여기까지 오게 되었다. 내가 청소년, 대학생 때 먹었던 단백질 양을 생각해보면, 내 아이는 그때의 나보다 10배는 많이 먹는다. 나는 고등학교 때까지 고기를 먹는다고 하면 잘 먹어야 불고기 정도였다. 그것도 1년 중 아주 특별한 날에만. 피자라는 것은 대학교 들어갈 때까지 본적이 없었다. 그런데 요즘 피자처럼 흔한 음식이 어디 있는가? 입는 옷도 보면 옛날에 비해 좋은 것을 입는다. 내가 80년 초에 대학에 들어갔는데 각 신문마다 어떤 사건들이 있냐 하면, 여러분은 기억도 못 하시겠지만 당시 나와 연배가 비슷한 분들은 기억할 것이다. 〈죠다쉬(Jordache) 청바지〉라는 것이 있었다. 당시 죠다쉬 청바지를 입고 나이키 운동화를 신는 것이 최고 멋쟁이였다. 그런데 이런 복장을 하면, 즉 죠다쉬 청바지와 나이키를 신으면 깡패들이 와서 막 뺏어갔다. 그게 신문에 보도가 되었다. 그런 시대가 있었다. 지금은 나이키도 흔하고, 죠다쉬 청바지는 있는지도 모른다. 대신 리바이스를 입든지 캘빈클라인을 입는다. 당시에는 자가용도 거의 없었다. 그에 비해 지금은 물질적 풍요가 매우 높아졌다. 그런데 아까 소수자 이야기를 했는데 우리의 마음, 심성, 영성 같은 경우는 물질적 성장 수준을 따라잡지 못해서 다른 사람을 사람으로 안 본다. 또한 동시에 우리나라 사람들 내에서도 물질적 부는 전체적으로 커졌지만, 여전히 어려운 사람들이 많다. 그런데 그런 사람들에게 신경을 안 쓰는 경우가 많다. 이게 지금 우리의 상태이다.

결국 인권은 소통에서부터

　마무리를 할 때가 되었다. 요즘 인권이라는 말을 많이 한다. 인권은 정말 인기 있는 단어이다. 인권은 나만을 위한 게 아니라 남을 위한 것이다. 특히 남 중에서도 어떤 남이냐 하면, 처음에 말했듯이 '소수자', '약자', '빈자'들이다. 왜냐하면 특정사회에서 다수자, 강자, 부자 같은 경우는 굳이 인권을 논하지 않아도 큰 부담 없이 잘살 수 있기 때문이다. 따라서 인권은 약한 사람, 소수자의 문제를 갖고 고민하는 것이다. 그렇다면 이 일을 위해 우리는 무엇을 할 수 있는가? 첫째는 들어줘야 한다. 내가 인권위원 활동을 하다 보니까 많은 소수자, 약자, 빈자들을 만나게 된다. 사실 어느 사회나 부익부 빈익빈은 있다. 옛날도 그렇고 지금도 그렇고 동서고금을 막론하고 양극화는 인간 사회에는 언제나 있어 왔다. 그런데 약자와 빈자의 문제에서 가장 힘들고 고통스러운 것은 그들의 이야기를 우리가 잘 듣지 않는다는 것이다. 내가 그분들을 만나 이야기를 나눠도 봤지만, 이구동성으로 하는 말들 중 하나가 "내 말 좀 들어달라!"는 것이다. 아무도 자신들의 사정과 처지를 안 들어준다는 것이다. 여러 소수자 문제가 있는데 들어보지 않고, "너는 이런 사람이지!"라고 낙인찍고, 다수자가 "쟤는 변태야! 이상한 애야!"라고 딱지를 붙여버린다는 것이다. 소통을 끊어버리는 것이다. 우리 사회에 필요한 것은 '세상 사람들이 야유하고, 비난하고, 멸시하고, 무시하는 그런 사람도 사람이다'라고 생각하고, 그 사람과 소통하고 듣고 대화할 때 우리 사회의 인권수준이 높아질 것이라 생각한다. 그리고 이 소통은 결국 소수자나 다수자의 심성과 영성도 고양시킬 것이라 믿는다.

'다수자의 전제'라는 조금 법률적 형법적 용어가 있다. 우리 사회는 민주주의 사회이다. 민주주의의 핵심 중 하나는 다수결 원칙이다. 민주주의는 다수에 따라서 다수가 정한대로 간다. 즉, 51%를 확보하면 전체를 확보한다. 문제는 이렇게 '다수결이다!'라는 것으로만 딱 끊어지게 되면 매우 위험한 일이 생길 수 있다는 것이다. 이점은 모든 정치학자들이 지적하는 바이기도 하지만, 민주주의는 다수결만이 아니다. 민주주의는 다수결 더하기 '소수자에 대한 존중'이다. 정치적으로도 마찬가지다. 정치적으로 어떤 당파가 51%를 잡았다. 그래서 다수파가 되어서 뭐든지 다 할 수 있다. 그렇다면 완전히 49%를 무시하고 날치기 통과하면서 "다음 선거에서 이겨", "다음 선거 때까지 너희는 0이야!"라고 하면 분란이 커지기 마련이다. 국회에서는 격투가 벌어진다. 마찬가지로 정치영역은 물론이고 그 외 영역에서도 우리 사회 소수자가 많이 있는데 그 소수자의 말을 듣고 대화하고 그 사람들의 얘기와 꿈 그리고 고통을 들어주는 것이 필요하다.

소수자와 관련해 하나의 예만 더 들고 강연을 마무리 하겠다. 내 전공이 법이고 그 중에 헌법과 형법을 가르치는데 형법하면 범죄를 다룬다. 범죄 그러면 우리 생각에 흉악범, 연쇄살인범을 생각하기 쉽다. 그런데 이게 얼마나 위험한가를 생각해 봐야 한다. 실제 나쁜 범죄인이 있다. 사람 죽이고 폭행하고 강도하는 경우가 있는데 그런 경우가 아닌 경우도 있다. 특히 민주화되고 난 뒤에 세상에 오판이 어디 있겠느냐, 우리나라 천지에 경찰이나 검찰이 무죄인 사람 억지로 데려가서 유죄로 만들어서 조작하는 일이 있겠느냐고 생각하기 쉽다. 하지만 지금 예를 하나 들어보면, 우리의 편견이 어떻게 작동할 수 있는가를 잘 알게 될 것이다.

이는 내가 수업시간에도 자주 다루는 예인데, 서울대학교가 위치하고 있는 신림동에 〈청수장〉이라는 여관이 있다. 이 사례는 〈청수장 여관 살인사건〉이라는 매우 유명한 사건인데 어떤 일이 벌어졌냐면, 이게 박정희, 전두환 이런 군부시대에 일어난 일이 아니라 90년대에 일어난 사건이다. 청수장 여관주인이 청소를 하고 방에 갔더니 19세 여성이 죽어있었다. 당장 내려와서 숙박계를 확인했다. 그랬더니 그 방에는 두 명이 들어갔고, 숙박계에는 죽은 여성 이름 외에 한 남성의 이름과 주민번호 그리고 연락처가 있었다. 그래서 당장 경찰에 신고했다. 경찰 앞에서 여관 주인은 이렇게 증언한다. '두 사람이 들어가는 것을 봤다. 그런데 내가 일층에 앉아 있었는데 남성이 나갔다. 둘이 들어가서 한명이 나왔다. 그리고 그뒤에 아무도 들어간 적이 없다.' 그럼 범인은 누구인가? 당연 그 남성이다. 왜냐하면 그 방에는 그 두 사람 외에는 아무도 들어간 적이 없으니까. 그래서 그 남성을 잡아보니까 현직 경찰관이었다. 그것도 신림파출소 경찰관이었다. 이 사람은 증언하기를, '그 여자와 같이 들어갔고 또 나 혼자 나온 건 맞다, 그런데 그 여자는 자신의 여자 친구였고, 자기가 나올 때는 분명 살아있었다. 다음에 만나자 그러고 난 나왔다. 무슨 얘기냐?' 하지만 아무도 안 믿는다. 심지어 동료 경찰관마저도 안 믿는다. 언론에서는 경찰관이 사람을 죽였다고 해서 완전히 사람을 매도한다. 동네 사람들은 그 경찰관을 보고 살인자다, 그 어미다, 자식이다, 그러면서 손가락질을 해대기 시작한다. 모든 사람이 그를 보고 나쁜 놈이라고 한다. 그런데 자신은 안 죽였다고 한다. 그러다가 진행과정에서 이 사람이 내가 죽였다고 이야기한다. 경찰에서 자백하고, 검찰에서도 자백한다. 법정에 가서 판사 앞에서도 자신이 죽였다고 한다. 모든 게 다 끝났다. 그랬는데 우연히 불심검문을 통해서 한 남성을 검거하게 되었는데, 그에게서 10만 원짜리 수표가 나온다. 그것을 왜 가지고 있는가 알아보기 위해 역추적 했더니 살해당한 여성의 것이었다. 수사 초기에 이 경찰관이 뭐라고 했냐면 '나는 안 죽였다!'라고 하면서 제발 하나만 확인해 달라고 한다. "여자친구가 10만 원 짜리 수표를 가지고 있었는데 피해자의 물건을 보니까 그것이 없다. 그것만 좀 확인해 달라!" 하지만 모두가 안 믿는다. "너 거짓말하지마라. 너 사기치지마라. 그리고 왜 네가 자백했느냐!" 그런데 나중에 보니까, 즉, 범인이 발견되고 DNA조사를 해보니까 여관에 여자 친구의 수표를 가지고 있던 젊은 남성의 지문과 DNA가 다 검출되었다. 이렇게 범인이 밝혀졌고 이 경찰관은 풀려났다. 그런데 왜 죽이지 않았는데도 죽였다고 자백했을까? 끝까지 부인하다간 사형 당할까 봐, 범죄가 분명한데 끝까지 부인하면 형을 높게 받는다. 내가 했다고 반성해야 사형을 안 당한다. 사람을 죽여 놓고 끝까지 안 죽였다고 하면 반성을 안 하는 것이 된다. 그래서 계속 부인하다가는 형이 높아지니까 자백까지 하게 된 것이다. 이게 뭐냐 하면, 우리가, 다수자가 살인범, 살인 피의자 그러면 편견이 생긴다.

이런 일이 실제 벌어진다. 우리가 법률가만이 아니라 보통 사람들이 살인전과자, 살인피의자하면 얼마나 우리 사회에서 나쁜 놈이 되는가? 그런데 이런 경우가 벌어진다는 것을 명심하시고 어떤 사람에 대해서건, 가장 소수자에 대해서도 그 사람은 사람이고 저 사람에게 대한 대우가 잘못될 수 있고, 저 사람 말이 맞을 수도 있고 내가 틀렸을 수도 있다는 생각을 하고 그 사람 말을 듣고 이야기하는 것, 나는 거기에 우리가 각자 인간으로써 서로를 존중하며 살아가는 가장 기본적인 것이 있다고 생각한다.

제4기 (2012. 3. 16)

세종대왕과 한국 민주주의

정윤재

지금까지 세종대왕에 관한 연구는 관심 있는 여러 학자들에 의해 시도되었다. 그러나 그것은 주로 세종대왕이 인자하며 호학했던 군주임을 강조하거나 그의 사상과 철학 그리고 문화정책을 드러내어 검토하고 평가하는 것이었다. 그리고 지금까지 우리는 대체로 세종대왕이 우리 역사상 "가장 위대한 위인"으로 존경받는 까닭은 그가 "어느 누구보다도 상상할 수 없는 남다른 성현의 덕성과 인격을 아울러 갖춘 어른이었기 때문"이라는 평가를 당연시하고 지내왔다. 한마디로, 그동안 우리 학계에서는 세종대왕을 능력있는 정치지도자로서보다 인간성과 학문이 탁월했던 인격자로 평가하는 경향이 지배적이었다.

그러나 세종시대가 "우리나라 전 역사에서 가장 영광된 시대"라는 평가는 자연스럽게 우리로 하여금 그렇게 영광스러운 세종시대가 세종대왕과 당대 사대부들의 성공적인 국가경영의 산물임을 상기시켜 준다. 그리고 누구라도 '조선시대의 문화가 뛰어나다'고 평가한다면, 그러한 문화는 아무런 현실적 구비조건이 없는 진공상태에서 저절로 만들어진 것이 아니라 아주 구체적이고도 능숙한 국가경영과정의 산물이라고 인정하는 것이 상식이다. 따라서 "민족문화의 르네상스기"라고도 일컬어지는 세종시대에 대한 적정한 이해와 평가는 당대를 이끌었던 세종대왕과 사대부들의 이념적 지향과 함께 그들이 국가를 경영하는 과정에서 당시의 국가현실과 각종 현안들에 대해 어떠한 문제의식을 지니고 있었으며 또 그것을 해결하기 위해 어떻게 노력했는지에 대한 적절하고도 충분한 지식을 필요로 하는 작업이다. 이러한 점에서 최근에 이루어진 세종대왕의 정치리더십에 대한 몇몇 연구들이 기여한 바는 적지 않은 것으로 평가할 수 있을 것이다.

이러한 생각을 앞세우고, 본고에서 필자는 분석목적상, 세종대왕의 치세를 "보살핌의 정치"(politics as caring)로 규정한다. 왜냐하면 세종시대에 있어서 정치적 주권자는 군주 1인이었고, 백성들은 군주로부터 일방적인 수혜를 받는 수동적인 위치에 있었을 뿐 아니라 세종 자신이 유교적 위민 혹은 애민사상에 충실했던 군주로서 백성들의 삶을 자신의 권력과 통찰력으로 챙기고 보듬는 일에 최선을 다했던 정치지도자로 평가되고 있기 때문이다. 그리고 세종이 재위 32년에 홍

(薨)했을 때 사관이 "백성들이 생업에 종사하기를 즐겨한 지 무릇 30 여 년(民樂生生者 凡三十餘年)"(세종32/02/17)이라고 기록한 것과 후일 율곡 이이(1536-1584)가 "세종께서 국가를 안정시켜 후손에게 잘살 수 있는 길을 터놓았으며, 우리나라 만년의 기틀을 다져놓았다"라고 평가한 것은 세종대왕이 유교적 이념에 충실한 "보살핌의 정치"를 통하여 사실상 평가할 만한 구체적인 업적을 내었음을 시사하는 것이다.

그래서 필자는 이러한 세종대왕의 "보살핌의 정치"의 사상적 기저를 이루는 것으로 보이는 그의 "천민"(天民)과 "대천이물"(代天理物)의 정치사상을 먼저 검토한 다음, 그의 "보살핌"의 정치가 구체적으로 어떠한 내용의 정책적 조치들로 전개되었는지를 살필 것이다. 마지막으로 이같은 세종대왕의 "보살핌"의 정치를 요약하고 그 현대적 함의를 간단하게 짚어보고자 한다.

"천민"(天民)과 "대천이물"(代天理物)의 정치사상

누구나 다 알고 있듯이, 세종대왕은 어려서부터 책읽기를 무척 좋아했다. 그래서 그는 『시경』, 『맹자』, 『사기』 등 동양의 역사와 사상 그리고 문학에 걸친 웬만한 고전들을 거의 다 섭렵했다. 그리고 태조대에서 세종대까지 왕세자 교육의 현장인 서연(書筵)에서 활용된 교재들이 4서5경을 포함하여 『효경』, 『소학』, 『자치통감강목』, 『대학연의』, 『사륜요집』 등이었던 것으로 보아, 세종대왕은 대군을 거쳐 임금으로 즉위하기까지 최고지도자로서의 내면적 준비를 충실하게 마친 상태였던 것으로 볼 수 있다. 즉, 세종대왕은 일찍부터 유교적 민본(民本)에 충실한 성군(聖君)을 지향하는 내성외왕(內聖外王)의 구도 아래, 국왕과 왕세자에 대한 철저한 학문적 수련을 강조하는 성리학의 전통에 따른 리더십 훈련을 정상적으로 받았던 것이다.

그뿐 아니라 조선왕조의 창업자인 태조는 이미 그의 〈즉위교서〉에서 "하늘이 많은 백성을 낳아서 군장(君長)을 세워, 이를 길러 서로 살게 하고, 이를 다스려 서로 편안하게 한다.. 그러므로 군도(君道)가 득실(得失)이 있게 되어, 인심(人心)이 복종과 배반함이 있게 되고, 천명(天命)의 떠나가고 머물러 있음이 매였으니, 이것은 이치(理致)의 떳떳함이다"라고 천명하였는 바, 이는 조선 초기의 왕족이나 귀족과 같은 정치주도층들이 "백성이 나라의 근본임"(民惟邦本)은 물론 그들의 존재의 근원이 하늘(天)이고 그들의 정치적인 삶은 하늘의 이치(天道)와 긴밀하게 연계되어 있다는 관념을 소지하고 있었음을 그대로 보여주는 사례들이다.

그래서 세종대왕은 이같은 선조들의 국가경영 방침을 그대로 따르면서 하늘로써 비롯된 백성들을 어질게 보살피고 다스릴 것을 천명하였다. 즉, 세종대왕은 왕위에 오르면서 "태조께서 나라를 세우는 큰일을 하시고 부왕 전하께서는 큰 사업을 이어받으시어 삼가고 조심하여 하늘을 공경하고 백성을 사랑하며, 충성이 천자(天子)에 이르고 효하고 공경함이 신명(神明)에 통하여 나라의 안팎을 다스려 평안하고 나라의 창고가 넉넉하고 가득하며 … 일체의 제도는 모두 태조와 우리 부왕께서 이루어 놓으신 법도를 따라 할 것이며, 아무런 변경이 없을 것이다 … 아아, 위(位)를 바로 잡고 그 처음을 삼가서. 종사의 소중함을 받들어 어짊을 베풀어 정치를 행하여야(施仁發政) 바야흐로 땀흘려 이루어 주신 은택을 밀어 나아가게 되리라"(세종 00/08/11)는 내용의 〈즉위교서〉를 발표했다.

그리고 세종대왕은 스스로도 그가 다스리는 백성은 빈부귀천없이 누구나 다 하늘로써 비롯된 "천민"(天民)으로 간주하였다. 예컨대 세종대왕은, 노비가 잘못했다 하여 그 노비를 주인이 사사로이 벌주다가 죽게 했을 경우, 흔히 그 주인을 치켜세우고 노비를 정죄하는 것을 당연시했던 당시의 처사를 비판하여, "노비는 비록 천민(賤民)이나 하늘이 낸 백성이 아님이 없으니(莫非天民), 신하된 자로서 하늘이 낸 백성을 부리는 것만도 만족하다고 할 것인데, 그 어찌 제멋대로 형벌을 행하여 무고한 사람을 함부로 죽일 수 있단 말인가"(세종 26/07/24)라고 말하면서 하늘이 낸 백성인 노비를 함부로 죽인 정승을 추궁했다.

그리고 세종대왕은 "임금의 자리는 하늘을 대신하여 만물을 다스리는 존재(人君之職 代天理物)"(세종06/06/16;세종09/08/29)로 생각하고, 스스로를 지상에서 하늘을 대신하여 만물을 다스리는 존재로서 그 소임을 맡은 당사자로 간주했다. 물론 이러한 사상은 이미 정도전이 『조선경국전』에서 "인군(人君)은 천공(天工)을 대신하여 천민(天民)을 다스리니"라고 언명한 바 있어 조선 초기에는 적어도 치자계급 사람들 사이에는 일상화된 것이고 공통된 것이었음을 알 수 있다. 그리고 세종대왕은 재위하여 정사를 돌보고 시행하는 동안 여러 차례에 걸쳐 내가 "하늘을 대신하여 만물을 다스리니 마땅히 하늘의 도를 순종해야 한다"(代天理物 當順天道)(세종12/03/02)고 밝혔다. 그리고 만약 군주가 천도(天道)를 경시하고 실천하지 않으면 "천재(天災)와 가환(家患)이 지속된다"(세종28/03/13)고 생각했다.

그래서 세종대왕은 백성을 자신에게 맡긴 하늘 앞에서 "범사에 최선을 다하면 이루지 못할 것이 없다"(凡事專心則無不成)(세종12/09/11)는 자세로 정사에 성실하게 임했으며 이로써 "하늘을 감동시키고자"(感激於天心)(세종08/02/26) 하였다. 세종은 "자연재앙은 인력으로 어찌할 수 없으나, 식량을 '배포'(配布)하고 각종 필요한 '조치'(措置)를 취하는 일은 사람의 힘으로 가능하다"(세종19/01/12)고 생각하여 매사에 최선을 다하고자 하였으며, 내 "몸이 수고로움을 당하여 편안한 것을 뒷사람에게 물려주라"(세종28/06/18)는 옛 가르침을 실천하고자 했다. 그리고 세종은 "대개 일을 쉽게 생각하면 성공하지 못하나, 그 일을 어렵게 여겨서 하는 이는 반드시 성공할 것이니 너는 그것에 힘쓰라"(세종 09/12/08)라고 한 말에서 알 수 있듯이 정치를 어렵게 생각하고 매사에 신중한 자세로 임했다.

세종대왕은 왕위에 오른 뒤 하늘이 자신에게 맡긴 "천민"(天民)으로서 모든 "백성(百姓)은 나라의 근본(根本)이니, 근본이 튼튼해야만 나라가 평안하게 된다. 내가 박덕한 사람으로서 외람되이 생민(生民)의 주가 되었으니, 오직 이 백성을 기르고 어루만지고 달래주는 방법만이 마음속에 간절하다"(세종05/07/03)고 겸손하게 자신을 낮추었다. 또한 세종은 "제왕(帝王)의 도는 크게 공정(公正)하여 여러 사람의 마음에 순종할 뿐이니 인심(人心)에 순종하는 것이 바로 하늘에 순종(順從)하는 것이요 하늘의 보는 것은 우리 백성의 보는 것에서 시작되고, 하늘의 듣는 것도 우리 백성의 듣는 데서 시작된다(帝王之道, 廓然大公, 以順人爲心而已°順人心, 卽所以順天也°天視自我民視, 天聽自我民聽)"(세종03/09/07)고 함으로써 민심이 곧 천심임을 적극적으로 인정하였다. 그는 또 "임금의 직책은 하늘을 대신하여 만물을 다스리는 것이다. 만물이 그 처소를 얻지 못하여도 오히려 대단히 상심할 것인데 하물며 사람에 있어서랴. 진실로 차별없이 만물을 다스려야 할 임금이 어찌 양민(良民)과 천민(賤民)을 구별해서 다스릴 수 있겠는가"(세종09/08/29)라고 함으로써 하늘이 낳고 맡긴 백성을 다스림에 있어 신분적 차별이 있을 수 없음을 다시 확인하고 강조했다.

그리고 실록에 나타나는 세종대왕의 행적으로 볼 때, 그에게 있어서 민본(民本) 혹은 위민(爲民)은 단지 지배를 위한 이데올로기로 그친 것이 아니라 비록 완벽한 것은 아니었으나 실천 그 자체였다고 할 수 있다. 그리고 천민(天民)과 대천이물(代天理物)의 정치사상을 따르며 백성을 챙기고 보듬는데 진력했던 세종대왕의 국가경영은 곧 "보살핌으로서의 정치"(politics as caring)의 역사적인 한 사례이며, 『맹자』의 "백성은 귀하고 임금은 가볍다"(民而貴 君爲輕)로 상징되는 유교 정치 이념의 대표적인 조선적 실천사례라 할 수 있다. 그리고 세종대왕 재위 32년을 기록한 실록과 그에 관한 최근의 연구들을 검토해 볼 때,

최고지도자로서의 세종대왕의 "보살핌"의 정치는 백성들에 대한 인본주의적 인식과 대책, 백성들의 마음자리를 포함하여 구체적인 삶을 챙기는 정책 그리고 백성들의 교화와 소통을 고무하는 정책 등 적어도 세 가지 차원에서 행해졌던 것으로 드러나는 바, 이에 대해서는 다음에 이어지는 장들을 통해 상론할 것이다.

인간존중의 국가경영

세종대왕은 신분적 지위와 관직의 고하를 불문하고 백성 개개인들을 하나의 귀중한 생명으로 차별 없이 중시하고 존중했다. 예컨대 세종대왕은 자신의 동생인 성녕대군이 병이 들어 앓아 누워있을 때, 지극 정성으로 간병하였을 뿐 아니라 부모에 대한 효도에도 그르침이 없었다. 그는 대군 시절 착한 경안공주와 함께 궐내에서 어진 왕자로 소문이 나서 구호품을 제대로 공급을 받지 못한 걸식자들이 담당 관서에 가지 않고 충녕대군을 찾으며 도움을 요청하기도 했다. 세종대왕은 노비들이 임신한 몸으로 일하다가 몸이 지치면 미처 집에 이르기 전에 아이를 낳을 수 있으니 임신하면 1개월간 복무를 면하게 해주고 1주일밖에 안되던 출산휴가를 100일로 늘려주었다.(세종12/10/19) 나중에는 그 남편들에게도 한 달간의 출산휴가를 주도록 조치했다.(세종16/04/26) 또 죄수들도 사람이니 더울 때에는 감방에 물항아리를 넣어주고 물을 자주 갈아주어 손을 씻게 하고 더위를 먹지 않게 하였고,(세종30/07/02) 매월 한 차례 머리를 감게 했으며, 겨울인 10월부터 정월까지는 옥안에 짚을 두텁게 깔게 했다.(세종30/08/25)

집현전 응교(應敎) 권채가 여종 덕금을 첩으로 삼았는데, 그의 아내가 이를 질투하여 덕금에게 억울한 누명을 씌워 가두고 심한 고문을 했을 뿐 아니라 강제로 오물 섞인 구더기까지 먹게 하는 악행을 저질렀다. 이를 보고받은 세종은 "비록 계집종일지라도 이미 첩이 되었으면 마땅히 첩으로 대우해야 할 것이며, 그 아내 또한 마땅히 가장의 첩으로 대우해야 할 것인데, 그의 잔인 포학함이 이 정도니 어떻게 그를 용서할 수 있겠는가?"(세종09/09/04)라면서 권채를 형벌로 신문해서라도 자백을 받으라고 지시했다. 또 자기가 부리던 종이 말을 듣지 않는다 하여 사사로이 벌을 주고 때려 숨지게 한 최유원을 국문하라고 지시하며 세종은 "노비도 사람이다. 비록 노비에게 죄가 있더라도 법에 따라 죄를 결정하지 않고, 사사로이 형벌을 혹독하게 하여 죽인 것은 ··· 그 죄를 다스리지 않을 수 없다"(세종12/03/24)고 말했다. 세종대왕은 당시 노비들을 함부로 구타하거나 죽이는 일이 있어서는 안 된다는 취지에서 다음과 같은 전지(傳旨)를 내려 노비라 할지라도 그 생명을 함부로 다루어서는 안됨을 엄중하게 지시했다.

"우리나라의 노비의 법은 상하의 구분을 엄격하게 하기 위한 것이다. 삼강오륜이 이것으로 말미암아 의지할 바를 더하는 까닭에, 노비가 죄가 있어서 그 주인이 그를 죽인 경우에 논의하는 사람들은 상례처럼 그 주인을 추어올리고 그 노비를 억누르면서, 이것은 진실로 좋은 법이고 아름다운 뜻이라고 한다. 그러나 상주고 벌주는 것은 임금된 자의 대권이건만, 임금된 자라도 한 사람의 죄 없는 자를 죽여서, 선한 것을 복주고 지나친 것을 화주는 하늘의 법칙을 오히려 함부로 하지 못하는 것이다. 더욱이 노비는 비록 천민이나 하늘이 낸 백성 아닌 이가 없으니, 신하된 자로서 하늘이 낳은 백성을 부리는 것만도 만족하다고 할 것인데, 그 어찌 제멋대로 형벌을 행하여 무고한 사람을 함부로 죽일 수 있단 말인가? 임금된 자의 덕은 살리기를 좋아할 뿐인데, 무고한 백성이 많이 죽는 것을 보고 앉아서 아무렇지도 않은 듯이 금하지도 않고 그 주인을 추어올리는 것이 옳다고 할 수 있겠는가. 나는 매우 옳지않게 여긴다."(세종26/07/24)

그리고 세종은 형벌담당 관리들이 백성들의 조그마한 과실 때문에 "등에 매질"하는 것을 엄금하였고,(세종02/11/05) "죄의 경중에 상관없이 과도하게 채찍을 사용하는 폐단"을 시정하고 설령 불가피할 경우라도 "참혹하게 형벌을 쓰지 말라"고 명하였다.(세종17/09/30) 또 나중에는 "옥이라는 것은 본래 악한 것을 징계하자는 것이요, 사람을 죽게 만드는 것이 아니다"라면서 각종 과도한 형벌과 잘못된 교도행정으로 생명을 잃는 사건이 발생하면 즉시 왕에게 보고토록 하였으며,(세종19/01/23) 옥중 치사사건이 발생하면 그 죄인의 "죄명과 처음 가둔 월일과 병에 걸린 일시와 치료한 약과 병증세와 신장(訊杖)의 때린 횟수와 죽은 일시를 모두 기록하여 형조에 문서를 이송하고, 또 따로 [왕에게도] 보고하는 것을"정례화하라고 지시하였다.(세종17/09/30) 그리고 이처럼 깊은 배려와 관심에도 불구하고 죄수가 옥

중에서 죽었다는 보고를 들고 세종대왕은 "형벌이 적당하지 못했던가, 보석을 때맞추지 못하여 죽게 되었는가, 나는 지금 매우 불쌍히 여긴다"(세종22/08/29)라면서 죄수의 죽음을 안타까워 했다.

그런가 하면 세종대왕은 지역의 주민에게 억울한 누명을 씌운 평안도 절제사 윤하를 문죄하였고,(세종04/12/11) 정작 왕인 자신을 나쁘게 말한 백성들은 용서하는 아량을 베풀었다. 그리고 노인을 공경하는 "양로"(養老)의 정치를 실천하였는 바, 90세 이상의 신분있는 노인에게 봉작(封爵)과 관직을 제수하였고, 천민(賤民)인 노인에게는 쌀 2석씩 내려주었고, 100세 이상의 노인에게는 천민을 면하게 해주었다.(세종17/06/21) 그래서 재위 22년 근정전에서 열린 양로연에서는 신분 높은 노인들이 왕에게 헌수(獻壽)하였고, 뜰아래의 신분 낮은 노인들은 "일어나서 춤을 추는 자가 있었다."(세종 22/09/06) 6일 후 왕비가 사정전(思政殿)에서 여성들을 대상으로 양로연을 베풀자 역시 "술자리가 한창 벌어지자, 늙은 할미 중에 일어나서 춤추는 사람이 있었다."(세종 22/09/12) 한편 세종대왕은 버려진 아이들을 학대하는 일을 금하였고, 또 제생원(濟生院)으로 하여금 이들을 간수하여 잘 관리하고 양육하도록 지시하였다. 그뿐 아니라 기아를 거두어 "기르기를 자원하는 자가 있으면, 그가 거주하는 마을 이름과 성명 및 어린이를 주고받은 연월일을 문서에 명백하게 기재하여 마음껏 기르도록 하고, 그 양자(養子)는 받아 기른 사람에 한해서 그 요역(徭役)을 자기가 대신하여 은공(恩功)을 갚도록" 하는 등 세심한 관리에 힘썼다.(세종20/03/20) 그뿐 아니라 세종대왕은 가난하여 혼기를 놓치고 혼인을 못한 사람은 내외의 친족들이 보살펴 혼인을 준비할 수 있게 하고 곤 궁함이 극심한 사족(士族)의 딸에게는 관청에서 곡식을 주어 혼인할 수 있게 했다.(세종 17/09/29)

이렇게 생명을 지닌 모든 백성들을 귀하게 여기고 존중하는 세종 대왕의 태도와 정치적 실천은 근대 서양의 천부인권사상(天賦人權思 想)에서 비롯된 것이 아니었다. 다만 세종대왕의 이같은 인간존중의 국가경영은 지상에서 하늘을 대신하는 존재인 군왕이 모든 백성을 하늘이 맡기운 "천민"으로 간주하고 또한 백성을 국가의 근본으로 여기는 유교적 민본(民本)의 전통에서 비롯된 것이라 할 것이다. 그 리고 이러한 유교적 민본사상에서 비롯된 세종의 인간존중원칙이 신분상의 차이, 성별 차이, 연령의 노소 등에 따른 차별이 없이 적용 되고 그 실천적 내용이 구미의 사회복지정책과 대차가 없음을 주목 할 때, 세종의 인간존중원칙과 그 정책적 실천내용들은 오늘날에도 충분히 평가받을 만한 것이라 할 것이다.

민생해결의 국가경영

세종대왕은 하늘로부터 위임받은 귀한 존재인 백성들이 안전하 고 마음 편하게 살 수 있도록 도모하는 일, 즉 민생해결에 최선을 다 했다. 그는 "백성을 구제할 방법을 항상 가슴에 생각하라. 옛날에는 백성에게 예의염치를 가르쳤으나, 지금은 의식이 부족하니 어느 겨

를에 예의를 가르치겠느냐. 의식이 넉넉하면 백성들이 예의를 알게 되어, 형벌에서 멀어질 것이다(衣食足則民知禮義, 而遠於刑辟)"(세종 07/12/10)라고 생각하였던 것이다. 그는 또 국가안보가 중대한 과제이기는 하나 백성들의 생활이 그것 때문에 지장을 받지 않도록 챙기면서 "군사의 일이 가장 긴요하기는 하나 백성을 [온전하게] 다스리는 일이 [더] 중하다"(兵事雖最緊, 牧民爲重)(세종09/11/24)했다. 세종이 즉위한 다음 해에 한 다음과 같은 언급은 그가 백성들의 식생활에 얼마나 마음을 기울이며 정사에 임했던지를 잘 알 수 있는 대목이다.

"백성은 나라의 근본이요, 밥은 백성의 하늘이다.(民惟邦本, 食爲民天) 요즈음 홍수·가뭄·태풍·우박의 재앙으로 인하여, 해마다 흉년이 들어 외롭고 의지할 데가 없는 자와 궁핍한 자가 먼저 그 고통에 처하고, 떳떳한 일자리를 갖고 있는 백성들까지도 역시 굶주림을 면치 못하니, 너무도 가련하고 민망하다. 호조에 명령하여 창고를 열어 구제하게 하고, 연달아 관리를 파견하여 나누어 다니면서 조사하게 한 바 수령으로서 백성의 쓰라림을 돌아보지 않는 자도 간혹 있으므로, 이미 유사로 하여금 죄를 다스리게 하였다. 슬프다, 한 많은 백성들이 굶어 죽게 된 형상은 부덕한 나로서 두루 다 알 수 없으니, 감사나 수령으로 무릇 백성과 가까운 관원은 나의 지극한 뜻을 받들어 밤낮으로 게을리 하지 말고 한결같이 그 경내의 백성으로 하여금 굶주려 살 터전을 잃어버리지 않게 유의할 것이며, 외딴 촌락에까지도 친히 다니며 두루 살피어 힘껏 구제하도록 하라. 나는 장차 다시 조정의 관원을 파견하여, 그에 대한 행정 상황을 조사할 것이며, 만약 한 명의 백성이라도 굶어 죽는다면, 감사나 수령이 모두 교서를 위반한 것으로 보고 죄를 논할 것이다."(세종01/02/12)

세종대왕은 그리하여 정초(鄭招)에게 명하여 전국 각지의 농사법을 모아 『농사직설』을 편찬하고 보급함으로써 보다 많은 식량생산을 도모했다. 그리고 측우기같이 농사에 긴요한 각종 과학기구들을 발명, 제작하여 보급했고, 또 가뭄극복책의 일환으로 일본에서 수차(水車)를 도입하여 보급했다. 또 가뭄이 심하게 들어 굶어죽는 백성들이 많아지자 "임금이 덕이 없고, 정사가 고르지 못하면, 하늘이 재앙을 보여 잘 다스리지 못함을 경계한다"(人主不德, 布政不均, 則天示之災, 以戒不治)(세종05/04/25)면서 자신을 책망하였다. 또 재위 15년에는 백성들이 질병으로 고생하고 죽어가자 이를 방지하고자 유효통(兪孝通)과 노중례(盧重禮)에게 명하여 우리나라 고유의 의서와 중국의 의서를 두루 참고하여 『향약집성방』(鄕藥集成方)을 편찬하게 했고, 재위 27년에는 집현전 학사들과 의관들에게 명하여 국내외 의서 153종을 모두 참고하여 종합의서인 『의방유취』(醫方類聚)를 편찬하게 했다. 그리고 남녀분별로 남자의사로부터 치료를 제대로 받지 못하는 부녀자들을 위해 충청, 전라, 경상지역에서 선발한 관비들을 제생원에서 훈련시켜 의녀로 만든 다음 해당지역으로 다시 파견하여 부녀자들을 치료하게 했다.(세종05/12/04)

세종은 또 여진족과 왜의 침입을 막아 국토를 튼튼히 지키고 백성들의 생활을 편안하게 하기 위해 사대교린 원칙에 충실한 다양한 외교, 국방정책들을 실천하였다. 그는 무엇보다도 명에 대한 지성사대(至誠事大)를 강조하고 실천하였다. 그가 "중국이 우리나라와 서로 한 집같이 합하여 정답고 친함이 지극하나, 사람의 사귐이란 친하면 반드시 벌어져서 틈이 생기는 것이(親則必疎) 자연의 이치다. 이제 사신을 대접함에 있어 서로 친함만 믿지 말고 더욱 예도와 공경을 갖추어 대접해야 옳다"(세종13/07/15)고 한 것이나, 조선개국 이후 선왕들이 모두 명황제를 공경하고 섬기기를 다했고 세종 자신도 지성껏 섬겨, 명으로부터 칭찬도 많이 받고 또 명으로부터의 칙서도 정녕(丁寧)하고 간절함이 지극함에 이를 정도가 되었으나 "만일 법에 어긋남이 있게 되면, 아홉길 되는 산을 만들다가 한 삼태기의 흙을 잘못함으로 공이 깨어지게 되어 반드시 천하 사람의 웃음거리가 될 것이니"(세종 14/11/18)라고 경계한 것은 그가 사대에 지극 정성으로 임했음을 보여주는 대목들이다.

동시에 세종은 군사훈련과 국방에 관련된 각종 정책들을 집요하게 추진했다. 예컨대 격구(擊毬)를 유희라고 비난하는 사대부들에 대해 세종대왕은 "내가 임금이 되기 전에 일찍이 이 일을 시험하여 보았는데, 참으로 말타기를 익히는데 도움"이 되었다면서, "내가 이것을 설치한 것은 유희를 위한 것이 아니고 군사로 하여금 무예를 익히게 하고자 한 것"(세종 07/11/20)이라고 반박했다. 그리고 재위 중반부부터는 격구를 하며 기사(騎射), 기창(騎槍), 화포발사(火砲發射) 등 각종 군사훈련을 함께 실시하였다.(세종16/03/15) 또 오랑캐와 왜의 침입이 줄어들어 나라가 편안해졌을 때, 오히려 상무(尚武)에 충실하고 외침에 대비해야 함을 늘 강조하였고,(세종 12/05/16) 민폐를 이유로 성보(城堡)의 구축을 연기하자는 의론에 국방의 문제는 미룰 수 없다며 수락하지 않았다.(세종12/09/02) 그뿐 아니라 세종대왕은 예컨대, "나의 생각으로는 화포를 말에 싣고 한 사람이 타며, 화포를 쏘는 사람도 말을 타고 전장에 들어가서는, 말에서 내려 화포를 쏘면 잘 쏠 수 있을 것이라"(세종15/01/15) 하여 결국 이천으로 하여금 이동식 화포를 개발하게 했다. 또 파저강토벌과 함경도 북부 4진 개척을 반대하는 신하들의 주장을 물리치고 "조종께서 지키시던 땅은 비록 한 뼘의 땅(尺地寸土)이라도 버릴 수 없다"는 원칙에 따라 4군 6진을 설치하여 북방경계를 확고하게 만들었다.

한편 세종대왕은 민생을 물질적 조건의 충족이나 사대교린 및 국방정책 그 자체로만 국한시키지 않고 그러한 정책들이 시행되는 과정에서 백성들이 정신적으로 편안하게 해주기 위해서 백성들의 믿음과 기대에 어긋나지 않도록 정사를 돌보는 일에 성실하였다. 세종은 "하늘의 뜻을 사람이 돌이킬 수는 없으나, 인력(人力)으로 할 수 있는 것은 마음을 다해서 하라"(天意非人可回, 其在人力可爲者, 盡心爲之)(세종13/05/02) 하면서 가뭄 극복 등 각종 정책들을 집행하는 가운데 백성들의 마음까지 헤아려 그들에게 임금이나 정부를 믿고 따르게 하는 일에도 최선을 다했다. 예컨대 세종은 자신이 궐밖에 나가 가뭄으로 고생하는 백성들을 살필 때 그는 일산(日傘)을 쓰지 않았고, 진상품을 반으로 줄이거나 금지시켰다. 또 세종은 자신에게 아부하거나

왕 자신의 공을 지나치게 과장하거나 추켜세우는 불합리한 일을 엄격하게 다스림으로써 군왕에 대한 오해나 불신의 소지를 없앴다. 예컨대 재위 19년에 경기관찰사 김맹성이 유난히 이삭이 많이 달린 보리를 보고 "이것은 성인의 덕화가 만물을 두루 적신 때문"이라고 하자, 세종은 그에게 "이처럼 아름다움을 과장하는 일을 내가 심히 부끄럽게 여긴다"라고 대응하면서 그렇다면 더 좋은 보리종자를 만들어 내어 바치라고 지시했다.(세종19/05/08) 또 재위 14년 10월, 『삼강행실도』 서문에 자신의 덕을 칭송한 부분에 대해 세종은 "나는 나의 덕이 [周南이나 召南보다] 훨씬 멀고 길다는 말은 너무 지나친 칭찬이라고 생각한다"면서 이를 고치게 하였다. 아울러 세종은 "예로부터 신하가 임금을 기리는 것이 실제 모습보다 지나치고 아름다움이 도에 넘치는 경향이 있다"면서 그것을 조심해야 한다고 지적하였다.(세종14/10/19) 또 백성들의 신뢰를 얻기 위해서 국가의 법은 "모름지기 금석과 같이 굳어야 하고 분분히 변경하지 말아야 하고"(세종12/08/13) "시행할 수 없는 법은 세울 수 없다"(세종25/09/02)고 강조하였다. 또 아악과 향악을 재정비하여 백성과 신료들의 마음을 위무하고 편안하게 만들고자 하였다.

이로써 세종대왕은 일찍이 공자가 말한 "백성을 먹여 살리고, 국방을 튼튼히 하며, 백성들의 믿음을 굳건히 한다"라는 국가경영의 원칙에 충실했던 군주였음을 알 수 있다. 다시 말해 세종대왕은 경제와 군사와 관련된 각종 정책들을 강구하고 실천하면서도 자신의 언행을 삼가고 자신 주변을 성실하게 관리함으로써 국민들의 마음을 사고 또 국민들과의 신뢰관계를 유지하는데 힘썼다. 그가 일찍이 "나라를 다스리는 법은 [국민들에게] 믿음을 보이는 것이 가장 중요한 것이다"(爲國之道 莫如示信)(세종07/04/14)라고 말한 것도 이를 뒷받침한다. 요컨대 세종대왕의 민생해결의 정치는 성공적인 국가경영을 위해서는 경제정책과 국방정책과 같은 이른바 "하드파워"의 강화유지뿐 아니라 신뢰관계 형성에 유리하고 필수적인 "소프트파워"의 생산유지가 동시에 중요함을 시사하는 귀중한 역사적 사례라 할 수 있을 것이다.

교화소통의 국가경영

세종대왕은 스스로 국왕이라는 자리가 단순한 지배군림을 위해서 만들어진 것이 아니고 백성들을 교화하여 그들이 뜻을 펴고자 하는 바를 제대로 할 수 있도록 도와주는 것이 마땅하고도 중요한 소임으로 생각했던 군주였다. 즉, 그는 "원래 백성들은 스스로 하고자 하는 일이 있으되 왕이 없이 그대로 놔두면 혼란에 빠지게 되느니, 이에 반드시 임금을 세워 그들을 다스리게 했다"(民生有欲無主乃亂 必立軍長而治之)(세종13/06/20)고 함으로써 그는 한 국가의 근본인 백성들이 먼저 존재하고 각자의 소욕대로 살고 있음을 인정하고, 다만 지도자로서 임금이 없으면 혼란과 불편이 생기니 이를 최소화하기 위해 임금이 세워졌다고 생각했던 것이다. 그래서 세종대왕은 먼저 백성들을 교화하여 무지몽매로부터 해방시키고 상호소통케 하여 정치, 사회적 억울함과 생활의 불편함을 최소화하여 그들이 사람다운 사람으로 살게 하는데 힘썼다.

세종대왕이 백성교화의 필요성을 절감하게 된 계기는 진주사람 김화(金禾)가 아비를 살해했다는 소식이었다. 이는 그로 하여금 "깜짝 놀라 낯빛이 변하고 곧 자책하게"(세종10/10/03) 할 정도의 대사건이었다. 세종대왕은 즉시 신하들을 소집하여 효제(孝悌)를 돈독히 하고 풍속을 돈후(敦厚)하게 할 방책을 논의했는데, 그것은 태종대에 나왔던 『효행록』을 널리 활용하는 것이었다. 그는 한자로 된 『효행록』에 알기 쉬운 그림들을 보태어 배포함으로써 그것이 "어리석은 백성들을 깨우쳐 줄 것이라 생각"했다. 세종대왕은 "이것이 폐단을 구하는 급무는 아니지만, 교화를 위해 가장 먼저 해야 할 선무"(先務)로 보아 명을 내렸던 것이다. 이후 세종대왕은 조선인들의 사례를 더 보태어 『삼강행실도』를 펴냈고,(세종14/06/09) 훈민정음 반포 이후에는 『삼강행실도』를 훈민정음으로도 펴내어 보다 많은 백성들을 교화하고 범죄증가와 인륜질서 파괴를 막고자 하였다.

다음으로 세종대왕은 여러 가지 방법들을 동원하여 백성들의 억울함을 풀어주고 그들이 보다 나은 환경에서 소통하며 살 수 있도록 돌보는 것이 정치의 근본이라 생각했던 군주였다. 그는 일찍이 백성들이 "원통하고 억울한 처지를 면하게 하여, 전리(田里)로 하여금 근심하고 탄식하는 소리가 영구히 끊어져 각기 생생하는 즐거움을 이루도록 할 것이다"(以亦免於怨抑, 使田里永絶愁嘆之聲, 各遂生生之樂)(세종 05/07/03)라는 포부를 밝혔다. 또 허조가 부민고소금지법 개정을 반대하자, 지신사 안숭선이 "정치하는 도리는 아랫 백성의 심정이 위에 통하게 하는 것(爲政之道, 使下情上達)입니다. 『서경』에서 말하기를 '필부필부가 그 뜻을 펴지 못하고 자진하게 되면, 남의 임금된 자는 함께 더불어 그 공을 이룰 사람이 없을 것입니다'"(匹夫匹婦不獲自盡, 人主罔與成厥功)라면서 "천하에 어찌 원억함을 호소하는 소송을 수리하지 않는 정치가 있겠습니까?"(古今天下, 安有小民不言冤抑之理乎?)라고 하자, 세종대왕은 안숭선의 말이 곧 자신의 마음에 부합한다 하며 부민고소금지법의 개정을 명하였다.(세종 15/10/23)

그리고 세종대왕은 "우매한 백성들이 말하고 싶은 것이 있어도 그 마음을 잘 표현하지 못하는 사람이 많으므로, 이를 딱하게 여겨 어리석은 백성에게 문자를 마련해 주려는" 생각에서 훈민정음을 창제했다. 그러나 보다 직접적으로는 법을 몰라 억울한 옥살이를 하는 백성들의 고통을 덜어주기 위한 세종대왕의 배려에서 훈민정음이 창제되었다. 즉, 훈민정음은 "모름지기 여염집 무지렁이 백성들로 하여금 금법을 알게 해서 두려워 피하게 하는 것이 옳겠다"면서, 그렇지 않고 백성들이 모르는 한자로 된 문서로 집행되는 형정(刑政)은 "조삼모사(朝三暮四)의 술책에 가깝다"(세종14/11/07)는 세종대왕의 진지한 문제의식에서 비롯된 것이었다. 그가 신문고(申聞鼓)나 격고(擊鼓)를 통해 들어오는 백성들의 소리에 귀를 기울이는 일을 소홀히 하지 않았던 것도 백성들의 억울한 사정을 해소하거나 최소화고자 했던 때문이었다.

또 세종대왕은 백성들이 내는 조세에 관한 법인 공법(貢法)을 새로 정하는 과정에서 한양과 궁내는 물론 전국 각지의 양반들과 일반백성들의 여론을 들어 시행하였고, 언제나 토론을 하며 경청하기를 힘썼다. 세종대왕은 즉위한 다음 날인 1418년 8월 12일, 첫 번째 어전회의에서 좌의정, 우의정, 이조, 병조의 당상관과 함께 "의논하여 벼슬을 제수하겠다"고 말함으로써 신료들의 사기를 높였다. 그리고 세종대왕은 "자신이 궁중에서 자라 잘 알지 못하니 백성들의 이해관계 관련 등 세세한 것을 아뢰라"(세종03/01/03)고 지시했다. 그리고 세종대왕은 언제나 충분한 토론을 거쳐 국사를 결정하였고, 또 토론과정에서 좋은 의견에는 언제나 찬동하고 그 의견을 말한 신하에게 힘을 실어 주거나 일을 맡긴 다음 전적으로 신뢰하고 일임하였다. 물론 토론과정에서 나오는 반대의견도 경청하며 진지한 토론을 이끌었으며, 반대의견을 제시한 신하를 인간적으로나 정치적으로 함부로 홀대하지 않았다. 세종대왕은 회의과정에서, 첫째, 언제나 곧은 자세로 임했고, 다른 신하들도 그러기를 바랬다. 둘째, 국왕의 잘잘못을 주저말고 모두 직언할 것을 요망했다. 셋째, 긴급상황이 발생했을 때, 한 자리에 모여 의논했다. 넷째, 소수의견도 끝까지 경청하되 한 사람의 말만 가지고 결정하지 않았다. 다섯째, 모든 말을 듣되 그대로 따르지는 않았다. 여섯째, 좋은 의견이 나오면 힘을 실어주고 정책으로 채택했다.

세종대왕의 이러한 교화소통의 국가경영은 "큰 가르침의 도는 올바른 정책을 밝히고 널리 펼치는 일이며, 백성들과 친밀한 가운데(親民) 언제나 높은 비전에 마음을 둔다"는『대학』의 이념에 영향을 받고 그러한 비전에 충실하고자 했던 세종대왕의 노력의 소산으로 평가할 수 있다.

현대적 함의들

이상에서 살편 바와 같이, 세종대왕은 그의 "천민/대천이물"사상에 기초하여 생명존중, 민생해결 그리고 소통교화라는 세 차원에 걸친 보살핌의 국가경영을 실천하였는 바, 이것은 그가 왕위에 오르면서 〈즉위교서〉를 통해 "인을 베풀어 정치를 펴겠다"(施仁發政)고 밝힌 바의 구체적인 내용이라 할 것이다. 그리고 세종대왕은 유교적 이상에 익숙했던 군주였지만, 군주는 백성들의 삶을 전적으로 좌지우지하는 전제적 존재가 아니라, 백성들의 자유롭고 자연스러운 삶이 혼란에 빠지지 않고 유지되게 하는 존재로 간주하면서도 "즉위한 이래 한 번도 게으르지 않았으며, 처음부터 끝까지 올바르게 한 임금"(세종 32/02/17)이란 평가도 있는 것처럼 정사에 임하여 최선을 다하는 정치지도자였다.

이러한 세종대왕의 "보살핌"의 국가경영의 현대적 함의는 다음 세 가지로 요약될 수 있다.

첫째, 세종대왕이 보여준 "보살핌"의 국가경영은 비록 왕조시대의 그것이지만, 국민을 섬기고 보살피는 정치란 구호만으로 되는 것이 아니고 국민들의 존재와 위상에 대한 깊고 명료한 인식이 그 바탕이 되어야 한다는 것을 시사하고 있다. 즉, 세종대왕이 백성 모두를 "천민"으로 간주하면서 세밀한 인간존중, 민생해결, 교화소통의 정책들을 실천했던 것처럼, 현대 민주주의 정치가 섬김의 정치로 성공하기 위해서는 무엇보다도 국민 각자를 먼저 공화국에서 주권을 서로 분담공유하고 있는 "주권자"(the sovereign)로 혹은 "천부인권"을 지닌 귀한 존재로 진지하게 인식하는 각성이 필요하다.

둘째, 특히 세종의 "민생해결"의 국가경영은 경제, 국방과 같은 물질적, 가시적 측면뿐 아니라 국민들의 신뢰와 같은 정신적, 비가시적 측면까지도 고려하는 것으로, 이는 오늘날 흔히 '민생'을 책임지겠다는 정치지도자들의 리더십적 한계와 관료들의 직무수행태도의 문제점을 분명하게 드러내고 있다. 즉, 세종대왕이 실천했던 "민생해결"의 국가경영은 오늘날 국민들의 일상생활에 아무리 좋고 또 합법적인 정책이라 할지라도 그것을 담당한 정치지도자들이나 관료들이 공동체 차원의 봉사 혹은 서비스라는 기본원칙과 소명에 충실해야 함은 물론 그 시행과정이 국민들의 편익을 우선 도모하고 신뢰를 돈독하게 하는 방식으로 이루어져야 함을 강력하게 권고하고 있는 것이다.

셋째, 세종대왕이 보여준 "보살핌"의 국가경영은 민주주의 정부의 소명 중 하나이기도 한 "국민을 위한"(for the people) 정부 혹은 정치지도자 역할의 역사적 사례로서 현대 민주주의에도 시사하는 바가 있다. 즉, 그것은 오늘날 과도한 권력갈등, 다중의 정치참여와 다수결 원칙, 냉혹한 이해배분 원칙 등과 같은 요인들로 인해 소홀하게 취급되었던 정치리더십 혹은 정부 관리들의 질적 탁월함 혹은 수월성(excellence)을 구성하는 여러 가지 "행동양식 가치들"(modal values) - 예컨대 정직함, 공평함, 헌신, 인본주의, 배려, 약속지킴 등 - 의 중요성을 다시 한 번 상기시켜 주고 있다. 오늘날 한국 민주주의의 공고화를 위해서는 제도의 적절성과 권력의 정당성 그리고 정책의 합법성과 함께 정치인과 공무원들에 의해 이같은 "행동양식 가치들"이 진지하게 실천되어야 하는 것이다.

제3기 (2011. 10. 5)

한국역사 속의 창조적 리더십

이 배 용

이제 국격을 말할 때

나는 지금 이화여대 총장을 마무리하고, 국가브랜드 위원회를 맡고 있다. 이 국가브랜드 위원회는 2008년 이명박 대통령이 '이제 국가도 브랜드를 관리할 때가 왔다'라는 말씀을 하시고, 2009년 1월에 설치된 기구이다. 국가브랜드라고 하면 생소할지 모르는데 우리가 상품의 브랜드만을 생각할 때, 국가에서 관리하는 브랜드는 우리의 품격, 다시 말해 국격(國格)을 말한다. 이를테면 우리가 돈이 많고, 옷을 잘 입었다고 해서 존경 받는 것이 아니라 무엇인가 우러나오는 품격이 있어야 하고 또 이웃을 향해서 나눌 수 있을 때 존경을 받고 신뢰를 얻을 수 있다. 바로 우리나라가 20세기에 어려운 고비들, 일제 강점기를 극복하고, 또 전쟁의 폐허를 딛고 한강의 기적을 이루어서 눈부신 경제 성장과 민주화를 달성했는데, 이제 21세기 이 시점에서는 우리의 국격을 관리할 때가 되었다.

실제로 세계의 평가를 보면, 물론 지표상의 합당하지 못한 부분도 있겠지만, 대체로 우리가 기술력이나 경제력은 높은 평가를 받는데 우리의 문화라든가 정신적 가치, 인재 이런 소프트파워 부분에서는 아직도 저평가를 받고 있다. 한 30% 정도 우리가 가진 것보다 디스카운트를 받고 있다고 생각하는데 3%만 올려도 15조원의 이득을 창출할 수가 있다. 프랑스는 30%의 프리미엄을 받고 있어서 그것이 국가의 이미지뿐 아니라 경제적으로 매우 큰 실익을 거두고 있다. 가까운 일본만 해도 문화를 잘 관리하고 국민성을 잘 포장했기 때문에 우리보다 훨씬 높은 평가를 받고 있다.

그런데 내가 국가브랜드 위원장이 되고 아쉬운 점은 실제로 우리가 저평가 받고 있는 부분들, 예를 들어 문화, 인재로써의 우리의 국민성, 이미지들 등 이런 것들을 우리가 잘 관리하면 더 세계적인 지지와 신뢰를 받을 수 있는 부분인데도 불구하고 너무 우리를 모른다는 것이다. 우리 스스로 무엇을 가지고 있는지도 모르고, 우리가 세계에 자랑으로 내놓을 것이 무엇인지를 우리 스스로가 모른다는 것이다. 모르니까 관리도 제대로 안되고, 외국에 우리의 자긍심을 내세울 것이 없다. 그래서 나는 지금 경제적 기술력, '하드 파워'(Hard power) 부분도 잡아주지만, 우리가 있음에도 불구하고 몰라서 내놓지 못하는 이 억울함과 아쉬움, 문화, 가치들 … 나는 '소프트웨어'(Software)뿐만 아니라 '스피릿웨어'(Spiritware)까지, 우리가 너무 우리의 영혼을 잃어 버리지 않았는가에 대한 부분들을 지금 아주 역점적으로 만들어내고 또 발굴해내서 보석같이 다듬는 일을 하고 있다. 그래서 어제 동아일보 인터뷰 기사도 났지만, 이제는 우리의 국격(國格)을 관리해서 세계인의 신뢰를 높이고 지지를 받으며 또 호감을 받음으로써 평판을 높이는 일을 해야 한다. 이것에는 나눔이 있어야 하고, 전통의 가치들을 우리 스스로 좀 더 알아서 바로 우리 국민 모두가 우리는 국가브랜드라는 주인의식을 가지고 스스로 품격도 다듬고, 나누고, 배려하고, 사랑하고, 감사하는 이런 마음의 자세들이 우리의 이미지, 품격을 관리하는 가장 중심된 일이라고 생각한다.

왜 우리 것을 알아야 하는가?

그래서 오늘 내가 여러분들에게 나누려는 것은 소통과 화합, 나눔과 배려 그리고 자연, 생명, 녹색, 평화 이런 가치들이 우리의 유구한 역사와 문화 속에 이미 심겨있고 또 새겨져 있다는 이야기이다. 세상이 많이 바뀌었다. 이렇게 IT기술은 우리의 지구촌을 하나로 묶어 멀리 출장을 가도 실시간으로 보고가 되고 소통이 되도록 바꾸었다. 우리는 변화하는 시대에 발 빠르게 대처해야 한다. 그러나 변화한다고 그동안 우리가 갖고 있는 것을 다 버리고, 또 그것에 대해 소홀해지면 나중에 후회하는 일이 한두 가지가 아니다. 그러므로 변화에는 혁신이나 개혁으로 신속하게 대처를 하되, 역사와 전통의 가치를 함께 잡아주는 균형이 필요하다. 우리가 미래의 길을 묻고자 한다면, 지나온 역사의 길에 물어보면 많은 해답을 얻을 수 있다. 내일을 내다볼 수 있는 인간의 능력에는 한계가 있고, 그만큼 우리는 약한 존재이기도 하다.

또 하나는 우리가 세계화, 글로벌화 이야기를 많이 하는데, 또 그렇게 되어야 하겠지만, 우물 안 개구리처럼 우리끼리만 잘 지내서 될 일은 아니다. 기후 온난화, 평화 등 지금 인류가 처해 있는 다양한 문제는 세계적이다. 즉, 세계가 함께 숙제를 풀어가야 한다. 그런데 이런 세계화에 대해서도 '우리 것을 알고 있다'는 것을 전제로 하고 나가야 한다. 세계 속에 그냥 뛰어 들어가면, 우리의 기둥과 뿌리가 없기 때문에 종속화될 수 있고, 사대주의에 빠질 수도 있다. 그래서 나는 이화여대의 국제화, 세계화에 많은 역점을 두었다. 그러나 학생들에게 먼저 우리 것을 제대로 알고 나갈 것을 강조했다. 왜냐하면 그래야 다문화 포용에서도 가치관을 분명하게 할 수 있고, 그 기반에는 '가장 한국적인 것이 세계적이다'라는 인식이 자리 잡을 수 있도록 교육했다. 이를 통해 국제화, 세계화가 이어나가야 할 것으로 보았기 때문이다. 그래서 우리 주변에 또한 우리 역사 속에 여러 문화 가치들, 진정한 마음의 소양들을 우리가 알고 나갈 때, 당당한 한국인으로써의 기량을 닦을 수 있고, 또 그것을 내세울 수 있으며 차열한 경쟁 속에서도 우리의 참된 의미를 잊지 않고 부각시킬 수 있게 된다.

21세기 들어 대부분의 인류가 기계 문명과 물질문명에 찌들어 있다. 역사는 사람이 만들어간다. 이때 가장 중요한 것은 '사람의 마음'

이다. 그래서 우리는 사람이 어떤 생각을 갖고, 어떻게 우리가 함께 가는 길을 모색할 수 있는지에 대한 마음 또한 이것을 우리가 어떻게 재정립할 것인가 이런 것이 가장 중요하다.

천일록, 꼭 남기고 싶은 한 마디!

「이산」이라는 사극이 있었다. 이산은 조선왕조 22대 임금인 정조의 이름이다. 이분은 우리가 잘 아는 사도세자의 아들로 아주 큰 비극을 11세 때 목격했다. 그런데 전혀 삐뚤어지지 않고, 아주 반듯한 마음, 또한 나라를 어떻게 하면 더 잘 살게 해서 백성을 편안하게 해주고, 또 문화국가로서의 위상을 높일까 하는 생각으로 국정을 살펴 세종 다음으로 조선왕조의 르네상스를 펼쳤다. 그런데 이분이 1776년 즉위를 했는데 1792년부터 아주 큰 기근이 들었다. 가뭄이 오래되어 굶어 죽는 사람들이 많이 생기고 소출도 아주 많이 줄어들었다. 그래서 농업 생산력을 높이기 위해 농촌에 거하며 농업 이론을 세우고 지도했던 지식인들에게 생산력 높일 수 있는 방법을 연구하여 보고서를 제출하라고 명했다. 그때 수원에 사는 우하영(禹夏永, 1741~1812)이라고 하는 실학자가 보고서를 냈다. 그 제목이 「천일록」(千一錄)이었다. '왜 이 보고서의 제목이 「천일록」인가?' 살펴 보았는데, 서문에 그 이유가 적혀 있었다.

"내가 이 보고서를 내려고 여러 전국의 농촌을 돌아다녔다. 그런데 보니까 비옥한 땅에서도 소출이 줄어드는 현상을 보았고, 아주 척박한 땅에서 소출이 늘어나는 현상을 보았다. 보니까 농기구가 잘 계발이 되었는가, 아니면 농사의 제도 시스템이 잘 되었는가를 살펴보았더니 그것이 아니라 땅에 투입되는 인간의 정성이었다."

그는 땅에 투입되는 근면한 인간의 성실성과 정성의 마음을 중요하게 보고 있었다. 여기서 보고서의 천마디 말은 다 쓸데없어서 귀로 흘려들어도 되지만, 이 한마디의 말, 즉 역사에 기여하는 인간의 정성과 마음은 귀를 기울이고 마음에 새겨달라는 말에서 이 제목을 붙인 것이다. 내가 오늘 여러분들과 나누고 싶은 말은, 천마디 말을 기억하지 못해도, 단 한마디 말, 바로 "인간의 마음이 얼마만큼 역사를 바꾸고, 역사에 희망을 주고, 역사에 따뜻함을 주는지", 이 한마디 마음, 한마디 말은 여러분의 가슴에 새겨달라는 마음에서 오늘 강연을 이어가고자 한다.

참된 리더는 희망과 믿음 그리고 영혼을 준다!

배에 탄 승객과 선장의 입장이 다른데 역사에서 성공한 리더들은 배를 이끌고 가는 선장의 입장이다. 성공한 리더들을 보면, 항상 그 시대에 희망을 열었고, 긍정의 메시지를 주었다. '할 수 있다, 하면 된다!'라는 리더의 긍정성이 자신이 이끌어가는 구성원들에게 희망을 준다. 매번 리더가 불안해 하고 '이것은 할 수 있을까?'라며 부정적인 생각만 하면 구성원들에게 절대 희망과 신뢰를 줄 수 없다. 좋은 리더들은 사람들에게 희망을 주었고, 그 다음에는 근면 성실성의 믿음을 주었다. 내가 오늘 집중적으로 세종임금에 대해서 이야기를 하려고 하는데 크게 성공한 리더들은 믿음, 신뢰를 주는데, 그것은 잔꾀를 부려서는 절대로 가능하지 않다. 그들은 근면, 성실 또 하나는 인간사랑, 배려와 사랑의 마음으로 믿음을 주고, 희망을 주었다. 그 다음에는 미래를 열어주었다. 희망, 믿음을 주고 미래를 밝게 열어간 리더들에게 이 진정성은 나눔, 배려 그리고 의리였다. 요즘엔 의리하면, 조폭들의 것인 줄 아는데, 우리가 너무 대의명분에 입각한 의리를 잃어갔다. 맨날 바뀌고, 흔들리고, 누가 이러면 이렇게 저렇게 쏠리는 것이 요즘 형국인데 흔들리지 않는 항심을 가진 소신 있는 의리들, 이런 것에 대한 소신의 일관성 그리고 애국심이 그들에게는 있었다. 또한 그들에게는 영혼이 있었다. 제대로 된 리더는 우리에게 먹고 사는 문제의 해결뿐만 아니라 영혼을 주었다.

요즘 내가 국가브랜드 위원장뿐 아니라 역사교육과정 개발추진위원회 위원장을 맡고 있다. 지금 우리의 역사는 공교육 현장에서부터 홀대받고 있고, 국민들 역시 우리 것이니 다 알고 있다고 생각해서인지 집중적으로 탐구하려는 의식도 매우 약하다. 국가브랜드만 해도, 외국인들이 한마디 하는 것이 한국인들은 자신의 것이 얼마나 대단한 것 인줄 모른다는 것이다. 종묘가 어디냐고 물어봤더니 어디에 있는지 모를 뿐만 아니라, 종묘가 무엇을 하는 곳인지도 모른다는 것이다. 또 한국인들과 사귀다 보면 정도 많고 따뜻한데, 처음 만났을 때는 표정이 너무 굳어 있어서 지하철을 타고 있으면 꼭 금방 싸우고 온 사람 같다고 한다. 웃음이 없다는 것이다.

이런 인식을 교정하는 것은 큰돈이 드는 일이 아니다. 신생국가라면 문화 창달에 많은 돈이 들지, 반만 년 역사 속에 정말 곳곳에 새겨진 문화와 전통이 얼마나 많은데, 그걸 제대로 모르고 알리지 않아 저평가 되어 많은 불이익을 당하고 있다. 또한 친절한 얼굴은 왜 못하는가? 웃는 얼굴, 따뜻하게 미소 띤 대한민국. 일본은 하는데 왜 우리라고 못하겠는가. 비행기에서 외국인이 내렸는데 그냥 덤덤하게 '너 왔냐?' 하면 '이 나라를 내가 왜 왔지?' 라고 생각할 수 있다. 하지만 따뜻하게 '어서 오십시오'라고 하며 안내도 해주고, 마음을 열어주면, '여기는 정말 잘 왔다. 누구에게도 여기 오게끔 인도해야겠다'라고 하지 않겠는가. 따라서 우리는 '잘 웃고 친절하고 따뜻한 우리의 국민성을 다시 찾자'는 운동을 전개해야 한다. 우리 문화에 보면 빙긋이 웃는 부처 모습, 방글방글 웃는 모양의 기와장, 도깨비도 웃는 얼굴이고 원숭이도 웃는 얼굴이 정말 많다. 그런 면에서 우리가 친절하고 따뜻하고 청결한 이런 마음들을 갖춰야 한다. 우리 문화 속에 내재되어 있는 맑고 따뜻하며 나누고 배려하는 정신을 찾아야 한다.

역사에서 배울 수 있은 것들

또 하나 우리는 너무나 많은 자연을 잃어버렸다. 그런데 우리 문화 안에는 항상 자연과 소통, 조화가 있었다. 박경리 선생님이 돌아가시기 두 달 전, 삼일절에 뵈었는데 이분이 마지막으로 세 가지 말씀을 하셨다. '내가 80 이상을 살다보니 새롭게 깨닫는 것이 많은데, 첫 번째로는 너무 모르는 것이 많은데 너무 아는 척 하고 살았다. 알면 알수록 모르는 것이 많다'라고 하셨다. 정말 우리 그렇지 않은가? 평생 깨닫고 배운다. 알면 알수록 모르는 것이 많다는데 그야말로 모르는 사람은 다 아는 것이라고 착각하며 산다. 사람들은 아는 세상만 사는 것이다. 우리의 배움이라는 것은 한이 없고 끝이 없다. 두 번째로는 자연에 대해 말씀하셨다. '도심에 살 때는 잠자리도 별로 볼 수 없었는데, 시골에 와서 생활해보니까 잠자리도 보이고, 나비의 춤추는 모습도 보이고 새소리도 들리는데, 그동안에 문학으로는 너무 아름답게 표현을 했더라. 그런데 나비가 춤추는 것이 그저 기뻐서 춤추는 것이 아니다'라는 것이다. 외로워서, 길을 잃어서 춤을 추는 모습도 있더라는 것이다. 새들이 아름답게 노래하는 것만은 아니더라는 것이다. 배가 고파서 우는 놈, 엄마를 부르는 새소리 등. 자연의 언어, 우리와 함께하는 동물, 식물의 마음을 너무 인간의 마음으로만 생각하고, 표현했다는 것에 반성하셨다.

지금 우리는 자연 재해에 깜짝깜짝 놀라지만, 옛날 우리 조상들은 자연을 존경하고, 우리와 같이 사는 동식물에 대한 연민과 애정을 가지고 함께 어울리는 세상을 만들어 왔다. 그런데 요즘에 인간의 이기

심과 오만함 속에서 자연을 잃어버리고, 우리와 함께 사는 동식물에 대한 마음의 배려들이 없어졌다.

그런 자연의 이야기 그리고 물의 소중함을 이야기하셨다. 점점 계곡의 물이 말라가고 있을 때, '석유보다 무서운 것은 물의 전쟁이다'라고 하시며 물 관리를 잘 해야 한다고 말씀하셨다. 결국 우리가 돌아가는 곳은 자연 아닌가? 그런데서 우리가 자연의 소중함은 우리의 역사 속에서 배울 수 있다.

내 전공이 역사다 보니 종종 사극을 자문해달라는 부탁을 받는다. 역사라는 것은 사실을 근거로 하지만 생명은 없다. 자료를 가지고, 그 다양한 자료 속의 사실을 중요시하는 것이 역사학이다. 그런데 사극이라는 것은 7~80% 픽션의 세계이다. 상상력의 세계이다. 당연히 드라마이기 때문이다. 그래서 굉장히 주저하게 된다. 우리가 사실 그대로 쓰려면 너무 딱딱해서 재미없고, 시청률이 올라갈 수 없기에 사양을 하고, '우리는 사극에다 자문하기는 조금 어려운 분야입니다.'라고 하는데도 사극에서는 그래도 어차피 역사에다 소재를 갖고 하는 것이기에 균형을 잡아주면 좋은 작품이 나올 수 있지 않는가 하는 생각에 재차 부탁을 하여 몇 차례 깊숙이 사극에 관여한 적이 있다. 「여인천하」 같은 것은 대본도 읽어주며 방송사상 최초의 55%의 시청률을 올린 적도 있었고, 또한 「선덕여왕」 같은 경우는 내가 MBC에 소재를 준 것이기도 하다.

역사의 교훈을 잊지 말자

작가들이 와서 공부할 때 내가 그들에게 부탁하는 것은, 사실 그대로는 적을 수는 없겠지만, 역사가 주는 교훈은 잊지 말 것을 강조한다. 또 역사는 과거의 사건이긴 하지만, 항상 '오래된 미래'이기도 하다고 전한다. 오래전에 지나갔지만, 현재나 미래에 많은 메시지를 주기 때문이다. 한 예를 들자면, 세종대왕이 창제하신 한글은 옛날에 창제하신 것이지만, 오늘날 그리고 미래를 향해서 민족에게 큰 자긍심을 주는 국가의 대표적 브랜드이다. 사극이 종영이 되더라도 그 여운과 메시지를 염두에 두고 대본을 쓰면 재미도 있지만, 역사를 통해 기억되어야 할 가치를 그래도 잔잔하게 펼쳐갈 수 있지 않은가 생각한다. 그래서 첫 번째 역사가 주는 교훈은 '나대고 무리하면 화를 자청한다'는 것이다. 인간의 오만, 집착이 화를 자처할 수 있다. 그런데 인간은 약한 존재이기 때문에 무엇이 집착의 무리고, 지나친 것인지 잘 모를 때가 있다.

그러니까 역사를 보면, 시작은 매우 미약했는데도 나중엔 결국 창대한 결과를 맺는 또한 시작은 아주 화려하고 거창했는데 나중은 초라하게 되는 일들, 이런 것을 수없이 보게 된다. 이런 인과관계의 이유와 배경을 찾아보면 지나침에 대한 이유들이 있다. 그런데서 우리가 역사의 교훈을 현재에 그것을 잊지 않고 다시 한 번 되새길 때, 우리는 또 되풀이 하는 지나침과 무리함을 자제할 수 있고, 절제할 수 있다는 것이다. 예를 들면, 궁예는 고려의 건국에 일찍이 시작됐는데 초라하게 멸망하고, 왕건은 늦게 뛰어들었지만, 건국의 열매를 땄던 것을 볼 수 있다. 세종임금은 정말 우리의 훌륭한 민족문화를 창달해서 우리의 역사에 천년만년의 길을 열어놓으셨는데 연산군은 그렇게 참담하게 무너지는 이유, 이것은 인간에 대한 사랑과 포용이 없었기 때문이다. 인간에 대한 진정한 믿음과 사랑, 포용 이것이 결여된 것에서 두 길이 갈라지게 된다.

두 번째로 내가 작가들에게 주는 역사의 메시지는, 좋은 능력도 좋은 인연과 얽혔을 때에 자기 개인의 인생이나 역사에 기여할 수 있지 아무리 좋은 인연이어도 악연으로 얽히면 자기 인생도 망치고 역사도 왜곡시키는 것을 너무나 많이 볼 수 있다는 것이다. 우리가 능력이 좋은 인연을 만났을 때 더욱 꽃피울 수 있는 것이고, 또 우리의 좋은 인연으로 성장한 틀을 또 타인에게, 뒤따라오는 후배들에게 베풀어 줄 때에 세상은 더 따뜻해지고, 희망의 세상을 열어 갈 수 있다. 내가 선덕여왕을 이야기할 때도, 아무리 김춘추나 김유신이 훌륭한 능력을 가지고 있다 하더라도, 당시 최고의 지도자인 임금이 발탁을 해주지 않으면 그것을 발휘할 기회를 얻을 수 없었을 것이다. 이런 훌륭한 인재들을 발탁한 지도자의 혜안을 가진 선덕여왕의 리더십에 대하여 내가 글과 논문으로 썼고, 나중에는 선덕여왕으로 드라마를 만들어보라고 MBC에도 권유하게 되었다.

세 번째는 내일 지구가 멸망해도 오늘 사과나무를 심는 심정으로 포기나 좌절하지 않고 내일을 향해 희망을 열어가는 그런 자세와 마음이 지금의 역사를 이어지게 했고 또 내일을 열어가게 한다는 것이다. 서울신학대학교가 100주년이라는 것은, 1911년에 세워졌다는 말인데, 그 시기가 어떤 시기인가? 1910년에 경술국치를 당해 나라를 빼앗겼다. 그런데도 흔들리지 않고 내일에 희망을 걸고 학교를 세워 인재를 양성하는 당당함을 펼쳤기 때문에 오늘 100주년을 맞이한 것 아니겠는가.

내가 역사교육과정 개발추진위원장으로써 국사필수운동을 펼치는 이유는 불과 101년 전에도 나라를 빼앗겼는데도, 그 일을 우린 너무 쉽게 잊고 살고 있기 때문이다. 우리 학생들에게 3·1을 물어보면, 3점 1로 읽고, 6·25를 이야기하면 육백이십오라고 읽는다. 또한 안중근 의사의 서거하신 3월 26일에 설문조사를 해보면, 안중근 의사는 독립운동 때 다친 사람을 치료해 준 의사 선생님으로 알고 있는 학생들이 많이 있을 정도이다. 우리 역사는 어떤 지식과 과목이 아니라 우리의 혼, 영혼이 들어있는 것이다. 그러니까 일본인들이 국어도 가르치지 않고, 국사도 가르치지 않았던 것이다. 그렇게 우리의 정신을 말살하고, 민족을 파괴하기 위해서 안 가르쳤던 국어와 국사를 우리 스스로 인색하게 안 가르치는 이유가 도대체 무엇인가? 우리의 영혼이 없으면, 내일을 열어갈 수 없다. 그래서 지금 열심히 국사를 고등학생 교육현장뿐 아니라 대학에서, 수능에서, 공무원시험을 비롯하여 각종 시험에서 다루도록 하는 운동을 펼치고 있다. 그렇게 해서 우리 역사를 지식 차원만이 아니라 우리의 뿌리 의식, 정체성 그리고 나아가서는 자긍심을 알게 하는 지름길로 삼고자 한다.

하버드대학과 캠브리지대학의 총장들과 이야기를 나눌 기회가 있었는데, 그분들이 가장 궁금해 하는 것이 주로 동양의 정신이고 한국의 문화와 역사인데, 내 평생의 공부가 그것이니 서슴없이 그분들의 질문에 대답을 해주니, 그것을 듣고 내게 큰 존중과 신뢰를 보냈다. 그래서 학생 하나 교환할 협상을 '10명이 좋겠다. 우리 학생들을 이화여대로 보내고 싶다. 그리고 이화여대 학생을 우리가 받아들이고 싶다'라고 해서 협상이 서로 따뜻한 신뢰의 교류 속에 이루어졌다. 이렇게 한국학을 진정성을 가지고 알렸을 때 신뢰가 쌓였다. 그래서 우리는 우리 마음속에 우리 역사와 문화에 대한 자긍심을 깊히 새겨야 할 것이다.

선덕여왕, 소통과 화합의 리더십

그러면 요즘 대표적으로 창의정신, 팀워크, 문화 창조에 대한 이야기를 할 때, 어떻게 오늘을 재탐구하고, 새로운 창조의 시대를 맞이할 수 있을지에 대한 몇 가지 사례를 들어보도록 하겠다. 우선 선덕여왕에게서 우리는 '소통과 화합의 통합 리더십'을 찾아낼 수 있다. 우리 역사에 세 분의 여왕이 있었다. 모두 신라시대였다. 최초의 임금이 27대 선덕여왕이고, 선덕여왕이 잘 통치했다고 해서 28대 진덕여왕이 왕권을 이었고, 그 다음 신라가 기울어져 가는 후대에 구원 투수로 51대 진성여왕이 있었다. 특히 27대 선덕여왕은 통합의 리더십을 통해 삼국통일의 길과 기반을 구축하였다.

리더는 통찰력이 있어야 한다. 시대적 통찰력과 정확한 현실진단을 지니고 있어야 한다. 그러면서 미래의 비전을 제시할 수 있어야 한다. 바로 선덕여왕이 냉철한 통찰력 속에 탁월하고 정확한 현실진단을 내릴 수 있는 능력을 지녔다. 당시에는 삼국이 서로 경쟁하며 흡수 통일을 지향하던 때였다. 그러나 신라는 동남단에 위치해 있었기 때문에 다른 나라에 비해 상대적으로 뒤쳐져 있었고, 군사적으로도 아주 열세였다. 이때 왕위에 오른 선덕여왕은 무엇보다 백성들의 화합과 통합이 삼국통일의 핵심임을 간파하고 이를 위한 여러 가지 정책을 펼쳤다. 무기보다도 더 무서운 것이 분열이기에 이를 막아내는 통합의 리더십을 발휘했다. 당시 고구려는 지배층끼리 분열되어 있었고, 백제는 부여족이 내려와 기존 토착민과는 좀체 융합되지 않고 있었다. 전쟁을 통한 통일은 일단 병사들이 애국심을 갖고 싸워줘야 하는데, 앞서 언급한 이유로 백제인들의 결합력은 미약하기 이를 데 없었다. 그래서 선덕여왕은 신라의 통합을 우선시했고, 가장 먼저 한 것이 공정한 인재발탁이었다. 이런 맥락에서 김춘수, 김유신 같은 화랑의 지도자들이 발탁되었고, 결국 이들은 통일의 역군으로 자기기량을 십분 발휘하였다. 이렇게 선덕여왕은 신하와 병사들의 통합을 이뤄냈다.

또 하나 선덕여왕은 약자에 대한 많은 나눔이 있었다. 당시 선덕여왕은 정책적으로 농민들의 민생을 안정시키고 배려하려 했다. 첨성대를 보면 그곳에 박힌 돌이 365개로 1년 열두 달을 상징한다. 그리고 그 속에는 하늘의 별자리, 해와 달의 움직임 그리고 구름의 현상들을 정확하게 관측할 수 있는 여러 과학적 기자재들이 설치되어 있었다. 동양 최초의 천문관측을 왜 만들었겠는가? 지금도 아무리 과학이 발달해도 하늘의 재해를 우리가 다 막아낼 수 없다. 농민들에게 농사의 때를 가르쳐 주기 위해서 만들어낸 것이 바로 첨성대이다. 지도자의 백성들을 향한 지극한 배려가 이렇게 위대한 창조물을 만들어 낼수 있었다.

세종대왕의 '문화 리더십'

시대를 뛰어넘어 조선의 4대 임금 세종대왕의 통합 정신에 대해 살펴보겠다. 창의는 무슨 기발한 아이디어로만 이루어지는 것이 아니다. 역사를 보면, 역지사지(易地思之) 하는 타인에 대한 배려 그리고 나눔, 소망, 지극한 정성, 이것들이 새로운 창의를 유발하는 경우가 많다. 우리는 이런 것을 세종대왕의 리더십에서도 발견할 수 있다. 세종임금은 1418년 22세의 나이로 즉위했다. 그런데 이 세종임금의 리더십을 한마디로 요약하라면 '문화 리더십'이라고 할 수 있다. 이분은 즉위하자 마자 바로 이듬해에 〈집현전〉이라는 문화연구기구를 경복궁에 설치했다. 그래서 아버지 태종 때까지는 정치 카리스마로 어느 정도 왕권강화와 안정을 이루었지만, 정치 문제를 너무 힘만 가지고 조절하다 보면, 보복도 있고 반전도 있기에 세종은 일단 심성과 교화, 원칙을 세워가는 문화의 의미를 강조하였다. 우리가 문화를 알면, 인간의 오만도 절제할 수 있고, 욕망도 해소할 수 있게 된다. 문화를 알 때, 인간은 해서는 안 될 것을 분별할 수 있게 된다. 지금 이 자리에 아무도 없다고 해서 우리가 침을 함부로 뱉지는 않는다. 뱉으면, 불결하고 남에게 피해를 줄 수 있다는 문화를 알기에, 우리는 서로 해서는 안될 일, 해야 될 일을 분별할 수 있는 것이다.

내가 『세종실록』을 13년 동안 서로 다른 분야의 학자 다섯 명과 열심히 읽었다. 『세종실록』은 임금께서 즉위 후 1450년에 돌아가실 때까지의 32년 공적 생활을 담은 매우 방대한 기록인데, 항상 펼칠 때마다 감동의 연속이었다. 이분이 문화의 마음, 인간에 대한 사랑을 풍성히 담고 있는 것이 바로 『세종실록』이었다. 우선 세종대왕은 문화를 열기 위해서는 교육이 필요하다는 생각을 갖고 전국 읍 단위로 향교를 하나씩 배치하여 교육운동을 펼쳤다. 당연히 교육기관에는 교재가 필요하였고, 이에 따라 대량의 책을 펴내기 위해 인쇄술이 발달하였다.

세종 8년, 즉 1426년의 한 기록에 따르면, 당시 신분제 사회였기 때문에 당연히 노비가 있었다. '노비도 사람이 아니냐? 너무 가혹하게 대하는 것은 인간이 할 일이 아니다. 노비 중에 여종이 아이를 낳자마자 일을 시키는 것은 너무 가혹한 일이다. 노비도 사람인데 산모 여종에게 100일의 산후휴가를 주어라.' 여종에게 산후휴가 100일을 주었던 것이 1426년의 일이었다. 또 그것만 해도 대단히 시대를 뛰어넘는 복지정책인데, 세종 12년의 실록을 들춰보니, 그때 1430년인데 또 임금이 뭐라고 말씀하셨냐 하면, 능행[1]을 할 때 밭에서 일하는 만삭의 여종을 보게 되었다. '만삭에 산달이 갑자기 임박해서, 밭에서 아이를 낳으면 태아의 생명도 위태롭고 산모의 생명도 위태로우니 산전휴가 한 달을 주어라.' 그래서 산전, 산후 130일이 휴가가 여종 노비에게 주어졌다. 정말 감동적인 복지정책인데 또 1434년에 세종 16년의 기사에는 임금께서 질문을 하신다. '부부란 무엇이냐?' 그랬더니 '같이 사는 것입니다'라고 했는데 '살기만 하는 것이 아니라 서로 도와줘야 하는 것이 아니냐?' 해서 '여종인 아내가 쩔쩔매고 아이를 낳고 몸조리 하고 있는데 남편은 구경이나 해서 되겠느냐?' 하면서 '남편에게도 도와주기 위해서 산후휴가 한 달을 주어라' 해서 부부합산 산전산후 휴가가 160일이나 떨어지게 된다. 이것이 15세기 전반의 이야기인데 그 당시 동서고금 어느 나라에서도 시행되지 않았던 탁월한 복지정책이었다. 이것은 세종임금께서 무슨 복지학을 알고, 노동법을 알아서가 아니라 오로지 인간에 대한 연민, 애틋함 그리고 약자에 대한 사랑과 나눔이 있었기 때문에 시대를 뛰어넘는 복지정책을 베풀 수 있었던 것이다.

또한 한글창제인데, 우리 국가브랜드의 가장 대표적인 것이 바로 한글인데, 한글은 8천 개의 발음을 표기할 수 있고, 매우 읽기 쉽고, 배우기도 쉬운 세계 최고 수준의 문자일 뿐만 아니라 한글을 창제하게 되는 세종의 마음 또한 대표적인 국가브랜드가 될 수 있다. 세종은

---

1) 능행(陵幸)은 조상의 능을 참배하러 궁 밖을 나가는 것.

두 가지 아주 핵심적인 정책에 기초해서 많은 사람들에게 희망과 용기를 주었다. 따뜻한 인간애가 있었고, 합리주의적 정신이 있었다. 요즘 사람들은 내가 하면 로맨스이고 남이 하면 스캔들이라고, 경우없는 생각을 많이 하는데, 세종임금의 합리성은 매우 경우 바르고, 이치에 맞게 그러나 원칙은 유지하고 지키되, 가능하면 상처주지 않고, 가능하면 살리는 것이었다.

그 당시 유교라는 것은 중국에서 생겨났기 때문에 유교에 깊숙이 들어가게 되면 중국에 종속-사대주의화 될 수도 있었기에, 이에 우리 의식의 균형을 잡기 위해 우리 것 찾기 운동을 하셨다. 그 대표적인 것이 한글이다. 우리 것 찾기 운동, 그래서 우리나라에서 나는 병을 중국 약재로 고치는 것이 모순이기에, 우리 약재로 우리 처방을 개발한『향약집성방』을 만들도록 하였고, 그것은 후에『동의보감』의 전신이 되었다. 또 우리의 음악적 정서가 다른데 어떻게 중국음악을 그대로 사용할 수 있겠냐고 해서『종묘제례악』을 우리의 정서에 맞게 창작토록 하였다.

한글이라는 것도 '중국과 우리가 말이 다른데 어떻게 글을 같이 쓸수가 있는가?'라는 생각하에 만들어지게 된다. 능행을 할 때 만삭이 된 노비를 불쌍히 여겼듯이, 세종의 따뜻한 마음과 긍정심은 농민들이 글자를 몰라서 억울하고, 희생당하고, 혜택받지 못한 것이 눈에 띄었던 것이다. 그러니까 마음이 따뜻하고 생각이 긍정적인 사람은 많은 것을 보게 된다. 냉혹하고 자기성장에만 몰두하는 사람은 자기 것밖에는 아무것도 볼 수 없는 법이다. 우는 아이가 옆에 있을 때, 냉혹한 사람은 우는 아이가 눈에 안 들어오겠지만, 따뜻한 긍정심을 가졌을 때, '저 아이가 왜 울지?' 하며 지나가다가도 다시 돌아보며 손을 내밀게 되는 것이다. '긍정심과 따뜻함을 가져라 그러면 많은 것을 담고, 많은 것을 이뤄낼 수 있다'는 것이 바로 세종대왕에게서 배울 수 있는 진정성일 것이다.

아무리 세제를 감면하고 농기구를 개발해서 방을 붙여도 한문으로 붙이게 되면, 글자를 모르는 백성들이 정작 혜택을 받지 못하게 되는 것이 안타까워 그들에게 글을 가르치기 위해서 만들어진 것이 한글이다. 한글이 창제됨으로써 글자에, 지식에 소외되었던 많은 약자들, 특히 여성들, 농민들이 눈을 뜨게 되었다. 거기서 희망이 열린다. 그래서 문화혁명이 이루어졌다. 그래서 이 한글은 약자에 대한 나눔과 배려, 소통 그리고 사랑과 화합의 문자이다.

이런 세종의 마음에 대해 율곡은 '우리 민족의 천년만년을 열어놓으신 영원한 민족의 스승이다' 이렇게 말씀하셨다. 지금 IT 강국이라고 우리가 뽐내는데, 지금 현대인이 제대로 만들어서 낸 것이 아니다. 세종임금이 컴퓨터 시대까지는 예견한 것은 아니지만, ㄱ, ㄴ, ㄷ, ㄹ의 자음과 모음을 만들기 위해서 목에 피가 나도록 개발해내면서 거기에 가장 과학적이고, 정교한 이치로 문자를 만들었기 때문에 지금 알파벳과 한글의 자구 수가 거의 같다. 이 신속한 변환이 아주 초기부터 편안하게 이루어질 수 있었는데 중국은 뜻글자라 매우 복잡하고, 일본은 글자가 2배가 되니까 더 복잡하다. 그런데서 이 IT시대에 우리가 이렇게 앞선 문화를 일궈낼 수 있는 것도 세종의 한글창제

덕분이다. 다이아몬드 같은 인류학자, 언어학자는 우리 한글을 세계 최고의 문자라고 극찬을 아끼지 않았다. 우리는 그냥 물과 공기같이 항상 있으려니 하니까 세종 때에 창제된 그 마음을 우리가 익히 잊어버리고, 또 잘 알려고 하지도 않는다. 그래서 이를 기리고 오래도록 후세에게 교육하기 위해 광화문에 세종대왕 동상을 세우자고 나를 비롯해 여러분이 건의하여 세워질 수 있었다. 또한 우리는 1443년 한글이 만들어져서 1446년에 10월 9일 반포되었던 날인데 지금은 너무 쉽게 그 날을 잊고 사는 것은 아닌지. 한글날 세종의 고마움을 기려야 한다.

만덕의 나눔 정신

또 자기의 모든 재산을 사회에 기꺼이 환원했던 만덕의 나눔 정신을 살펴보겠다. 그녀는 1739년에 제주도에서 양민 집안의 딸로 태어났지만, 어릴 적 부모님이 세상을 떠나면서 어디 의탁할 곳이 없어 기적에 입적했다. 그곳에서 수청을 들라고 했을 때, 본인의 자아개발에 대한 강력한 끈기와 인내로 관가에 탄원을 올려 다시 양민으로 환원된 다음 상인의 길로 뛰어든다. 만덕은 거기에서 기발하고 성실한 아이디어로 육지의 소비자와 생산자를 연결하여 새로운 신상품을 개발해서 거상이 되었다. 그후에도 그녀는 '상도, 상민은 돈을 버는 것도 매우 중요하지만, 그러나 번 돈을 나누는 것이 바로 상도다'라는 마음으로 1792년에 3년 동안 극심한 기근 속에서 많은 사람들이 죽어 가는데 기꺼이 평생 모은 재산을 사회에 환원해서 수천 명의 목숨을 살렸다. 이러한 사회 환원의 정신을 기려서 '은광연세'(恩光衍世)라는 표현으로 현판을 만들어 그분의 나눔의 미덕을 길이길이 선양한 것이 추사 김정희 선생의『세한도』이다. 이것이 우리가 오늘에 되새겨볼 만한 귀중한 가치인 것이다.

추사선생의『세한도』

추사 김정희 선생님은 1786년에 태어나서 1856년에 71세를 일기로 세상을 마친 분이다. 그런데 이분은 증조할아버지가 조선왕조 21대 임금인 영조임금의 사위였다. 다시 말하면 증조할머니가 영조가 사랑했던 화순옹주였다. 아주 좋은 집안에서 고생 모르고 또한 굉장히 머리가 영민해서 24세에 과거에 장원급제를 하고, 아버지 따라 청나라에 가서 금속학의 대가들인 완원, 옹방강과 교류를 하면서 우리나라에 금속학을 개척하신 분이었고, 잘 아시다시피 우리나라의 독자적인 서예체를 개발하신 분이기도 하다. 그런데 1840년에 정치 음모에 연류되어 제주도 서귀포의 대정리로 귀향을 가게 된다. 서귀포는 제주도에 제일 남쪽에 있다. 지금은 최고의 관광지이지만, 당시에는 최악의 유배지였다. 이분이 고생 모르고 자랐는데 얼마나 고생이 심했겠는가? 가서 예산에 있는 아내에게 편지로 호소하는 것이 음식이 안 맞고, 아내가 열심히 조달해도 냉장시설이 없으니 쉽게 썩고, 쉬어버리는 어려움을 호소하고, 마음에 더 큰 괴로움은 이분이 학자인데 책을 볼 수 없는 현실이었다.

그래도 간간히 책에 대한 그리움을 해소해 주는 제자가 있었는데, 이상적이라는 통역관이었다. 선생의 사랑하는 아내가 1842년에 세상을 떠나고 더 고달픔과 외로움 속에 있었는데, 이 제자가 선생님의 괴로움을 알고 1843년에 정말 보고 싶던 금속학의 신간서적을 79권 보낸다. 정말 보고 싶던 책이었기에 추사 선생은 큰 감격을 한다. 정말 보고 싶었던 책이 이렇게 뜻밖에 제주도 귀양지까지 오게 되어 감격해서 그린 그림이 『세한도』라는 그림이다. 책은 1844년 초에 또 2권이 더 온다. 이 그림은 재주로 그린 것이 아니라 가슴으로 그린 것이다. 거기 그림에 발문이 있다. '이 책이 구하기나 쉬운 것인가? 외국인이 북경에 가서 새로 나온 책을 구입하기가 쉽지 않은데 구하기도 어려운 책 또한 나르기도 어려운 책 아닌가? 바다를 2번 건너왔지 않나?' 청나라에서 조선 땅의 서해안으로, 다시 제주도의 남해안으로 해서 바다를 2번 건너 전달하기도 어려운, 그리고 마지막으로 추사 선생님이 쓴 발문에 '이렇게 귀한 것이 있으면, 권세가 세력가에게 갖다 바치는 것이 세상풍조인데 너는 이렇게 초라하게 남쪽 끝에 떨어진 이 노인에게 보내는 너의 마음은 … ' 하면서 적고 있다. 공자 말씀에 '세한'이라는 것은 '날이 차가워진 다음에야 소나무, 잣나무가 여전히 푸르다'라는 말로, 날이 차가워져서 나뭇잎이 떨어지고 낙엽이 되어서 온 나무가 앙상할 때, 그래도 푸르름을 계속 유지하고 있는 소나무, 잣나무의 한결같은 모습은 그때야 눈에 들어온다는 것이다. 여름에 모든 나무가 잎이 무성할 때에는 이 소나무, 잣나무가 한결같이 푸르다는 것을 알아볼 길이 없다. 그러나 날이 차가워져서 가을이 되고, 겨울이 되어서도 계속 푸름을 유지하는 소나무, 잣나무의 모습이 눈에 들어온다는 것이다. 우리가 화려하고 풍요로울 땐, 많은 친구들이 모여든다. 그러나 초라하고 정말 외로워질 때 곁에 남는 친구는 그때에야 알아볼 수 있게 된다. 이 『세한도』는 그 감격으로 이렇게 초라한 나에게 이 귀한 것을 보내는 정말 너의 진정한 마음을 선생님이 고마워서 감격으로 감사로 그려 제자에게 준 그림이다. 그랬더니 이 제자는 내가 한 일은 당연히 제자로 스승에게 해야 될 도리를 한 것인데 선생님이 이렇게 감격으로 그려준 그림에 또 감격을 하게 된다. '내가 한 일은 당연한데 선생님이 이렇게 정말 가슴을 나눠주신 것에 대해 또 감사해서 그래서 이것을 혼자 보기에는 아깝다' 해서 중국 북경에 유학자의 회갑 잔치 날 들고 가서 자랑하고 싶고 이 감격을 나누고 싶어 했다. 그러니까 이 그림은 스승과 제자의 사랑과 감사에 마음의 메아리가 마주쳐서 공명이 일어나게 된 것이다. 그림을 가지고 가서 내놓았더니 많은 중국 유학자들이 모여 들었다. 그리고 이 그림을 보고 열여섯 명이 이 그림 뒤에다가 시도 붙이고, 제도 붙이고, 찬도 붙였다. 요즘에 컴퓨터에 글을 쓰면 댓글을 올리듯이 열여섯 명이 여기에 붙이는데 모두 같은 마음으로 하모니를 이루는 것이었다. 이 그림을 보고 언어가 다르고, 국경을 넘어서 스승과 제자의 오가는 사랑과 감사에 진정한 마음의 나눔과 공명의 메아리와 향기는 정말 영원히 우

리가 살아가는 의미와 용기를 준 마음의 향기라는 진정성에 감격을
표하게 된다.

우리가 잘 살고, 경쟁이 치열해지고, 또 지혜가 뛰어나지만, 사람이
역사를 만들어가고 사람이 사는 세상인데, 여기에서 서로의 격려와
희망의 마음을 나누지 못하면 모든 것이 허망해지고, 수포로 돌아갈
수 있다는 것을 우리는 세종과 『세한도』의 마음을 통해서 다시 되살
려 내야 한다. 결국 세상의 길은 함께 가는 길인데, 우리가 함께 마음
을 따뜻하게 격려하고 진정한 마음을 나누고, 희망을 함께 열어갈 때,
세상에는 평화가 올 수 있다.

우리는 한국인

마지막으로 이야기하고 싶은 것은, 서로의 격려와 진정한 사랑과
감사의 마음을 나누면서 또 세상에 자연과 소통하고 거기에 또 사랑
의 마음과 가슴을 열어가면서 소통하고 화합하는 것을 잊지 말아야
하는 것은 우리가 한국인이라는 것이다. 우리가 주권을 잃어버렸던
정말 어처구니 없었던 일에서 배우는 것은 우리나라를 남이 지켜 주
는 것이 아니라는 것이다. 우리 문화도 남이 지켜주는 것이 아니다.
우리의 역사를 남이 지켜주는 것이 아니고, 우리의 자존심도 남이 살
려주는 것이 아니다. 우리가 지켜야 되고 우리 조상들이 어려운 시련
을 극복하고 빼앗겼던 나라도 찾아주었는데, 우리는 이 시대에 무엇

을 지켜야 하고, 우리 후손들에게 무엇을 더 귀중하게 가꾸어서 넘겨주어야 하는가 하는 마음을 잊지 말아야 한다.

1936년 베를린 올림픽, 마라톤에서 금메달을 딴 손기정 선수의 모습을 생각해 보시라. 한없이 부끄럽고 고개 숙인 비극의 마라톤 금메달리스트를 어느 독일인이 보고 저에게 편지를 보냈는데 그 내용은 다음과 같았다. '이것은 너무 불가사의하다, 마라톤에서 금메달을 땄는데 왜 이렇게 슬픈 모습, 부끄러운 모습의 청년인가 하고 살펴보니 그가 식민지 청년이었더라'는 것이다. 가슴에는 태극기를 달아야 하는데 일장기를 달고 태극기가 올라가야 하는데, 일장기가 올라가는 것을 보니까 한없이 부끄럽고 슬픈 모습을 하게 되었다는 것이다. 그런데 이 청년의 절망과 좌절은 후배에 의해 극복된다. 1992년 바르셀로나 올림픽에서 빼앗겼던 마라톤의 금메달, 잃어버렸던 금메달을 다시 찾아낸 황영조 선수의 모습, 그때 금메달을 함께 했던, 이제는 늙어버린 손기정 선생에게 환희의 기쁨으로 갖다 바치고, 함께 얼싸안고 기쁨으로 뛰던 모습, 또 이제는 당당히 태극기를 달고, 태극기가 올라가고, 애국가가 퍼지는 곳에서 이 환희의 모습, 이것은 어느 국가도 연출해내지 못하는 한국인의 열정, 나라에 대한 애국심이 역사의 명장면을 만들어냈다는 것이다. 바로 이것이 인류의 희망이고, 미래를 더욱 환하게 밝혀주는 환희의 기쁨이다.

그러나 이것은 우리의 준비 없이, 우리의 마음 없이 만들어 낼 수는 없다. 준비 없는 미래는 없고, 과정 없는 결말은 없다. 다시 우리는 이러한 항심을 찾아서 진정성과 내 나라는 내가 지키고 우리 문화의 소중함을 알아서 잘 가꿀 때, 우리가 부끄러움 없는 미래의 후손들에게 우리의 의무와 사명을 다한 조상으로 당당한 역사를 열어줄 수 있다고 생각한다. 바로 여러분들이 그렇게 할 수 있을 때, 정말 자랑스러운 한국을 세계 만방에 펼치고, 여러분들도 자랑스러운 한국인으로서 기량을 펼칠 수 있을 것이다.

제2기 (2011. 3. 11)

●

●

시대와 평화

우리 시대의 평화

– 동북아 평화공동체를 생각하며 –

박경서

들어가는 말

인류의 문자 기록 역사는 3,520여 년으로 추정되며 인간은 이 역사 동안 약 280여 년 만을 전쟁 없는 평화스러운 해로 살았다. 우리 인간들은 근 92% 이상의 인류 역사를 전쟁을 치르느라 허송세월했다. 어찌 보면 우리의 역사는 전쟁과 폭력으로써 평화가 올 수 있다는 한편의 사람들과 전쟁과 폭력은 결코 진정한 참 평화를 보장해 주지 않을 뿐더러 혹 평화인 것처럼 보이지만 이는 거짓이고 오래가지 않는다는 다른 한편 사람들의 대치의 역사였다고 할 수 있다.

융성과 찬란의 극치였던 로마제국(Roman Empire)은 로마인들의 평화와 인권을 위해 이웃나라의 평화와 인권을 유린하였기에 오래가지 못했다. 즉, 이웃 가난한 나라들의 정의의 문제를 짓밟았기 때문이다. 그래서 평화는 정의와 같이 가야 한다는 진리를 우리 모두는 깨닫게 된다. 평화는 정의와 동반할 때 진정한 참 평화이며, 오랫동안 지속이 가능하다는 말이다. 즉, 나의 평화는 이웃의 평화와 함께 가야한다는 말이다. 남한의 평화는 북한의 평화가 있어야 가능한 것처럼.

유엔은 1984년 11월 10일 창설 40주년을 기념하면서 인류 모두는 전쟁과 핵의 위협에서 자유로워야 한다는 '인류의 평화로울 권리'(Declaration on Rights of People to Peace), 즉 평화권을 선포하였다. 이 평화권은 지난 45년간(1945-1990) 미소 냉전의 와중에서 기대한 만큼의 진척을 보이지는 못했지만 이라크 전쟁이 혼미 속에서 전혀 해결의 기미를 보이지 않고 있는 오늘날처럼 이 평화권의 중요성이 절실하게 호소력을 가진 적이 없다.

9년 전 9·11테러는 알 카에다의 오사마 빈 라덴의 잔혹하고 비인간적인 만행으로 도저히 용서할 수 없는 사건이었다. 3,000여 명의 무고한 생명을 잃은 세계인의 분노는 특히 미국인들의 감정은 이해하고도 남는다.

그러나 유엔의 결의 없이 일어난 이라크 전쟁은 정의로운 전쟁(Just War, War on Terrorism)이라는 기치와 이라크에서 대량살상무기의 발견과 민주주의의 정착이라는 구호를 내세워 당시 75%의 미국인들이 이 전쟁을 찬성하였지만, 9년이 지난 오늘 대량살상무기는 발견되지 않았으며 이라크에서의 민주주의의 신장은 온데간데없고 수니파와 시아파 사이의 인종분쟁으로 번져 수십만의 무고한 생명을 앗아가고 있다. 200만 명 이상의 이라크인들의 생명 그리고 4,000명 이상의 꽃다운 미국 및 영국의 젊은 군인들의 목숨을 앗아갔다.

이라크 전쟁 3년이 된 2005년 3월 16일의 미국의 주간지 뉴스위크의 사회조사에서는 71.9%의 미국인들이 이라크 전쟁은 실패한 전쟁이라고 응답했다. 그리고 그후 6년이 지난 오늘에는 훨씬 많은 80%의 미국인들이, 이라크 전쟁은 없었어야 하고 전쟁 대신 평화적인 방법으로 문제를 해결했어야 한다고 느끼고 있다. 지난번의 미국 대통령선거의 핵심쟁점 중 하나가 이라크 전쟁 종식문제임을 우리는 잘 알고 있다.

최근의 유엔 인권이사회는 21세기의 새로운 인권분야로 떠오른 평화권에 대한 회원국가와 전문가들의 의견을 수집하여 평화권 정립에 노력하고 있음은 진정한 평화, 즉 정의를 동반한 평화가 세계화의 거센 물결 속에서 얼마나 중요한가를 잘 보여주고 있다.

나 자신이 3년 3개월간 창설멤버로 참여했던 국가인권위원회는 9년 전 3월 26일 국가기관으로서는 드물게 이라크 전쟁을 반대하는 평화인권선언을 했다. 나를 비롯한 10명의 위원들은 한결같이 한반도에서 다시는 끔직한 제2의 한국 전쟁을 피해야 되겠다는 인식을 같이 했다. 이 결의안은 75%의 한국인들이 유엔결의 없는 이라크 전쟁을 반대한다는 당시의 여론 조사를 반영하면서, 다시는 1950-1953년의 430(중국인 포함)만 명의 무고한 생명을 앗아간 한국 전쟁은 한반도에서는 절대로 되풀이 될 수 없다는 대다수 국민의 뜻을 받아 전쟁반대 평화인권선언을 했다. 만 9년이 지난 오늘 많은 사람들은 당시의 선언은 참 잘한 일이라고 말하고 있다.

65년의 긴 분단의 비극을 치르고 있는 우리나라는 세계의 모든 나라 중 유일무이하게 같은 민족끼리 대치하고 있는 상황이다. 한반도의 평화는 동북아시아의 평화요, 세계평화와 직결되어 있다. 평화를 사랑하는 우리 모두는 대치를 조장하는 미국의 네오콘(Neocons)의 입장을 단호히 거부해 왔다. 그와 똑같이 핵으로써 힘을 과시하거나 대치를 조장하는 북의 정치세력에게도 우리는 찬성할 수 없다는 사실을 분명히 했다. 그래서 핵심쟁점은 세계평화와 동북아 평화 공동체 건설이 어렵지만 남북이 공조하여 주도권을 잡으면서 공동체 건설에 어떻게 기여할 수 있겠는가이다. 현실은 어려워 보이지만 그래도 노력해야 한다. 마치 1957년 로마에서 6개의 나라가 시작한 유럽 경제공동체가 53년이 지난 오늘의 27개 국의 유럽연합을 만들었듯이 여기에 오늘 모인 우리 모두인 서울신학대학교의 사명이 여기 있다고 할 수 있다.

진정한 평화, 즉 참 평화는 비폭력적이고 평화적인 수단에 의해서 추진되고 성취되어야 한다. 그리고 화해의 정신에 입각한 대화와 양보를 통해서 참 평화는 얻어진다는 진실을 인류역사는 우리에게 가르쳐주고 있다. 그래서 우리 모두들은 화해 그리고 참 평화를 위한 어떠한 폭력이나 대치를 조장하는 일에 "아니요"라고 거부해야겠다. 이것이 성경에서 우리가 배우는 평화와 화해의 직분이다.

아웅 산 수지 여사와 달라이 라마, 라모스 대통령과의 만남

1996년 11월 어느 날 나는 1991년의 노벨 평화상 수상자인 버마의 아웅 산 수지(Aung San Suu Kyi) 여사를 만났다. 가택연금 중인 수지 여사의 집에서 어렵사리 이루어진 이 만남은 2시간 여 동안 그녀와 나 사이의 단독으로 이루어졌다. 배석하신 분은 전 랭군대학(University of Yangon)의 법대교수였던 여사의 비서인 센 윈 박사였다.

아웅 산 수지 여사는 총칼에 그리고 부패한 독재의 군부에 맞설 수 있는 힘은 경건한 기도라고 말했다. 가냘픈 여성에게서 어떻게 그런 카리스마가 나오는지 놀랄 정도로 그녀는 굳건히 비폭력적인 온화와 경건한 기도로서 4,000만 버마인들(6대 종족까지 포함)의 버팀목이 되고 있다. 어느 경우도 그녀는 평화적인 비폭력의 위대한 힘으로 군부와 대치하면서 버마 민주주의의 실현을 위해 투쟁하고 있다. 아마 그녀는 세계의 평화를 생각하는 모두의 진정한 우상일 것이다.

1998년 6월 독일 오스나부르크 시장의 웨스트 파리아 조약체결 기념일에 나와 달라이 라마는 같이 초청되어 그와 많은 대화를 나누었다. 1989년의 노벨 평화상 수상자인 티베트의 정신지도자도 비폭력 대화를 통한 평화만이 진정한 평화라고 확신한다는데 나와 똑같은 생각을 하고 있다고 느꼈다. 비폭력 평화적인 수단의 실천가인 이분도 지난번 북경 올림픽 이전의 자신의 조국 티베트 사태에서도 똑같은 입장을 견지하였다.

1996년 노벨 평화상 수상자인 동티모르의 현 대통령인 호세 라모스 호르타 박사는 80년대 스위스 제네바 저의 사무실의 단골손님이었다. 해외의 나라들을 돌아다니며 조국의 독립을 이루어낸 평화주의자이다. 최근 정파의 폭력에 총을 맞기도 한 라모스 대통령은 작년과 금년 9월에 내가 책임지고 있는 이화여대 평화학연구소와 같이 진행하는 프로그램에 와서 우리 학생들에게 자기의 조국은 450년의 포르투칼의 식민지 27년의 인도네시아 식민지의 후유증을 앓고 있지만 비폭력 대화만이 동티모르 국민의 살길이며 화해를 위한, 통합을 위한 길이라는 내용의 강의를 하고 갔다.

나에게 장학금을 주어 공부를 시키고 자신이 다닌 독일 괴팅겐대학으로 유학을 보낸 아버지나 다름없는 현재 91세의 바이체커(Richard von Weizsaecker) 전 독일 통일대통령은 재임 중 베를린대학의 특강에서 "여러분들은 히틀러의 만행 때 세상에 태어나지 않았다고 그가 저지른 죄에서 자유스럽다고 할 수 없습니다. 왜냐하면 여러분들은 나와 함께 게르만민족의 후예이기 때문입니다"라고 했다. 독일은 지금도 유태인들의 안녕과 복지를 위해 전후 65년이 지났음에도 GDP의 일정 부분을 무상으로 원조하고 있음은 세계평화를 위해서이다. 평화는 그래서 화해와 같이 있어야 함도 우리는 알아야 되겠다.

이라크 전쟁이 9년째 접어들면서 세계의 평화 운동들은 많은 교훈을 주고 있다. 그 중에서 미국의 전쟁 중 아들을 잃은 어머니들이 중심이 된 운동 '코드핑크'(CODE PINK)는 "Women say no to War!"(전쟁은 이제 그만)이라는 캐치프레이즈(catch-phrase)를 내걸고 많은 영향력을 행사하고 있다. 또는 "MFSO"(Military families speak out - 반전 사이트; 군인들은 말한다) 운동도 많은 눈길을 끌고 있다. 그 이외의 여러 나라에서 평화와 정의를 염원하는 운동들이 활발하게 전개되고 있다.

이외에도 세계의 역사 중 이라크 전쟁이나 베트남 전쟁과 같이 전쟁이 오래갈수록 평화 운동은 강렬해지는 역설적인 현상에 우리 모두는 주목해야 한다. 우리 모두는 한반도의 평화를 위해서 핵과 폭력, 전쟁에 대해서 "아니요"라고 대답해야 한다. 65년간의 기나긴 긴장이 이제는 평화 정착으로 가야 한다는 당위성을 우리 모두에게 말하는 것 같다. 그러면서 한반도의 평화통일은 시작될 것이다.

그러나 우리 주위의 환경은 늘 우리들을 우울하게 하고 있다. 세계의 많은 곳에서는 지금 이 순간에도 전쟁과 갈등이 고조되어서 많은 무고한 희생자들을 만들어 내고 있다. 앞서 말한 대로 평화를 깨트리는 첫째의 제일 큰 위험은 전쟁과 폭력임은 말할 것도 없다. 그래서 지난 100년간의 수많은 노벨 평화상 수상자들이 전쟁 예방을 위해 노력했던, 즉 화해와 양보 인도주의를 실천한 사람들임을 우리는 알아야 한다. 다음은 작년 4월 1일부로 설립된 내가 책임을 맡고 있는 이화여대 평화학연구소의 연구 분야를 중심으로 평화라는 명제를 살펴보자.

평화에 대한 생각

평화란 늘 우리 곁에 있어야 하고 우리에게서 찾아져야 한다. 그래서 우리가 하는 행동에 따라서 평화가 우리와 함께 있을 수 있고 또는 우리와 멀어질 수도 있다. 나는 늘 평화란 나를 둘러싼 우리 주위의 관계에서 시작되어야 한다고 믿고 있다. 즉, 나, 가족, 사회, 국가 또 우리가 속해있는 동북아시아 그리고 더 나아가 아시아, 세계와의 관계에서 그리고 마지막에는 창조주가 만들어 낸 우주까지의 관계에서 평화를 생각해 보아야 한다고 믿고 있다.

또는 거꾸로 우주에게서 시작되어 지구 그리고 지역 그리고 사회 가정 마지막에는 나까지의 관계 속에서 평화를 생각한다. 지난 4월 1일에 이화여자대학 내에 내가 책임을 지고 있는 〈평화학연구소〉는 교육인적자원부와 한국연구재단에서 연구비를 얻어서 노벨 평화상 수상자인 앞서 말한 동티모르의 라모스 대통령(1996년 노벨 평화상 수상자)과 2006년도 수상자인 모하마드 유누스, 방그라데쉬 그라민 은행 총재와 과테말라의 원주민 1992년 수상자 리고베르타 멘츄 여사 그리고 최근에는 이란의 인권변호사, 쉬린 에바디(2003년 수상자) 여사를 초청하여 한반도 평화정착과 동북아시아 평화공동체 형성을 위한 연구를 한다. 몇 명은 내가 추천한 분이며, 이분들과 향후 5년간의 연구 계획을 다음의 도표로 소개한다.

다음의 표에서 표시한 대로 사람은 세상을 사는 동안에 나 개인, 가족, 사회, 국가, 동북아, 아시아 그리고 세계에 속한 시민으로 살게 된다. 첫째, 가족과의 관계에서의 나를 그려볼 수 있고 가족의 성원으로서 내가 평화를 누릴 수 있게 되기 위해서는 우선 배고픔과 질병에서 자유로워야 되며 교육을 받아서 무지의 고통에서 해방됐을 때 평화스러운 나를 생각할 수 있다. 이것을 유엔에서는 인간 안보 (Human

Security)라고 한다.

평화학연구소 5대 연구영역

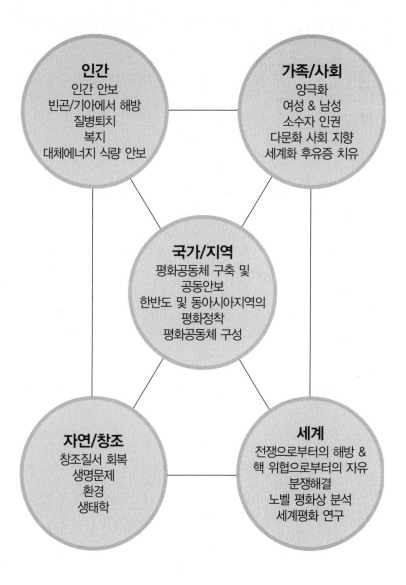

나는 굶지 않고, 즉 빈곤에서 탈출되고 교육받았기에 내 이웃을 존중하고 질병에서 해방된 상태를 나의 인간 안보라고 유엔은 규정했다. 이 개개인으로 구성된 가족의 안보도 마찬가지이다. 이것이 가족 안보이다. 가족 구성원 모두가 배고프지 않고 교육을 받아 무지에서 탈출해야 하며, 질병에서 모든 가족 구성원이 탈출하고 골고루 건강해 온 가족이 행복하다. 사회도 마찬가지로 사회 구성원 모두가 나처럼, 우리 가족처럼 사회 안보가 실현되었을 때 평화스러워졌다고 말한다. 사회의 각 그룹, 즉 외국인 노동자 그룹, 비정규직의 사람들 장애인 그룹, 다문화 가족그룹, 북한 이탈 주민들, 이 각각의 그룹이 골고루 균등한 사회 안보(Social Security)를 누릴 때 그 전체 사회는 평화적인 사회가 될 수가 있는 것이다.

그러기 위해서는 사회를 이루고 있는 모든 성원들이 소외감이 없고 상대적 박탈감이 없어야만 그 사회는 건전한 사회가 되어서 평화스러운 사회로 일컬어질 수 있다. 더 나아가 나와 국가와의 관계에서 국가는 평화스러운 분위기를 조성해야 되는데 만약 이것이 불가능할 경우 예를 들자면, 갈등을 야기하는 그룹과의 충돌 사태가 나타났을 때 그 사회는 평화스럽지 못하다.(3년 반 전 프랑스 파리 근교의 알제리뿌리의 프랑스인들의 폭동사태)

다시 강조하지만 구체적으로 비정규직 노동자들의 문제, 외국인 노동자들의 문제, 한국 남성과 결혼한 외국 여성들의 문제, 북한 이탈 주민들의 문제들이 우리들의 문제처럼 잘 해결될 때에 그 국가는 평화스러운 국가로 생각된다. 국가만이 이를 해결하는 데는 부족하기에 시민들이 국가와 함께 힘을 합쳤을 때 해결이 가능하다. 이것이 보장되면서 더 나아가 우리 모두는 전쟁과 핵의 위협에서 완전 자유스러워야 한다. 한국의 경우에는 남북이 대치상태가 계속 유지되어 있음으로 지난 65년간 한반도의 분단은 우리에게 진정한 평화를 가져오지 못하고 있다. 최근에는 북한의 핵문제가 전 세계를 위협하고 있어서 우리들의 평화를 더욱더 위태롭게 하고 있다고 할 수 있다. 최근 일련의 남북 대치국면은 우리 모두의 안녕과 평화를 위협하고 있다.

다음은 나와 자연과의 관계이다. 20세기 마지막까지 지구상의 인간들은 경제성장 일변도를 최고의 가치로 추구한 나머지 경제성장을 위해서 우리들에게 안식처를 제공하는 자연을 무차별하게 훼손하고 말았다. 즉, 하나님의 창조질서를 경제성장이라는 미명하에 파괴하고 말았기 때문에 21세기에 들어와서는 자연재해로 인해서 인류는 막대한 피해를 보고 있다. 3년 전 수십만의 목숨을 빼앗아간 쓰나미의 비극이라든지 사스 전염병의 비극이라든지 일본의 나고야와 중국의 쓰촨성의 지진의 피해 그외에 태풍, 찜통더위, 홍수, 이런 모든 자연재해는 20세기에 경제성장을 위해서 우리들이 파괴한 조물주의 창조질서의 훼손에서 오는 앙갚음이라고 할 수 있다. 또 작년에는 신종 인플루엔자가 우리 모두를 불안하게 하였다. 그러기에 여기에서 나와 자연과의 관계 속에서의 평화를 그려볼 수 있다.

마지막으로 남과 북 나아가 아시아지역 다시 말하면 동북아지역과 세계와의 관계 속에서의 평화를 그려볼 수 있다. 그래서 동북아시아의 평화공동체 건설에 훗날 남과 북이 합심하여 크게 공헌해야 하는 문제가 중요한 명제로 떠오를 것이다.

평화/인권/정의/환경/민주주의/지속가능한 발전 모두가
동전의 양면

　다음은 평화와 가장 긴밀한 관계에 있고 동전의 양면 같은 인권을 잠깐 살펴보자. 제1차, 제2차 세계대전을 치른 인간들은 전쟁의 참상(慘狀)을 스스로 경험하고 진정한 평화는 비폭력적인 평화적인 수단에 의해서만 달성된다고 자각하기에 이르렀다. 그래서 제2차 세계대전 이후에 전 세계는 전쟁 없는 평화의 지구를 그리면서 1948년 12월 10일 제2차 유엔총회에서 우리에게 잘 알려진 세계인권선언을 결의하고, 공포하기에 이르렀다. 지금도 세계인권선언은 우리가 인권을 이야기할 때에 그 기준을 설정하는 문서로서 전문과 30개 조로 되어 있다. 2조부터 21조까지는 속칭 자유권이라고 알려져 있는 정치적, 시민적 권리를 얘기하고 있으며, 22조부터 29조까지는 사회권으로 알려져 있는 경제적, 사회적, 문화적 권리를 명시하고 있다. 유엔에서는 전자를 B규약이라고 칭하며, 후자를 A규약이라고 칭한다. 이는 뜻보다 더 편의에 의한 것이다.

　이러한 자유권(International Covenant on Civil and Political Rights)과 사회권(International Covenant on Economic, Social and Cultural Rights)은 유엔의 인권이사회에서 회원국들 사이에 그 해석과 적용에서 일치를 보지 못하

고 있다. 즉, 서구의 선진국과 북미 국가들은 자유권을 인권의 가장 중요한 권리라고 주장하는 반면, 사회주의 국가와 제3세계는 사회권을 중요한 인권으로 주장하는 것이 다반사이다. 그래서 지금도 유엔에서는 이 두 권리의 중요성을 놓고 선진 서구국가들과 개발도상국들 또 사회주의국가들 사이에 서로 대치하고 있는 실정이다. 그러므로 이러한 상반된 주장과 국가 간의 대치는 인권신장이라는 대명제에 방해물이 되므로 유엔은 1993년 6월 오스트리아 비엔나에서 세계인권 특별총회를 개최하기에 이르렀으며, 이 회의에서는 자유권과 사회권은 똑같이 중요하므로 서로 연관되어 있고 상호 분리되어서는 발전할 수 없으며, 불가분의 관계에 있기 때문에 포괄적으로 접근해야 한다는 권고안을 회원국가에게 전하게 되었다. 이러한 유엔의 권고안은 상당한 효력을 발휘하였으나, 아직도 유엔에서는 이러한 상반된 의견이 존재하고 있는 점은 유감이라 할 수 있다. 특히 미국은 인권이라고 얘기할 때 자유권만이 인정된다고 주장하고 있는 실정이다.

새로운 인권분야

위에서 말한 자유권과 사회권 이외에 오늘날에는 새로운 인권으로서 발전권, 환경권, 평화권들이 새로운 인권분야로서 주장, 연구되고 있다. 환경권이라 함은 20세기의 발전모델을 경제성장 일변도로 규정하였기에 경제성장을 위해서 환경을 파괴하고, 국가안보를 주장하며 인권을 중요시하지 않는 경향이 있었으며 이러한 경제성장 일변도의 발전모델은 특히 아시아에서 그 한계를 나타내게 되었으며 그것이 곧 1997년 12월에 재정위기로 나타났다. 이러한 20세기형 발전모델은 많은 국가로 하여금 지속가능한 발전으로의 사고전환을 유도하였으며 지속가능한 발전을 위해서는 환경을 무차별로 파손하거나 국가안보를 내세우면서 인권을 유린하는 것을 배격하게 되었다.

그래서 새로운 인권분야로서 평화권, 환경권, 발전권 이 세 가지와 앞서 말한 자유권 그리고 사회권, 총 다섯 가지의 인권들이 상호 견제 유지되면서 매끄럽게 조화(coordination)되는 것이 바람직하다고 유엔은 주장하고 있다.

그 이외에 발전권(right of development)은 아랍권과 제3세계의 가난한 나라들이 주장하는 권리로서 서구 선진국들의 부와 기술의 노하우를 제3세계에 무상으로 전이하라는 주장이다. 이러한 발전권(right of development)에 대해서 미국은 선정(good governance)을 주장하면서 후진국의 빈곤은 민주주의의 발전과 긴밀한 관계에 있기 때문에 가난의 극복은 민주주의의 정착과 이를 수행하는 지도자에게 달려 있다고 제3세계의 주장을 일축하고 있는 실정이다. 그러나 유럽연합은 미국과는 달리 대외 원조 규모를 늘려가면서 이에 대응하고 있다.

유엔이 창설 40주년을 기념하여 1984년 11월 10일 평화권을 권고하여 모든 회원국들이 이를 계속 발전시키기로 하였다. 이 평화권(Declaration on Right of people to peace)은 유엔은 전쟁이 없는 지구를 생각하면서 모든 인간이 핵의 위협에서 자유스러워야 한다고 주장한다. 이 평화권은 아직 인권으로서의 정착은 하지 못하였지만 평화정착 이라는 대명제로서 각 나라가 처해 있는 상황에 따라서 중요시되고 있다. 특히 한반도처럼 긴장이 감돌고 있는 곳에서는 이 평화권에 대한 연구가 앞으로 크게 발전되어서 한반도의 평화정착이 이루어질 수 있어야 하겠다.

환경권은 20세기 발전모델에서 경제성장을 위한 자연 파괴를 묵인한 우리 모두의 잘못에서 그 원인을 찾을 수 있다. 자연의 융화를 인간 스스로, 다시 말하면 조물주의 창조 질서를 인간의 무지가 파괴한 결과로 환경은 인간들에게 안식을 주는 대신 재앙을 주게 되었다. 몇 년 전의 쓰나미의 재앙, 북한의 홍수, 알라스카의 빙하의 잠적, 중국의 홍수, 일본의 태풍, 한국의 국지성 소나기, 금년의 한국·일본·중국의 찜통더위, 이 모든 것들이 인간의 환경권 파괴에서 나타나 새로운 인권분야로 환경권, 즉 물의 권리, 숲의 권리, 바위의 권리 등등이 새롭게 나타나고 있다.

Human Rights

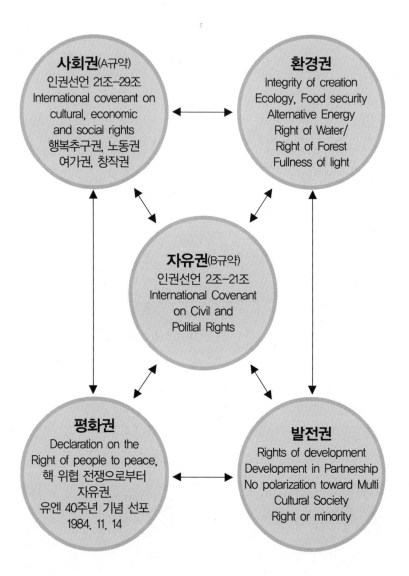

한반도의 평화정착과 독일통일의 비교

금년은 1905년에 미국과 일본이 체결한 가쯔라 테프트(Taft-Kasura) 조약이 105년이 된 해이기도 하지만 분단 65년이요 그리고 해방 65년이 된 해이다. 우리와 같이 분단되었던 독일은 45년만에 통일을 이루어 통일 20년째를 맞고 있는데 지구상에 유일한 분단국가인 우리들은 동서독이 헬싱키 프로세스의 일환으로 미국, 소련, 캐나다 그리고 유럽 30개국, 총 33개국의 환영 속에 핀란드 헬싱키에서 체결한 상호불가침조약, 즉 평화조약을 1975년에 완성했지만 우리는 1953년의 정전협정이 평화조약으로 승화되지 못하고 있는 실정이다.

그런데 우리는 아직도 남북 간 불가침조약은 먼 훗날의 일로 남아 있다. 북녘의 인권문제로 현재의 대치국면은 더욱 첨예화되어 있으며 인도주의 원칙도 상호주의라는 예외 때문에 흔들리고 있는 실정이다. 한반도의 평화 그리고 통일의 문제는 동서독과는 달리 정권차원에서 부침을 반복하고 있으며, 민족의 문제가 정권차원에서 머물다 보니 연속성은 두절되고 어제의 여는 이제 나 몰라라 하면 어제의 야는 이제부터 다시 시작이라는 진전 없는 다람쥐 쳇바퀴 도는 것처럼 7,500만의 염원인 통일이나 평화정착은 답보상태를 거듭하고 있는 안타까운 상항에 처해있는 실정이다.

이러한 문제들은 국내적인 정서로서는 이해가 될 수도 있는지 모르겠지만 국제적인 맥락에서는 결코 바람직하지 못한 일이고 국익이나 한국의 국가 품격에 해를 끼치는 결과가 될 것이다. 예를 들면 유엔 총회는 제55차 총회에서 2000년 6월 15일 남북 정상합의문을 2001년 192개국 만장일치로 통과시켰고, 2007년 10월 4일의 남북 정상 8개항을 또 다시 2007년 11월1일 제62차 총회에서 회원국의 만창일치로 2번째로 채택 남북의 화해 협력에 찬사를 보내고 있다. 이러한 두 번에 걸친 유엔 총회의 세계 192개 회원국가에게 남과 북 공히 국내의 정권교체나 세습문제로 우리 문제를 처음부터 다시 재검토하겠다는 논리는 국제적인 시각에서는 설득력을 상실하고 만다는 사실도 우리는 알아야 하겠다. 왜냐하면 국가의 정체성은 특별한 정변이 있거나 하는 예외의 경우를 제외하면 늘 연속적 추진을 전제하는 것이 국제적인 관행이기 때문이다.

이러한 맥락에서 민족문제의 연속성은 정권차원에서부터 초월성을 유지하면서 여야가 같이 추진할 때에 국제적인 신뢰를 얻게 되고 협력을 이끌어 낼 수 있다는 사실을 알아야 한다. 독일은 그렇게 했다. 민족문제에 관한 한 일관성 있는 연속성은 절대적이어서 국제적인 신의 문제와 함께 국가의 품격 빌딩과 선진국으로의 이미지 부각에 있어 중요한 문제를 해결했던 게 독일이다.

우리의 남북문제도 일관성 있게 추진되어야 한다. 그리고 이제부터라도 여야가 같이 동참해야 한다. 왜냐하면 국내 정서에 입각한 변화무쌍한 민족문제의 부침은 국제사회에서는 한계적 설득력밖에 없기 때문이다. 하루속히 국민의 염원이 여야의 참여하에 지속적인 정책으로 승화되어야 한다. 더군다나 북을 '악의 축'이라고 말한 미국이 그리고 핵실험으로써 세계를 경악케 했던 북마저도 6자회담의 틀 속에서 비핵화문제를 심도 있게 접근하면서 화해의 무드로 갈려고 노력하는데, 남쪽이 다시 대치국면을 조장해서는 평화정착 그리고 훗날의 통일을 원하는 국민의 염원을 저버리는 것이 될 것이다.

분명 이런 바람직하지 못한 상황이 실용적 접근을 표방한 정부의 정책이 아니기를 바라는 마음 간절하다. 남북관계는 동전의 양면이 되어 버렸다. 북의 문제는 그 이상 다른 사람들의 문제가 아니다. 2007년 겨울이 유난히 더워서 북의 온도가 말라리아모기를 박멸하기에는 덜 추웠기에 이 모기들이 DMZ 선을 넘어와서 우리의 많은 장병들이 말라리아에 걸려 시들시들해졌고 심지어는 장병들의 혈액기증도 큰 차질이 있어 국내 병원들의 수혈에 차질이 있었듯이, 더 이상 이제는 북에서 일어나는 문제가 다른 집의 일이 아니다. 또 탈북여성들이 이곳까지 오는 길에 많은 고생 끝에 얻은 병들도 잘못하면 우리 청소년들에게 전염될 수 있는 경우도 있어서 북의 문제는 이제 우리 모두의 문제가 되었다.

북과의 경제협력이 답보 상태에 빠지면 그 자리, 즉 남쪽이 차지했던 자리에 러시아, 중국, 대만, 싱가포르 등 제3국이 밀고 들어오는 것들을 우리는 경험할 것이다. 아차 하고 후회할 때는 그 만회를 위해서 더 많은 노력을 해야 한다는 사실을 알아야 한다.

내가 북을 80년대에 출장 때 싱가포르가 50년 조차한 공장을 함경북도 어디에서 견학하면서 놀랐던 일들이 기억난다. 우리가 서로 대치하는 사이에 제3국이 긴 세월동안 북녘 땅을 임차해서 봉제 공장을 하고 있던 일이었다. 비슷한 예를 나는 호주에서 90년대에 목격했다. 호주 원주민정책을 시찰하러 가는 길이었다. 호주 원주민의 땅을 백인들이 초창기 50년 임차를 하고 기간이 되면 다시 50년을 연장하는 사실을 1990년 호주의 Allis Spring에서 원주민들의 보고에서 직접 들었던 경험이 당시의 북녘에서 되살아났다.

진짜 실용주의는 북과 남 공히 이익이 오도록 하는 것이어야 한다. 예를 들면 이산가족의 상봉이 계속적으로 이루어져 언젠가 컴퓨터 선발에서 자기 이름이 당선되기만을 기다리고 있는 수십만의 남쪽에 있는 이산가족들의 한을 풀어 준다든지 남과 북을 잇는 철도가 북을 관통하여 우리 모두의 원을 풀어준다든지 등등의 눈에 보이는 남북관계의 진전이 있어야만 실용주의의 성공을 국민 앞에 내세울 수 있을 것이다. 행여 실용주의가 잘못되어 남과 북이 다시 십수 년 전의 대치국면으로 간다면 그런 실용주의는 국민들에게서 환영받지 못할 것이다. 이번 추석명절에 불가능하면 금년 내에 지속적인 이산가족 상봉이 재개되기를 바라는 마음이다.

유럽연합의 경험과 동북아시아

세계는 지금 지역주의에 입각한 공동번영의 길을 가고 있다. 가까이 아세안 10개 국은 오래전부터 상호협력하고 공동번영의 틀 속에서 통상, 안보, 사회발전을 나름대로 구상하고 추진하고 있다. 남미는 모든 국가들이 남미 공동체의 탄생을 위해 서로 협력하는 추세이고 아프리카는 이미 오래전부터 전쟁과 종족갈등을 극복하고 아프리카인들의 단결을 위한 Sub Regional 협력체가 많은 발전을 하고 있는 All African Union을 가동 중에 있다.

특히 지역 공동체의 모범이 되고 있는 유럽연합은 우리와 동북아시아 평화정착에 많은 점을 시사하고 있다. 오랫동안 근세 서양사에서 헤게모니 쟁탈전을 무의미하다고 판단한 독일과 프랑스는 공동번영밖에 살 길이 없음을 터득하고 베네룩스 3국과 이탈리아와 함께 구주 공동시장 건설에 주도적인 역할을 했다. 독일, 프랑스, 이탈리아, 벨기에, 룩셈부르크, 네덜란드 6개국은 1957년에 유럽연합의 창설국가로서 시작하여 현재는 27개국이 유럽연합을 구성하고 있다. 27개국이 되면서 유럽의 거의 모든 나라들을 망라하게 된다. 스위스, 노르웨이, 아이슬란드는 부유한 나라이기에 명목상 가입을 않고 있지만 거의 모든 분야에서 회원국처럼 협력하고 있다. "다양성 속의 일치"를 내걸고 공동번영, 공동안보, 공동협력의 뚜렷한 성과를 이루고 있다.

터키의 인권사항이 걸림돌이 되어 아직은 이슬람국가의 뚜렷한 존재를 연합 속에서는 나타나지 않지만(최근의 헌법 개정으로 한걸음 나아졌음), 종교, 인종, 삶의 차이 모든 것을 인정하면서 차차 상향평준화와 공동번영을 위해 전진하고 있다. 유럽연합은 동북아 평화정착과 공동번영을 위해 시사하는 바가 크다.

우리 모두는 금년 여름 예년에 드문 장마로 큰 피해와 이재민을 양산하는 아픔을 겪었다. 그토록 긴 장마에서 그렇게 그리웠던 태양은 우리에게 다시 찜통더위를 선사하여 짜증나게 한다. 이러한 자연재해는 20세기 발전모델로 경제성장 일변도에서 강조했던 우리 모두의 잘못에서 그 재앙 원인을 찾을 수 있다. 인권과 환경보존을 뒷전에 두고 경제성장을 위해서는 자연파괴를 마구잡이로 한 데서 원인이 있다. 이러한 성장모델은 1997년 12월 아세아 개도국의 재정위기와 경제파탄으로 이어졌다. 한국, 인도네시아, 태국, 필리핀들에 대한 IMF의 구제 금융들이 바로 이 사실을 증명한다. 한국을 제외한 기타 국가들은 지금도 그 여파에 시달리고 있다.

동북아 평화공동체는 쉬운 것부터 협력해야 한다. 앞서 말한 자연재해는 중국, 대만, 일본, 몽고, 한국, 북한 모두의 동북아 국가들의 공통된 현상으로서 자연재해 극복을 위해서라도 이제 동북아 나라들은 협력을 할 수밖에 없다.(2002년 1년 동안에만 총 21번의 태풍이 일본열도를 강타) 중국과 몽고 고비사막에서 불어오는 황사현상은 이제 중국, 한국, 일본, 몽고가 공동으로 협력 대처해야 될 자연재해이다. 언제 어느 나라에서 터질 줄 모르는 조류독감은 한번 전염을 시작하면 어느 나라도 걷잡을 수 없는 공동과제이기에 우리 모두의 공동관심사가 되어버렸다.

우리나라나 일본에서 수출한 중고차들은 몽고나 중국, 필리핀 등지에서 계속 매연을 뿜어내고, 다시 그 매연이 황사로 변해 우리에게 날아들어 온다는 사실은 이제 동북아의 나라들이 공동번영을 위해 다른 대륙처럼 협력해야 할 필요성을 우리에게 안겨주고 있다. 역설적으로 자연파괴나 인간이 만든 재앙들이 동북아 공조를 우리에게 호소하고 있는 아이러니에 우리는 처해 있다. 또 하나 예를 들면 일본, 한국, 대만, 홍콩은 몽고, 중국, 북한에서 온 이주 노동자들과 같이 살고 있다. 그래서 외국인 노동자의 문제들을 다 같이 안고 있다. 이 노동자들은 이제 공동의 정책을 마련하여 동북아 내의 노동정책에 대한 공동대처와 처방을 우리에게 요구하고 있다. 이상은 다만 몇 가지 예에 불과하다.

동북아 평화정착으로 가는 길

이상에서 우리는 역설적으로 동북아 공동번영의 당위성을 우리들이 처해 있는 문제점들을 살펴보면서 그 필연성을 살펴보았다.

공동의 번영이라 함은 동북아 평화정착을 위한 집단안보의 개념을 말한다. 세계에서 유일무이하게 군비경쟁의 첨단을 걸으면서 국가안보를 우위에 내세우는 동북아의 나라들이 바로 우리들임을 알아야 한다. 이제 더 늦기 전에 동북아 집단안보의 시작을 생각해야 한다. 국가안보를 뛰어넘어 지역안보로 가야 한다. 미국의 전략적 유연성이 동북아에서 일본과 중국의 경쟁을 부추기는 역할이 아니고 동북아 전체의 평화정착에 기여하는 파수꾼으로 역할을 할 수 있게 유도해야 한다. 중국과 일본의 힘겨루기 그리고 많은 분야에서의 헤게모니 쟁탈전도 구주 공동시장을 기초한 유럽연합에서 프랑스, 독일이 경쟁에서 협조로 탈바꿈했듯이, 그리고 이 두 나라가 유럽 안보를 나토(NATO) 속에서의 지역안보로 발전시키는데 기여했듯이 말이다.

꼭 유럽의 모델이 아니라도 일본, 중국, 한국, 북한, 몽고, 대만이 같이 협력하는 동북아 식의 집단안보로 거듭나도록 서서히 그 운동을 확산시킬 필요가 있다. 요원한 이야기이기도 하겠지만 이 공동번영의 틀에 한편으로 일본, 중국 그리고 한국 사이에서 해결 못하는 국경분쟁의 문제들도 동시에 해결될 수 있는 계기가 될 것이다. 이를 위한 몇 가지 제안을 해 보겠다.

첫째가 우선 경제 분야에서 각국의 특성을 살리면서 각국이 협력하는 모델의 창출이다. 상호보완을 위한 경제공동체이다. 세계는 지금 경제지역화를 가속화하고 있다. 동북아 경제가 지역협력을 하면 세계 제1의 경제공동체가 될 것은 말할 필요도 없다. 다행히 최근에는 이명박 대통령의 동북아 공동번영의 계획이 탄력을 받고 있음은 고무적이라 할 수 있다.

둘째는 일본의 헌법 9조 평화조항을 동북아가 공유하도록 하는 운동이다. 이 9조를 동북아 평화정신으로 승화시키는 운동이다. 일본 헌법 9조는 제2차 세계대전의 비극에서 나온 우리 모두의 새 역사의 공통고백이기 때문에 공동소유가 가능하다. 이를 위해 평화를 사랑하는 동북아의 시민들이 상호 협력하는 게 절대적이다. 일본의 평화애호가들이 외롭게 싸우고 있는데 동북아 평화세력이 공동으로 연계하여 평화정착을 이루어질 수 있는 역할을 하고 해당국 정부들이 눈을 뜨도록 도와야 한다. 몇 가지의 긍정적 발전이 APEC이나 ASEAN + 3에서 나타나고 있음도 우리에게는 고무적이다.

셋째는 일본과 북한의 관계 정상화이다. 어찌 보면 이 두 나라의 외교정상화가 남북한의 신뢰구축에 바탕 둔 미래의 남북한 정상화만큼 동북아 평화정착에 중요한 촉매제가 될 수 있다. 2002년의 고이즈미 총리의 평양선언의 정신을 살리는 것이다. 현재는 일본인의 납치문제와 북한의 핵문제로 답보상태에 있지만 먼 훗날 6자회담이 성공하고 북한, 일본의 대치상황이 한계에 도달하면 일본, 북한의 관계 정상화가 동북아 평화 그리고 남, 북한 평화정착과 동시에 동북아 전체의 평화정착에 크게 기여하게 될 것이다. 일본도 이제 세계 제2, 제3의 경제대국에 걸맞는 세계적 역할에 눈을 떠야 한다.

넷째는 북한의 개방이다. 1979년 등소평의 혜안으로 중국은 개방정책을 선포했고 이제 31년을 맞이한다. 중국이 그간 이루어낸 발전은 눈부시다고 할 수 있다. 세계경제 대국으로서의 도약뿐만 아니고 과학의 발전, 배고픔에서의 완전해방을 우리는 높이 평가한다. 2008년 올림픽을 성공리에 치루고 난 지금의 중국의 제2의 도약을 가히 짐작할 수 있다. 북한도 중국처럼 세계 속의 일원으로 도약해야 한다. 1991년 이후부터 특히 1995년 이후 연속적으로 북을 강타한 자연재해는 복구가 요원한 채 심각하다. 지난 10여 년간은 외국의 인도주의 원조에 의지하여 근근이 치유된 지경이다. 그러나 북한이 지금 처해 있는 기아, 식량난 해결을 탈피하기 위해서라도 북은 이제 그 문호를 개방해야 한다. 물론 이를 위해서는 6자회담이 성공하여 핵문제가 해결되어야 한다. 핵문제 해결은 곧 북에 가해지고 있는 강대국들의 경제제재가 풀어지는 계기가 될 것이며, 한반도에도 1953년 7월 27일의 정전회담이 57년 또는 58년 만에 평화조약으로 정착하는 계기가 될 것이다. 이는 마치 1975년 동, 서독이 헬싱키에서 30개국의 축복 속에서 맺어진 그리고 그것이 통일로 이어졌던 "동서독 불가침조약"(Non Aggression Act)과 비슷하다. 말할 것도 없이 북의 개방은 동북아 평화정착에 큰 역할을 할 것은 자명하다.

최근 북은 나름대로 국제사회의 기준에 도달키 위해 노력하고 있으며 이런 징후를 높이 사야 한다. 유엔 국제조약 중, 북이 가입한 자유권 그리고 사회권 심사를 위한 국가보고서를 매 5년마다 제출 심사를 받고 있으며 유엔 권고안의 실천 여부에 대한 추가보고서를 그때그때 제출하고 있다. 아동권리협약 보고서를 5년 전 제출심사를 받았으며, 유엔 아동권리위원들을 북에 초청 곳곳을 참관시키고 있다. 1990년 영국 국제사면위원회를 초청 인권상황을 들러 보게 했다.

또 한 가지 예는 북 주민 외부정보 접촉비율의 증가를 들 수 있다. 지난 2004년 3월부터 2005년 1월 까지 입국한 새터민 1,374명을 대상으로 조사를 한 결과에 의하면 북의 인민들의 외부정보 접촉비율이 99년에는 6, 7%인 반면 6년 후인 2005년에는 56.7%로 증가했음을 보여주고 있다. 지금은 훨씬 높아졌을 것이다. 이는 북의 개방을 위한 새로운 긍정적 측면으로 평가되고 있다. 남북 상호 예측하지 못한 채 북은 세계 속의 일원으로 걸음마를 한다고 할 수 있다. 이상에서 우리는 동북아 평화정착이 불가피한 몇 가지 요인들을 찾아보았다.

북은 분명히 남에게는 새로운 도전이다. 개성공단은 40여 개의 남쪽 기업이 약 2년 전에 손익 분기점을 넘어섰다고 알고 있으며, 북의 근로자에게는 많은 이익을 준다는 사실도 잘 알려져 있다. 외국자본들도 남과 북이 대화하면서 화기애애하게 서로 협력할 때 많은 투자가 이루어지지 않겠는가? 반대로 이유야 어떻든 남과 북이 서로 대치 국면이라면 외국자본은 썰물처럼 빠져나갈 것이 눈에 보이도록 선하다. 그러면 주식은 또 곤두박질칠 것이다. 이런 사태가 오지 않도록 하는 게 실용주의의 성공일 것이다. 민족의 문제는 보통 타국과의 문제보다 또 다른 특별한 무엇이다. 왜냐하면 피를 나눈 남이 아닌 사람들이기 때문이다. 나는 늘 남과 북을 얘기할 때 1/2의 국민운동을 북에도 남에도 주장한다. 북은 남의 입장에 서서 판단하고, 남은 북의 입장에서 문제를 볼 때에 상호 실용주의가 성공한다고 주장한다. 그리고 각각 자기 주장과 고집을 1/2로 줄여야 한다. 나의 줄여진 1/2에 상대의 줄여진 1/2이 와야 1/2+1/2=1이 되어 하나의 의견이나 타협이 이루어진다. 나도 내 주장만 하고 상대도 자기 주장만 내 세우면 1+1=2가 되듯이 아무것도 이루어내지 못한다. 남과 북이 실용주의에 성공하려면 이런 등식을 상징적으로 머리에 두고 실천을 해야 성공할 것이다. 역지사지의 사고를 우리는 가져야 한단 말이다. 내실 있는 실용주의, 한반도 평화와 통일을 위해 다가가는 실용주의가 우리에게 오기를 기원한다. 우리는 늦었지만 지금부터 남과 북이 손을 잡고 한반도 평화 그리고 동북아 평화공동체 형성에 주도적 역할을 해서 배달민족의 품격으로 승화시켜 평화와 화해를 이루어낸 민족으로 세계에 소개되어야 할 것이다.

헬싱키 프로세스의 교훈

독일의 통일이 된 지 20년째를 맞고 있다. 그런데 독일은 아직도 일 국가 두 민족으로 남아 있다고 고백한다. 이유야 많겠지만 결론적으로 전체 독일인구의 17% 정도밖에 안 되는 옛 동독 국민의 불만이 아직도 살아있다는 말이다. 가장 큰 이유는 스스로 걷는 방법을 가르쳐 주는 대신에 서독은 동독 문제를 돈으로 대신 풀어 주려고 노력했기 때문이다. 그리고 자신들이 동독 대신 그들의 문제를 풀 수 있다고 자만하기도 했다. 예를 들면 통일 다음날 서독 마르크와 동독 마르크를 1:1로 바꾸었다든지 동독 임금 노동자의 임금을 서독 노동자 임금의 80% 지불하는 등의 정책을 통해 결과적으로 400%의 인플레이션을 유발했다든지, 동독의 인프라 구조를 70% 정도 쓸 수 있다고 계산했으나, 17%밖에 쓸 수 없어 막대한 통일 비용이 발생하여 결과적으로 서독과 동독국민 사이에 불신의 골이 깊어진 이유 등등 말이다. 이러한 교훈은 우리에겐 값진 것이다.

그러기에 우리도 북으로 하여금 스스로 걷도록 그 방법을 가르쳐야 한다. 국제사회가 이렇다고 소개해야 한다. 그래서 인도주의 원조 신뢰구축 화해를 이루어갈 프로그램이 꾸준하게 지속되어야겠다. 그래야 북도 세계무대에 나와서 스스로 걸어갈 날이 올 것이며 그날이 실용주의 대북관계가 성공하는 날일 것이다. 서독이 저질렀던 과오가 한반도에서는 되풀이 되어서는 안 된다. 우리 정부의 참 실용주의 대북정책의 알찬 수확을 기원한다. 작금의 약간의 해빙무드는 더 발전되기를 기원한다. 그럼 실용주의 대북정책의 일환으로 우리에게 많은 점을 시사하는 유럽/독일 통일의 헬싱키 프로세스를 우리의 상황에 비추어 보겠다.

우여곡절은 있겠지만 머지않은 장래에 6자회담에서 북의 핵문제가 해결되고 미국이 북을 테러국 명단에서 제외했으니 동북아는 새로운 질서를 창출하면서 발전할 것이며 북미관계의 정상화 북일관계의 정상화는 외교관계의 정상화로 나타날 것이다. 남북도 대치의 국면을 넘어서 협력하게 될 것이며 이를 바탕으로 남북의 공조가 이루어질 것이다. 그리고 이를 통한 남북의 주도권은 동북아 공동번영에 주도적 역할을 하게 되면서 동북아 지역은 새롭게 평화 안보 공동체로 거듭나게 될 것이다. 이러한 다가올 미래의 현실을 그려보면서 헬싱키 프로세스의 몇 가지 교훈을 한반도와 동북아에 적용해보는 시도는 값진 실험이 될 수 있다고 할 수 있다.

'헬싱키 프로세스'(Helsinki Process)의 실체는 1975년 '헬싱키 최종의 정서(Helsinki Final Act)채택'을 기점으로 하여 1989년 베를린 장벽 해체, 1991년 소비에트 연방 변화에 이르는 일련의 공산권 변화 과정을 의미한다. 헬싱키 최종의정서는 유럽 33개국, 미국, 캐나다 등 당시 동서양 진영의 35개국 참여한 다자간 약속이었다. 헬싱키 최종의정서는 1972년 11월 협의를 시작하여 1975년 7월에 공식 채택되었으며 안보협력, 경제협력, 인권협력 등 소위 3개의 바스켓(basket)으로 구성되어 있다. 이렇게 많은 나라가 동참할 수 있게 된 연유는 역시 모든 나라가 만족할 수 있는 다양한 원칙들이라 여겨진다. 이 대목도 우리에게 시사하는 바가 크다고 할 수 있다. 참고로 참가국 관계 규율 10대 원칙(바스켓 I 에 규정)을 보면 아래와 같다.

1) 주권 평등 및 국가주권에 기초한 권리들의 존중
2) 위협 또는 무력 사용 배제
3) 국경의 불가침
4) 국가의 영토 고유권
5) 분쟁의 평화적 해결
6) 국내문제 불간섭
7) 인권 및 기본적 자유의 존중
8) 인민의 평등권과 자결권
9) 국가 간 협력
10) 국제법상 의무 준수

다음으로 헬싱키 프로세스의 배경을 살펴보면, 헬싱키 체제는 소련이 1950년대부터 거론해 오다 1969년 유럽안보협력회의(CSCE)를 공식 제안했는데, 이러한 소련의 제안은 공산화된 동유럽에 대한 영향력을 유지하고, 서방과의 경제협력을 목적으로 했던 것임을 알 수 있다. 미국은 초기에는 부정적 입장을 취하다가 프랑스 드골의 독자노선, 월남전 실패 후유증 등을 배경으로 유럽에서의 영향력 유지와 소련에 대한 견제 틀의 필요에 따라 호응하였으며 이 과정에서 서방은 베를린의 법적 지위 확인, 재래식 군사력 감축문제, 인권문제의 포함을 주장하게 되었다.

헬싱키 프로세스의 의의는 유럽의 긴장완화와 사회주의체제의 점진적 변화, 군사적 긴장완화, 미소 간 전략무기감축협상(SALT)과 중동부 유럽에서의 군사력 상호균형감축(MBFR) 및 동서양 진영 간 인적, 물적 교류와 동구권내 민주주의 유포였으며, 서독의 동방정책(Ostpolitik) 촉진을 결과하였고 동구권의 인권상황에 대한 서방의 개입(Helsinki Watch)을 하게 되는 효과를 가져왔다.

헬싱키 프로세스가 동서독관계에 미친 영향을 살펴보면, 동서독은 헬싱키 최종의정서를 동상이몽의 입장에서 지지하였으며 동독은 체제보장 및 경제협력을 위해 그리고 서독은 의정서 10대 원칙 중 8항(인민의 자결권)을 근거로 동서독 통합을 희망하며 지지하게 되었던 것을 알 수 있다. 인권조항 관련에 있어서는, 서독은 국제회의에서 국제적 규범과 헬싱키 의정서에 근거해 인권문제를 제기하면서도 양자 차원에서는 인도적 지원, 정치범 수용 등 '조용한 접근'을 하였고 인적 접촉과 인권문제는 서서히 단계적 접근의 방법을 취하면서 동독의 개방과 인권개선에 동독이 참여하고 반대를 하지 않도록 유도하였다.

직접 다루기가 버거운 경우에는 서독은 이웃나라로 하여금 이 문제를 제기토록 한 경우도 엿보인다. 다음으로 한반도문제 관련 시사점을 살펴보면 국내외 관련 논의에서 미국의 북한인권법 제106조에는 북한인권 개선을 위해 과거 CSCE와 헬싱키 모델을 통한 다자적 접근을 이미 미국이 언급하였고, 부시 행정부와 오바마 정부도 6자회담에서 북한 핵문제와 인권문제를 거론, 한국의 일부 전문가와 시민단체와도 서로 유사한 입장을 견지하고 있기에 연계성이 충분히 있다고 보인다. 향후 전망으로는 현재 6자회담 참가국들은 북한 핵문제 해결에 우선순위를 두고 있으나, 북한 핵문제 해결이 가시권에 들어설 경우, 기타 미해결 안보문제(미사일, 생화학무기, 군사력 태세 문제 등)와 함께 북한 개발, 인권 개선을 포괄적으로 추진할 필요성이 높아지겠기에 우리에게 많은 점을 시사할 것이며 9·19 공동성명에서도 "6자는 동북아의 항구적 평화와 안정을 위해 공동 노력할 것을 공약"하였기에 더욱 근거를 갖는 호소력이 있을 것이다.

고려사항으로는 한국은 헬싱키 프로세스를 적용하여 미국 등 관련국들과의 협력 속에서 한반도 평화체제 수립, 북한지역 개발, 인권개선 등을 동시 추진하면서, 북한체제의 점진적 변화를 추구할 수 있으며, 이러한 전망을 고려할 때 한국은 '북핵 이후' 한반도 질서를 능동적으로 대비할 전략적 준비가 필요하고, 이를 위해 헬싱키 프로세스는 타산지석으로서의 가치가 높다고 할 수 있겠다.

결론적으로 헬싱키 프로세스는 어느 경우에도 35년 전의 유럽 모델을 그대로 가져와서 적용하기는 힘들 것이다. 다시 말하면 어느 경우도 현재의 동북아 콘테스트에 맞게 각색되어야 함은 물론이다. 그 중에서도 핀란드 정부가 추진했던 화해와 평화를 위하고 공동번영을 위한 위대한 비전을 우리는 높이 사면서 이 정신을 가져오는 것이 대단히 중요하다.

유럽의 원칙이었던 10가지의 아이템도 6자회담 당사국과 동북아시아의 당사국들이 거부감 없이 받아들일 수 있게 만들어 가는 일도 중요할 것이다. 다음으로 중요한 것은 추진 과정에 있어서의 막후접촉에 있어서 합의점을 찾도록 했던 중요한 경우들에 적용되었던 기술과 숨은 얘기들을 배워오는 것이다. 어찌 보면 당시 유럽을 위협했던 냉전시대의 미소의 첨예한 대립 국면은 현재의 동북아 상황에 비교하면 퍽 어려운 여건이었음에는 틀림없다고 할 수 있겠다. 현재의 6자회담의 여건이 훨씬 좋다는 얘기이다.

나가는 말

분단 65년이 된 한반도는 아직도 1953년 7월 27일의 정전협정이 유효한 준 전시 상태이니 우리는 하루속히 이 조약을 불가침 평화조약으로 바꾸고 더 나아가 통일을 향한 한반도의 건설과 더 나아가 동북아의 공동번영과 집단안보를 위해 이 프로세스를 적용해야 할 것이다.

남북이 공조하면 남과 북의 주도적 역할을 중국과 미국과의 관계에서 북은 중국에 남은 미국과 여타의 우방국에 우리만이 할 수 있는 역할을 기대할 수 있겠고 또 가능하리라 보인다. 이 경우 미국의 역할은 대단히 중요하다. 현재는 미국의 전략적 유연성이 일본과 한국을 추슬러 중국과 북한이 부정적 반응을 보이는 결과가 되어있다. 그렇기 때문에 미국의 역할이 유럽에서처럼 평화의 파수꾼의 역할을 동북아에서도 하도록 유도 권고해야 할 것이다. 이를 위한 설득과 권고를 꾸준히 해나가 미국이 유럽의 나토에서처럼 그 역할을 동북아에서도 할 수 있게 해야 한다.

끝으로 사회통합의 문제이다. 우리나라처럼 국론이 분열되어 첨예한 의견대립으로 말미암아 선진국 도약의 발목을 잡고 있는 나라도 세계에서 찾아보기 힘들다. 어느 나라건 보수와 진보는 있기 마련이다. 인간 개개인도 가슴속에는 보수적인 것 그리고 진보적인 생각이 늘 공존해 왔다. 젊었을 때는 진보적인 생각이 우위에 있고 나이가 먹을수록 보수적인 생각이 더 강해지듯이 2만 불이 넘는 국민소득을 하고 있는 개개인으로 이루어진 우리나라는 보수적인 집단과 진보적인 개혁이 공존해 있고 대강 주기적으로 이 두 그룹이 번갈아서 정치적 집권을 하는 게 통례이고 이를 매끄럽게 진행하는 게 선진국들의 민주주의의 실천이듯이 우리도 이를 실천해야 한다. 미국, 영국, 독일, 프랑스, 네덜란드, 스웨덴 같은 선진국 모두가 그렇다.

한국도 예외는 아니어서 합리적인 보수진영과 이성적인 진보그룹이 다수로 존재해 있고 선진국과 별 차이가 없어 보인다. 문제는 우리 나라의 경우는 이 건전한 양대 집단이 침묵으로 일관하고 자신들의 의견을 내어 놓는 것을 포기하고 있는 안타까운 현실이다. 자세히 관찰해 보면 이 침묵의 원인이 각각 소수의 완고한(속칭 수구꼴통) 보수와 소수의 파괴적 진보가 이들을 대신하고 있기 때문이다. 그러니 우리 모두는 이 소수의 집단을 설득하여 그들이 성숙하도록 유도하면서 다수의 그룹이 입을 열도록 해야 할 것이다. 비행기의 양 날개처럼 독수리의 양 날개처럼 선진국에로의 도약을 위해서 말이다. 그래서 양식 있는 우리 모두는 두 진영의 중간에 서서 교량의 역할을 하고 의사를 소통시켜 대화를 하게 하여 제3의 길로 도약시켜야 한다.

영어로 이를 'BETWEEN & BEYOND'(B&B)라고 말한다. 이 제3의 길이 선진국으로의 진입의 길이요, 한반도 평화정착의 길이요, 먼 훗날의 통일의 길이다. 이것이 구체적으로 참 민주주의의 실천이다. 그리고 이 힘이 동북아 평화공동체 건설의 견인차 역할을 할 것이다.

제1기 (2010. 10. 1)

로마제국과 아메리카 임페리움

임 혁 백

지금의 미국이 제국이냐 아니냐에 대한 논쟁이 많다. 좀 더 자세히 이야기하면 '미국이 로마, 즉 21세기 로마제국이냐?' 이런 논쟁이 있다. 그렇다면 미국과 로마제국의 유사성은 무엇이고, 현대의 로마제국이라 할 수 있는 미국과 과거의 로마제국 간의 차이는 무엇이냐를 이 강연을 통해 살펴보도록 하겠다. 그리고 '미국이 계속 제국, 즉 현대의 임페리움을 유지하기 위해서는 무엇을 해야 하느냐?' 또한 '무엇이 로마제국을 몰락토록 했는가?'에서 '현재 미국의 임페리움, 즉 미국의 지도력이 계속 유지되기 위해서 필요한 교훈은 무엇인가?'를 찾아보는 시간을 갖도록 하겠다.

로마를 벤치마킹한 미국, 두 나라의 유사점들

"로마는 하루아침에 이루어지지 않았다"라는 말이 있다. 시오노 나나미가 쓴 15권으로 구성된 유명한 책 『로마인 이야기』1권의 마지막을 보면, '지성에서는 그리스인만도 못하고, 체력에서는 켈트인보다 못하고, 기술력에서는 에트루리아인보다 못하고, 경제력에서는 카르타고인보다 못한 로마인들이 이들 다른 민족보다 뛰어난 점은 뭐냐? 이들 민족을 제치고 고대에 천년의 제국을 건설한 그 비결은 뭐냐?'를 적고 있다. 시오노 나나미의 분석은 바로 '개방'과 '관용'이다.

미국은 21세기의 로마제국이라 불리는데, 바로 그 미국은 "세계를 이끌어야 되는 임무를 타고났다"는 이야기가 여러분이 잘 아는 존 에프 케네디 대통령 취임사에 나온다. 존 에프 케네디는 1961년 취임사에서, "모든 민족은 들으시오. 우리는 그들이 우리가 잘되기를 빌던지, 그렇지 않던지 상관없이 어떤 값을 치르던지, 어떤 짐을 지더라도, 어떤 어려움을 맞이하더라도 우리의 친구를 지원하고 우리의 적을 반대하여 자유의 존속과 보존을 계속 할 것입니다"라며 미국이 세계를 지도해야 한다는 사명감을 이야기했다. 이것이 로마와 너무나도 비슷하다. 그래서 로마와 미국을 비교하기 위해 찾아보았더니, 1776년 미국이라는 나라를 세울 때 건국의 아버지들이 자신들이 새로운 나라를 로마의 이미지에 따라 건설해야겠다 해서 미국헌법 안에 로마의 법을 많이 받아들였다. 그리고 수도 워싱턴을 건설할 때도 로마를 생각하며 건설했다. 지금 로마의 상징은 독수리인데, 미국 국회의사당 전체를 놓고 보면 로마의 독수리 문양을 그대로 형상하고 있음을 알 수 있다. 그리고 미국 군사력의 총본부가 펜타곤이다. 로마에서 약 30분 거리의 교외에 가면 펜타곤의 원형이 되는 빌라 파르네세(Villa Farness)라는 건물이 있다. 로마의 바티칸 광장 역시 미국 국회의사당과 비슷하다. 이 광장에서 교황이 집전을 하는데, 미국 대통령이 취임식을 거행하는 워싱턴 광장이 서로 많이 닮아있기도 하다. 이처럼 미국의 초기 건국자들은 많은 부분 로마의 이미지에 따라 자신의 나라를 세웠다는 것을 알 수 있다.

로마와 미국의 헌정체제

로마의 헌정체제는 여러 원리의 정치체제를 혼합한 혼합정치체제다. 로마의 유명한 정치사상가 폴리비우스(Polybius)는 로마를 공화주의라 평하는데, 로마의 공화주의는 혼합정치체제이다. 왕정, 귀족정 그리고 민주정이 혼합해서 서로 견제와 균형의 장치를 갖추고 대립을 해소하며 로마제국을 유지했다. 시오노 나나미 역시 그렇게 보았다.

미국의 하원은 민주주의 원리이다. 상원은 어쩌면 귀족정의 원리가 있다. 미국도 상원을 '세네트'(senate, 로마시대의 귀족 정도 같은 말로 표현함)라고 부른다. 그리고 미국의 대통령은 사실상 왕과 같은 존재이다. 그리고 미국의 최고재판소는 귀족정 원리를 따른다고 볼 수 있다. 이렇게 미국의 헌정체제 역시 로마와 비슷하다. 이는 우연적인 것이 아니라 미국 건국의 아버지들이 의도적으로 로마에서 가져온 것이다.

로마의 정치시스템으로부터 '공화주의'를 연구한 사람이 계몽시대 프랑스의 몽테스키외(Baron de La Brède et de Montesquieu 1689~1755)이다. 몽테스키외는 삼권분립이 바람직한 정치구조라고 주장했다. 그것을 미국의 제임스 메디슨(James Madison, 1751~1836) 같은 건국의 아버지들이 1789년 필라델피아의 헌법재정회의에 모였을 때, 몽테스키외의 공화정을 도입하면 부강해질 수 있겠구나 해서 지금의 헌정체제가 만들어지고, 그 체제가 240년간 지속되고 있다. 따라서 미국 역사는 짧지만, 헌정체제는 가장 오래된 것이라 할 수 있다.

자유를 보장

로마와 미국의 두 번째 공통점은 자유를 보장했다는 것이다. 두 나라는 모두 종교, 사상, 이념의 자유를 보장했다. 로마제국의 융성기에는 다른 민족의 종교와 인종을 포용해서 동화를 시켰다. 그런데 제국이 쇠퇴할 때는 기독교를 단일 국교로 하고, 다른 종교들을 탄압하고 억압한 것이 로마의 멸망으로 이어졌다. 그런데 미국의 경우에는 1787년에 헌법을 만들고, 미비한 점이 있다고 해서 다시 헌법을 만들고 난 것이 1792년 수정헌법 1조(First Amendment No.1)이고, 이것이 사실상 미국의 '권리장전'이다. 이에 따르면, 어떤 경우에라도 종교의 자유를 허용해야 하고, 언론의 자유, 출판의 자유, 집회의 자유를 제한하는 어떤 법도 만들어서는 안 된다. 이것이 미국국민들의 자유를 보장해주는 권리장전이다. 그래서 이 수정헌법 1조가 지금까지 미국인들의 자유를 보장해준다. 만약 정부나 의회가 이를 제한하거나 억압한다고 하면, 미국인들은 위헌소송을 낸다.

다음엔 로마법을 설명하려고 한다. 로마는 소위 법치국가다. 그래서 로마의 자유, 이때 자유라는 것은 실정법에 의해 획득한 시민권이다. 그래서 로마의 자유는 법에 의해 보장된 '적극적 자유'이고, 그것은 로마 시민에게만 적용된다는 특징이 있다. 그래서 유명한 영웅전을 쓴 플루타르코스는 이러한 관용적 민족정책이 로마의 번영을 가져다 준 비밀이라고 말했다. 같은 라틴족에도 시민권을 부여하고, 적국이라도 시민권을 부여했다. 그래서 사도 바울은 유대인이었지만 이런 관용정책 덕분에 로마의 시민권을 가지고 있었다. 그래서 아무런 제약 없이 자유롭게 여행하며 선교할 수 있었다. 그리고 로마시민 아닌 사람은 그 나라의 법에 따르도록 했다. 그렇기 때문에 로마의 자유는 로마시민에게만 한정된 자유였다.

너무도 종교적인 로마와 미국

공화정 시대의 로마는 다신교를 인정했다. 그래서 모든 지역의 의

식, 종교, 우상숭배를 포용했다. 이를 보고 디오니소스는 로마의 종교
는 광신적 경향이 없고, 다른 종교도 인정한다고 하였다. 그래서 로마
제국시대에도 라틴족과 이탈리아인들의 여러 신들을 모두 받아들였
다. 그리고 로마의 헤게모니를 받아들이면 속국의 종교나 신앙도 로
마의 종교와 독립적으로 모두 받아들였다. 그래서 로마는 다신교인
데, 로마의 신들이 주피터, 비너스인데 다 그리스의 신들이었다. 주피
터는 제우스, 비너스는 아프로디테였다. 이렇게 로마는 타민족의 종
교와 신앙도 차용을 해서 자신들의 것으로 만드는 개방성과 포용성
이 있었다. 그런데 기독교의 경우 처음에는 박해를 당했다. 왜냐하면
기독교는 유일신을 주장했기 때문이다. 그래서 기독교도들은 자신
들의 신앙 외에 그 어떠한 로마의 종교도 받아들이지 않았다. 그래서
네로 황제의 기독교인 대학살(디오클레티아누스의 대학살)이 303년에 있
었다. 그런데 전설에 의하면 콘스탄티누스 황제가 예수의 상징을 보
고, 전투에 임해서 황제에 올랐다. 이를 계기로 콘스탄티누스 황제는
기독교를 공인하게 된다. 이것이 밀라노 칙령이다. 그후 테오도시스
황제 치세 때 기독교는 더 나아가 로마의 국교가 되었다. 그러면서 기
독교도 역시 교조주의적으로 변해갔다. 그래서 종교의 자유가 사라
지면서, 기독교 안의 이교도를 박해하게 되고 결국 로마가 몰락하게
되었다.

　미국과 로마의 공통점은 두 나라가 매우 종교적인 국가라는 것이
다. 로마인과 미국인은 국가에 대한 자부심이 강하고, 그 이유는 자신
들의 나라는 우연이 아니라 명백한 신의 섭리로 만들어진 운명적 존

재라고 생각하기 때문이다. 그래서 아우구스티누스가 시저의 양아들인데 황제가 돼서 스스로 신의 아들이라고 했고, 자기 양아버지인 시저의 동상을 동렬에 놓았다. 이것은 굉장히 종교적이다. 미국은 좀 더한 편이다. 미국은 기독교 국가이다. 미국의 달러에 보면 "하나님 안에서 우리는 믿으리라"(In God We Trust)라고 적혀있다. 그리고 미국의 원래 국가는 "신이여 미국을 축복하소서"(God bless America)인데, 종교인들의 표를 의식한 정치인들이 대중 연설에서 지금도 종종 부른다.

21세기 미국의 특징들

20세기는 분명 미국의 세기였다. 그런데 21세기도 미국의 세기인가? 과연 중국이 미국이 될 것인가? 미국의 시대가 종언을 거하고 중국의 시대가 올 것이냐? 나는 "아니다!"라고 이야기할 수 있다. 물론 20세기는 미국의 세기이다. 그런데 21세기도 당분간은 미국의 세기라고 확신한다. 왜냐하면 다음과 같은 이유 때문이다.

20세기 초 제1차 세계대전 후에 미국은 고립에서 벗어나 세계의 리더가 되고, 포디즘이라는 대량생산방식이 세계의 표준이 되었고, 미국 민주주의를 신생국가들이 벤치마킹했고, 미국문화가 전 세계로 퍼져갔다. 미국과 맞선 나라 중에 독일, 일본, 이탈리아가 있었는데 무참히 패배했다. 뒤에 소련이 사회주의 체제를 구축하려 했지만, 지금은 자멸하고 사라졌다. 20세기를 앞두고 미국은 도전자 없는 단일 헤게모니를 확보했다.

지금 미국이 위기라고 하지만, 미국 쇠퇴론은 항상 있어 왔다. 1970년대부터 미국 쇠퇴론이 끊이지 않았다. 그것을 소위 미국 쇠퇴학파[1]라고 하는데, 그 사람들에 의하면 미국은 1960년대 후반을 기점으로 해서 패권유지를 위한 과도한 국방비, 산업공동화, 해외자본유출, 두뇌유출로 인해 더 이상 패권적 지주를 유지할 수 없고, 21세기에는 미국 유일의 단극체제에서 여러 나라가 집단제도체제를 형성하는 다극체제로 갈 것이라고 보았다.

그런데 20세기 말 미국은 다시 화려하게 부활했다. 냉전이 종식되고, 사회주의가 몰락했다. 소련이라는 강력한 경쟁자가 사라지자 미국은 IT혁명을 주도했다. 경제에서는 다시 금융 산업을 제패했고, 실리콘 밸리로 대표되는 첨단 기술로 다시 헤게모니를 장악했다. 문화는 할리우드가 휩쓸었다. 그것을 결합하여 복합적인 국가 경쟁력을 확보하면서 21세기도 미국의 세기로 만들었다.

이제 세계화라고 하면, 실제로 많은 것이 '미국 스탠더드'이다. 미국은 우루과이 라운드를 통해 FTA를 만들었고, '도하 라운드'[2](Doha Development Round)를 통해 상품뿐 아니라 서비스, 문화, 투자, 아이티, 지적재산권으로 확대하고 있다. 군사지역에서는 각종 분쟁지역에서

---

1) 길핀(R. Gilpin), 크래스너(S. Krasner), 케네디(P. Kennedy) 등
2) 도하 개발 라운드(Doha Development Round)는 무역장벽 제거를 목적으로 2001년 11월 세계무역기구(WTO)가 주최한 다자간 무역협상을 말한다. 줄여서 도하 라운드라고도 부른다.

개입하면서 미국이 주도하는, 미국에 의한 평화, 팍스 아메리카, 이것
을 유지하려고 하고 있다.

지식제국

  그래서 미국제국의 특징은 뭐냐? 지구상에서 제국은 로마, 몽골,
당나라, 페르시아 등 많았다. 그런데 미국이 이들과 다른 것은 무엇
이냐? 그것은 '지식제국'(Knowledge Empire)이라는 것이다. IT와 지식
을 기반한 제국이다. 이점에서 중국은 쉽게 미국을 대체하지 못할 것
이다. 왜냐하면 지식생산과 배분이 21세기의 국력인데, 여기서 단연
미국이 독보적이다. 연구개발(R&D) 투자를 보면, 2000년 기준으로
2,426억 달러이다. 일본은 9백, 독일 4백, 프랑스 3백, 영국 2백 다 합
쳐봐야 미국보다 못하다. 미국은 세계 최대의 이민 유입국이기도 하
다. 다른 선진국들의 경우 해마다 인구수가 줄어들고 있다. 하지만 미
국은 늘어나고 있다. 왜냐하면 미국도 애를 많이 안 낳긴하지만 세계
의 많은 사람이 꾸준히 유입되기에 전체 인구수는 늘어나고 있다. 옛
날 신라 시대 때 당나라로 유학 가듯이 요즘은 미국으로 간다. 많은
외국인 지식인들이 미국에 들어가고 있다. 세계 최대의 출판량을 자
랑하고, 인터넷 웹 사이트도 제일 많고, 노벨상은 물리, 의학, 경제학
분야 등 평화상만 빼고 대략 70~80%가 미국인이다. 이런 상황인데
어떻게 중국이 따라가겠는가? 요즘 논문에서 보면 SCI급의 논문을

얼마나 많이 내느냐에 따라 그 대학의 랭킹을 정하는데, 미국은 270만 편이다. 일본은 71만, 독일 65만, 영국 59만, 프랑스 48만이다. 중국이 자기 기준으로 많다고는 하지만 소용없다. 아직 다른 모든 나라를 다 합쳐도 미국을 못 따라간다.

미국을 또한 '윈텔제국'이라고도 한다. 윈텔은 마이크로 소프트의 윈도우즈와 칩 제조회사인 인텔을 합친 합성어이다. 이들의 역량을 중심으로 미국은 실리콘밸리에서 IT산업의 표준을 만들고 있다. 메모리 반도체 생산에서 삼성전자가 우위라고 하지만, 그 CPU 칩은 단연 인텔이 장악하고 있다. 이 두 개가 세계표준을 정해놓으니까 다른 회사들이 다시 맞추게 된다. 그리고 지금은 애플에 의해서 표준이 세워지고 있다. 이러한 미국, 이러한 지식제국을 어떻게 중국이 따라잡겠는가?

소프트파워와 하드파워가 결합된 제국

두 번째로 미국은 소프트파워와 하드파워가 결합된 곳이다. 미국은 하드파워, 군사력과 경제력보단 소프트파워에서 더 우위이다. 소프트파워는 문화, 정치, 제도, 가치 등과 같은 것의 매력으로 상대방을 끌어들이고 설득시키고 복종시킬 수 있는 힘이다. 미국의 문화와 제도, 자유, 보편성, 국제적 활동을 통한 법체계 등에서 미국은 초강국이다. 또한 미국은 하드파워, 즉 경제력과 군사력에 있어서도 극강이다. 특히 군사력이 강한데 미국은 경쟁국의 군사비를 다 합친 것 보다 더 많은 비용을 지출하고 있다. 세계 유일의 군사적 초강대국이다. 이러한 점에서 미국은 21세기 로마제국으로 봐도 무방하다.

30만 명의 로마 군단이 로마의 하드파워였는데, 이것이 '로마에 의한 평화'(pax romana)를 만들고, 인문학(humanita)이라는 말은 인간다운 삶을 보급하는 소명의식을 심어주었다. 아까 말씀드린 개방적인 시민권 부여 정책이 제국을 통합하는 소프트파워였다. 미국의 하드파워는 전 세계의 미국군사기지고 그리고 '실리우드'(Silliwood)라고 하는데 하드파워, 소프트파워가 합쳐진 것을 뜻하는데, 실리콘벨리의 하드웨어와 소프트웨어 그리고 할리우드의 콘텐츠를 결합하여 거대한 '문화제국'을 만들었다. 그래서 「타이타닉」이란 영화 하나로 백만 대 자동차 수출의 이윤을 냈는데, 이것이 하드파워와 소프트파워의 결합으로 이뤄낸 성과이다.

탈영토적 제국

옛날 대영제국이나, 몽골, 당나라, 로마와는 다른 미국이란 제국의 세 번째 특징은 탈영토적 제국이라는 것이다. 미국은 땅 자체가 크다. 그리고 영토적 야심이 없는 제국이기도 하다. 과거 제국은 더 많은 영토를 늘리기 위해 힘썼지만, 지금의 미국은 그렇지 않다. 그래서 미국이 전쟁을 할 때는 영토적 병합이 아니라, 영토적 평화를 위해서 하게 된다. 더 이상 미국은 영토 확장을 꾀하지 않는다. 이미 충분히 넓기 때문이다. 미국의 땅 크기는 유럽의 우랄산맥 서쪽을 다 합한 정도이다.

그런데 케네디 대통령이 취임사에서 '뉴 프론티어'를 말하자 사람들이 이런 큰 영토를 가지고 있는데 어떻게 또 영토를 확장하겠느냐고 묻자, 케네디는 달을 가리키며 "저기가 우리의 영토이다"라고 했다. 그래서 케네디는 죽었지만 그 비전과 꿈이 실현되어 미국은 최초로 인간을 달로 보냈다. 달은 미국 국기가 있기에 미국의 식민지나 다름없다.

클린턴과 고어는 정보고속도로를 만들면서 가상의 영토를 확장하여 미국이 세계를 다시 리드할 수 있다고 보았다. 미국은 기지 대국이다. 보통 옛날의 제국은 그 나라에 주둔에서 직접 통치하지만, 미국은 25만의 주둔군을 전 세계에 715개에 달하는 기지에 배치시켜 놓았다. 그런데 이것은 그 나라를 지배하기 위한 것이 아니라, 일종의 군사 네트워크를 이뤄놓은 것이다. 그래서 미국이라는 나라는 기지 대국이다. 옛날 일본이 우리나라를 통치했던 개념이 아니다. 한국에 있는 미군 기지도 세계에 구축되어 있는 군사 네트워크 중 하나이다. 그래서 미국은 세계의 어느 곳에 문제가 생기면 신속하게 자국 군대를 배치할 수 있는 능력을 갖추고 있는 유일한 나라이다. 이런 나라와 중국이 어떻게 경쟁할 수 있겠는가? 중국은 대양해군이 없다. 미국은 전 세계에 배를, 특히 항공모함을 보낼 수 있다. 하지만 중국은 없다. 중국은 지금 자기 앞바다라 할 수 있는 동해에 중국 함정이 없다. 하지만 한국 해군, 일본 해군, 러시아 해군, 미국 해군은 있다. 그런데 어떻게 중국이 미국을 넘어설 수 있겠는가?

미국은 21세기의 로마제국인가?

네트워크의 제국

미국의 정치학자가 『우리는 로마인가?』(Are we Rome?)이라는 책을
썼다. 미국이 자꾸 로마를 닮아가니까 이런 책을 썼을 것이다. 그 책
에서 말하는 로마와 미국의 유사점은 바로 소통이다. 소통을 하기 위
해서는 길을 뚫어야 한다. 지금도 로마에 가면 길 이름에 Via가 붙는
다. Via라는 것은 길이다. 영어로 street라는 뜻이다. 우리나라로 치면,
경부고속도로 같은 것, 가장 큰 대로인데, 전 로마제국이 Via Appia,
Via Aurelia, Via Flaminia 등 8개의 길을 통해서 서로 통행, 통신, 통상
하며 연결되었다. 그것은 길로만 연결하는 것이 아니라 로마는 특히
물이 건조한 지역이여서 물을 움직여야 했는데 이를 위해 여러 군데
수로를 건축했다. 어쨌든 이러한 현대인의 눈으로도 놀라울 정도의
엄청난 기술로 그들은 소통의 인프라를 이뤄 놓았다. 그래서 '모든 길
은 로마로 통한다'는 이야기도 있다.

자 그럼 미국은 어떤가? 미국은 하이웨이를 만들었다. 미국에 가
보면 하이웨이가 전국적으로 거미줄처럼 연결되어 있다. 그런데 존
슨 대통령 이전까지는 그렇게 전국적으로 연결이 안 되어 있었다. 그
게 이른바 존슨 시절에 와서 '주간고속도로'(Interstate highway system) 체
계가 만들어지면서 연결된 것이다. 그러니까 동서로 횡단하는 건 10,
20, 30으로 번호를 매기고, 남북은 5, 15, 75, 85로 매긴다. 홀수, 짝수

로. 우리도 고속도로 번호 매기는 것은 미국과 비슷하게 본받아서 사용하고 있다. 그러니까 중부고속도로 같은 남북 종적인 것은 35번 홀수로, 영동고속도로 같이 동서 횡적인 것은 50번 짝수로 번호를 미국식으로 매긴다. 어쨌든 존슨 대통령이 월남전에서는 실패했지만, 내정에서는 큰 업적을 세웠는데, 가장 큰 업적은 하이웨이를 연결한 것이다. 당시 미국은 독립 연방국가이기 때문에 각 주(state)에서만 자기들을 위한 고속도로를 만들고 다른 지역으로의 연결은 크게 신경 쓰지 않았다. 그러다 연방정부가 나서서 이 전체를 연결시킴으로 거대한 거미줄 같은 하이웨이 망이 만들어지면서 로마의 Via 못지않은 미국의 길이 만들어지게 되었다.

미국은 대양해군이 있다. 그들은 전 세계 해상 통행로의 안전을 확보하고 있다. 우리 한반도는 7함대가 맡고 있다.

인공위성을 통해서 우주 하이웨이를 건설하면서 미국은 우주에서의 패권도 가지게 되었다. 인터넷 역시 미국에서 발명되었다.

인터넷은 원래 알파넷이라고 해서 군사용으로 만들어졌다. 그것이 지금 엄청난 속도로 발전해 있는데 '주간고속도로'를 오프라인 하이웨이라 한다면, 이것은 '온라인 하이웨이'이다. 이 인터넷 분야에서도 최강자가 미국이다.

보편적 언어를 지녔다

그리고 언어. 로마에는 라틴어가 공식 언어였다. 그렇지만 여러 민족의 언어(그리스어 셀틱어 등)를 허용했다. 21세기의 미국도 언어, 즉 영어의 힘이 있다. 우리나라도 유치원 시절부터 영어를 배우지 않는가? 왜 그런가? 영어에, 언어에 힘이 있기 때문이다. 각종 기계부품에 어떤 말을 쓰는지가 중요하다. 대부분 영어로 되어 있다. 외교 공식 언어도 영어다. 그러면서 로마와 또 닮은 점은 무엇이냐면 영어가 그런 힘을 가지고 있으면서도 캘리포니아나 텍사스 등 멕시코 접경지역에서는 스페인어를 공식 언어로 해준다는 것이다.

다양한 문화의 힘을 지녔다

로마는 로마법을 전파했다. 그리고 로마는 끝이 없는 제국이라고 이야기한다. 로마는 군사력뿐만 아니라 문화, 예술, 건축, 의상, 음식문화를 전 세계에 전파시켰다. 그래서 토가[3](toga)를 전파했고, 목욕탕 문화도 마찬가지다. 그리고 중앙난방시스템이나, 유명한 영화 「글라디에이터」에 나오는 검투사 문화 역시 로마가 수출한 것이다.

미국문화의 힘은 기독교를 전파하는 것이다. 역시 여전히 세계에서 가장 많은 나라에 선교사를 파송하는 나라가 미국이다. 글로벌 자본주의, 군사력 배치, 문화수출, 특히 스타벅스와 맥도날드의 경우가 그렇다. 스타벅스에서는 '커피를 마시는 것이 아니라, [스타벅스의] 문화를 마시는 것'이라고 홍보한다. 이렇게 스타벅스, 맥도날드와 함

---

3) 헐렁하고 우아하게 주름잡은 로마 시민 특유의 겉옷.

께 미국문화가 전파되는 것이다.

관용의 제국

다문화적 관용

그리고 관용의 제국이다. 나는 이것을 가장 중요하게 생각한다. 로마의 관용은 정말 중요하다. 로마의 관습과 간섭을 받아들이면 관용을 베푼다. 그런데 그렇지 않으면 관용을 베풀지 않는다. 그렇기 때문에 로마는 모든 것을 로마인으로 만드는 거대한 동화능력, 흡수능력이 있었고, 그것을 하기 위한 의지가 있었다. 그래서 로마문화 속에 그것을 녹이고, 다문화적인 다양성을 만들어간다. 행복한 용광로다.

미국도 마찬가지이다. 미국은 다인종, 다종족, 다민족사회이다. 전세계의 모든 민족과 인종이 미국에 산다. 미국은 21세기의 당나라요 로마이다. 미국은 태평양과 대서양을 동시에 가지고 있다. 그리고 동서양의 문화를 동시에 흡수한다. 이 모든 사상과 문화를 녹이는 용광로가 미국의 힘이다.

종교적 관용

또 종교적 관용이 있었다. 우리가 성경에 다니엘, 에스더, 요나에서 보면 페르시아 황제가 종교적 관용을 베푸는 모습이 나온다. 로마도 마찬가지다. 그리스신화에 있는 신화를 바로 차용하여 사용한다. 그러나 종교적 관용은 어느 정도 한계가 있었다. 비로마적이고 도덕혐오적인 것은 금지했다. 그리고 다종교 사회이기에 유일신은 문제를 일으킬 수 있었다. 그래서 유일신을 믿은 유대인들은 지역을 따로 정해 가두어 놓았다. 시저는 유대인에게 큰 관용을 베풀어 법적인 자유를 부여했고, 이에 대한 보답으로 유대인들은 시저의 정복전쟁에 협조했다. 시저의 아들인 아우구수티누스도 역시 이를 계승했다. 그런데 하드리아누스황제에 들어서면서 유대인에 대한 관용이 없어졌다.

로마문명이라는 것은 잡종 교배 문명이다. 그러니까 그 문명을 건설하기 위해서는 관용이야말로 가장 중요한 정책이었다. 그래서 카라칼라(Caracala) 황제는 모든 제국의 자유인에게 시민권을 줬다. 심지어 황제 자리도 개방하였다. 그래서 미국에 흑인 대통령이 나오듯이, 셉티무스 세베루스(Septimus Severus)라는 북아프리카 출신 흑인 황제가 나타나기도 했다. 세금을 내는 한 그 지방의 고유한 풍습을 인정했다. 이것을 통해서 '팍스 로마나', 로마에 의한 평화를 만들었다. 피정복민이라도 그 정보와 지식이 유용하면 받아들이는 것이다.

미국 역시 '종족적 다양성'이 있다. 링컨이 노예해방을 해서 남북전쟁이 일어났다. 그리고 그뒤에 흑인이 받아들여진다. 그래서 미국의 독립헌장에 보면 '모든 사람은 평등하게 태어났다'라고 적혀있다. 그것이 링컨으로 계승되어 노예해방을 이루고, 최초의 흑인 대통령까지 나오게 된 것이다.

신뢰의 제국

그리고 네 번째 로마와 미국은 모두 신뢰제국이다. 로마는 항상 외부의 위협에 시달려 왔다. 그래서 최상의 군사력을 갖추게 했고, 패배한 적을 친구로 만들어야 했다. 로마인들은 초기에 정복하는 제국을 원하지 않았다. 그래서 신뢰가 로마제국의 핵심이었다. 미국은 20세기에 두 차례의 대전을 치르고 이겼지만, 정복하려들지 않고 오히려 독립을 시켜주었다. 미국은 영토 확장을 하지 않았다. 19세기 제국들은 힘만 되면 외국의 영토를 가져갔다. 반면 미국의 탈영토적인 행태는 동맹국에 굉장히 신뢰를 주는 것이 된다.

지정학적 포용성

그리고 지정학적 포용성이다. 지도를 보면 미국은 대서양과 태평양을 다 가지고 있다. 대서양과 태평양을 가지고 편하게 외교한다. 그래서 동양문명과 서양문명을 포용하고 미군자체도 해군과 육군 모두 고르게 발전되어 있다. 유럽 안보 공동체와 더불어 아시아에도 동맹체제를 구축하고 있고, 인도양에서 태평양에 이르는 포위망을 구축하고 있다. 로마를 보자. 로마는 반도이다. 우리도 반도이다. 반도는 이점이면서도 동시에 불리하기도 하다. 그런데 로마는 반도의 이점을 살리면서 제국이 되었다. 반도는 해양으로 진출할 수 있는 관문인 동시에 대륙을 침투할 수 있는 다리가 된다. 그렇기 때문에 지중해의 패자요 해양세력이면서, 동시에 유럽 대륙으로 올라가서 갈리아(프랑스), 켈트(영국), 게르만(독일), 알프스(스위스) 이쪽을 다 정복한다. 그러니까 바로 그리스 헬레니즘의 문명, 페니키아 문명, 페르시아 문명을 흡수하면서 그것을 유럽 내륙으로 또 전파를 한다. 이것이 바로 지정학적인 포용성 때문이다.

로마와 미국의 차이점

그러면 로마와 미국의 차이점은 무엇인가? 차이점은 미국은 직접 통치하지 않는(benevolent hegemony) 자비로운 탈영토적 제국이다. 그리고 전 세계가 필요로 하는 공공재를 공급했다는 점이다. 그러나 로마는 식민지 상인들을 구호해 준 대가로 공물을 갈취하는 나라라고 하는 점에서 미국이 로마보다 나은 부분이 있다.

제국의 쇠퇴와 몰락

로마는 결국 몰락했다. "Are we Rome?"이라는 물음에는 단지 '미국이 로마제국이냐'는 질문만이 아니라, 다른 한편으로는 '로마제국

이 장기간 지속됐음에도 결국 몰락한 것처럼 미국도 몰락하겠는가?'
'몰락한다면 무엇 때문에 몰락하겠는가?' '로마의 몰락을 통해 무엇
을 배울 수 있는가?'란 질문이 들어있다.

과도한 제국의 확장

　로마제국의 몰락에는 과도한 제국의 확장이 있다. 정복국가. 요한
계시록 6장 2절[4)]에 나오는 정복 또 정복에 나서는 국가, 그것이 바로
로마이다. 그리고 계시록 6장 4절[5)] 후반부에서 언급하고 있는 칼은
또 무엇인가? 평화를 유지하기 위해 칼을 주는, 그러니까 과도한 군
사 확장이 반로마주의를 불러일으킨다. 또 그것을 진압하기 위해서
끊임없는 정복전쟁을 하게 되고, 결과적으로 그것이 관용의 제국이
가지는 장점을 없애버렸다. 그래서 로마제국은 몰락한다.

　미국이라는 제국의 쇠퇴 징조는 부시정권에서 시작되었다. 부시
행정부에서 지향한 선제공격, 일방주의, 이것이 제국의 과도한 정복
정책이다. 이라크 전쟁은 자비로운 제국에서 군사적, 정복 지향적 제
국으로 바뀐 전기가 된다. 그리고 이렇게 일방적인 전쟁을 하면 돈이
엄청 들기 때문에 동맹국을 상실하고 군사비를 통해 경제까지 흔들

---

4) "이에 내가 보니 흰 말이 있는데 그 탄 자가 활을 가졌고 면류관을 받고 나아가서 이기고
　또 이기려고 하더라."
5) "이에 다른 붉은 말이 나오더라 그 탄 자가 허락을 받아 땅에서 화평을 제하여 버리며 서
　로 죽이게 하고 또 큰 칼을 받았더라."

리게 된다.

관용이 사라짐

두 번째는 관용이 없어진다. 불관용적이고 배타적인 종교적 교조주의가 나타나게 된다. 에이미 추아(Amy Chua)라는 예일대 교수가 있는데 『제국의 시대』(Day of Empire: How Hyperpowers Rise to Global Dominance and Why They Fall, 2007)라는 책에서 어떻게 제국이 등장했고, 어떻게 몰락했는가를 설명하고 있다. 그는 세 가지, 즉 관용이 없어지고, 배타주의, 인종적 순혈주의 그리고 종교적 교조주의가 몰락을 가져온다고 보았다. 추아 교수는 미국과 로마만 보는 게 아니라 몽골, 당나라, 오스만트루크를 함께 보면서 이 이유를 발견하였다. 제국의 발흥이 관용과 개방성 그리고 종교적 다양성이라면, 몰락은 역으로 불관용, 배타성, 종교적 교조주의인 것이다. 그리고 애드워드 기본(Edward Gibbon, 1737~1794)이라는 사람은 200년 전에 『로마제국 흥망서』(The History of the Decline and Fall of the Roman Empire)라는 10권의 대작을 썼다. 그 책에서 기본은 로마제국이 멸망한 것은 기독교를 국교로 만들어 놓고 그러한 종교적인 가치를 다른 모든 정부 행정과 법에 강요를 했기 때문이라고 분석하고 있다. 그래서 로마가 점차 신정체제, 종교가 지배하는 체제가 되면서 멸망했다고 본다. 왜냐하면 신정국가가 되면 우선 의사가 생물학을 공부 안하고 천지창조에만 매달려서 전혀 생물을 공부를 안하게 된다. 종교학자가 기독교만 공부하다 보면 폭넓은 학문으로 발전할 수 없게 된다. 예술도 종교적이 아니면 허용이 되지 않는다. 일종의 종교적 광신주의가 되는 것이다.

르네상스의 시작

그것이 중세시대로 이어져서 암흑시대가 되고, 르네상스가 일어 나는데 르네상스는 인문주의(humanitas)의 부활이라고 한다. 르네상스 의 시작을 알리는 것이 보티첼리(Sandro Botticelli, 1445~1510)의 「비너스 의 탄생」(Birth of Venus, 1485경)과 「봄」(Primavera, 1477~78)이라는 그림이 피렌체 우피치 미술관에 걸려있다. 그 그림을 직접 가서 보았는데 별 로 신통치가 않았다. 다른 그림에 비하면 더 가치 없어 보였다. 그런 데 이것이 어떻게 르네상스를 알린 그림인가 했는데, 그 전에는 성모 마리아가 예수를 안고 있는 유의 종교적 성화 밖에 없었는데, 이 사 람은 그게 아니라 비너스를 그리고 있는 것이다. 비너스는 그리스의 신이다. 비너스가 나체로 연꽃 위로 올라오는 것이다. 아주 환하고 밝 은 비너스가 올라온다. 이것이 새로운 종교적 신정체제로부터 휴마 니타스, 즉 인문학이 다시 살아나는 계기가 되었기에 유명한 것이다. 봄도 마찬가지이다. 처녀들이 얇은 옷을 입고 춤을 추는 것인데, 그림 자체는 특별히 회화적 가치는 없어도 역사적인 가치는 엄청나다. 왜 냐하면 신의 세계에서 인간의 세계로 왔기 때문이다.

신정체제가 가져온 몰락

로마의 몰락은 이런 신정체제로부터 시작된다. 이것이 에드워드 기본의 지적이다. 그리고 초기 기독교는 로마의 신들을 부정했다. 기독교 인구는 계속 증가하여 기원 후 300여 년 즈음에는 로마인구 중 10%가 기독교인이 된다. 그리고 콘스탄티누스 황제는 313년에 '밀라노칙령'으로 기독교를 공인하고, 테오도시우스 황제는 국교로 삼는다. 그래서 기독교도의 힘으로 이교도들, 즉 반달족, 훈, 고트족 등의 침입에 대비하려 했다. 그리고 후에는 교회의 탐욕이 십자군 원정을 일으키게 되었다. 십자군 원정 때문에 건강한 노동력이 군인으로 착출되면서 생산력이 떨어지고, 학문도 끊어졌다.

로마는 초기에 기독교인들이 로마의 신들을 부정하고, 근친상간과 식인을 한다고 하여 큰 박해를 받았다. 그래서 비로마적인 기독교는 처형을 당하든가 추방을 당했다. 그런데 기독교가 로마의 국교가 되면서 변화가 생겼다. 로마의 기본 정신은 '상무'였다. 모든 사람이 자원해서 전쟁에 나가는 정신이 있었다. 우리나라는 군 병역 기피를 하려고 하지만, 로마사람은 자원하여 전장에 나가는 것을 자랑스러워 하는 정신이 있었는데 그게 사라지게 된다. 그래서 부패와 궁정암투가 만연해졌다. 기독교 국가가 되면서 하나님의 나라, 저 세상, 내세에 몰두하면서 아레테(arete, 인간의 도덕적 탁월성)의 전통이 사라진다. 로마의 상무정신이 사라지고 비잔틴적인 자기 가족과 사리사욕, 공적인 국가를 사유화하는 가산제(patrimonialism)가 지배하면서 부패와 궁정 암투와 함께 기독교적인 로마가 몰락했다는 것이다.

미국의 비관용적 종교교조주의

미국도 종교적인 나라이다. 부시 대통령은 젊은 시절 음주, 마약 등에 손을 대다가 종교적 회심을 통해 복음적 교인이 되었다. 그래서 백악관에서 기도를 했다. 그런데 미국의 제일 큰 교단인 남침례교를 중심으로 부시에게 종교전쟁을 요구했다. 이라크 전쟁의 주요 원인은 목사이다. 한 목사가 백악관에 드나들면서 부시 대통령에게 이슬람에 대한 적대적 태도를 조장한 것이다. 그래서 종교청소(religious cleansing)를 하겠다, 다른 종교를 통솔하겠다, 십자군 전쟁, 악의 축, 깡패국가 등 모든 것이 십자군 때 나왔던 표어들이기도 하다. 종교 교조주의적 용어이다. 이것이 자유주의 국가인 미국을 지배하게 되면 미국이 쇠퇴하지 않을 수 없다.

시민적 덕성의 상실

세 번째는 시민적 덕성이 상실되었다. 로마사람들은 스스로 군인이 되었지만 말기에는 군대에 안가는 시민들이 늘어나게 된다. 그래서 용병을 쓰게 되었다. 평화주의가 팽창되면서 상무정신이 상실되었다. 그리고 말기로 갈수록 이성과 합리적 사고는 약화되고, 미신-주술적 사고가 만연하면서 시민적 덕성이 상실되었다.

미국도 미국을 있게 한 것이 계속되어야 한다. 미국도 로마 말기에 로마인들이 저질렀던 잘못을 반복한다면 결국 몰락의 길을 걷게 될 것이다. 그런데 지금 보면 미국은 로마 말기와 비슷한 신드롬을 겪고 있다. 사실 최근 미국이 주도한 전쟁들은 석유를 가지기 위한 것이다. 그리고 너무 종교적인 국가가 되어 줄기세포 연구 같은 것들을 막고 있다. 미국이 장점 중 하나가 지식제국인데, 과학 연구가 뒤처지게 되면 흔들리지 않을 수 없게 된다. 이런 것들이 결국 미국을 쇠퇴시킬 것이다.

벤자민 바버(Benjamin Barber) 교수 같은 분은 테러리즘에 대한 두려움만으로 글로벌 질서를 이끌 수 없다고 말한다. 테러를 구실로 해서 세계 질서, 세계 지도력을 계속 패권국가로 남으려고 한다는 것은 착각이다. 동맹국과 협력, 다자주의, 유엔, 이것을 통해서 오히려 테러에 대한 두려움을 극복해야 한다고 보았다.

마이클 만(Michael Mann)이라는 영국의 학자는 미국을 '분별없는 제국'으로 분석한다. 과도하게 미국이 무력에 의존하고 있다는 것이다. 그래서 미국은 초군사국가가 되고, 이것은 오히려 미국의 지도력을 상실하게 만들고 더 많은 테러와 깡패국가를 양산한다는 것이다. 과도한 무력에의 의존, 그로 인한 과잉 자신감은 더 많은 반미주의자를 만든다는 것이다.

그리고 터드(Emmanuelle Todd)라는 분은 미국이라는 제국 이후를 지적하고 있다. 미국은 글로벌 경제의 약탈자가 되고, 헤게모니를 지키기 위해 군사적 동력주의에 의존하면서 결국 민주주의가 붕괴되고 통제 받지 않는 지배계급으로 남고 그것은 다른 민주주의 국가를 공격하기까지 할 것이라고 보았다. 그것은 미국이 해체됨을 의미한다.

그리고 머피(Cullen Murphy)는 『우리는 로마인가?』(Are We Rome?)라는 책을 썼는데, 그 부제가 「제국의 몰락과 미국의 운명」(The Fall of an Empire and the Fate of America)이다. 머피의 주장은 미국이 세계를 자기중심적으로 보는 미국시민의 오만, 9·11테러를 빌미로 시민의 자유를 침해하고, 공공영역을 사유화하는 것, 즉 국가의 역할을 개인에게 맡기는 것이 로마제국의 말기와 비슷하다고 보았다. 정부가 해야 하는 것은 정부가 해야 한다. 특히 국가기능을 사유화하는 것은 가장 큰 문제이다. 원전폐기물 청소, 쇠고기검사, 우편배달, 민영보험 등을 민영화하려고 하는데, 이런 것은 국가가 해야 한다.

외부로부터 미국 국민의 수혈도 로마 말기와 비슷하다. 게르만족이 유입되어 로마가 망했듯이 미국도 못사는 사람들이나 난민들이 들어오면 로마제국처럼 망할 수 있다.

로마는 로물루스(Romulus)라는 사람이 만들었는데, 그래서 로물루스에서 로마로 끝나고, 미국은 조지 워싱턴에서 시작해서 조지 부시로 끝났다라는 말도 있다.

머피는 그의 책에서 미국을 로마로 본다. 그런데 로마가 흥할 때의 모습뿐만 아니라 몰락한 원인도 비슷하게 가고 있으니까 그러지 않기 위해서 조심해야 한다고 지적한다. 지금 미국이 로마의 전철을 밟지 않으려면 다음 다섯 가지를 해야 한다고 머피는 지적하고 있다.

미국이 로마제국의 운명을 피하려면?

먼저 미국제국도 변화가 불가피하다는 것과 적응이 필요하다는 것을 받아들여야 한다. 세계는 변하고 있다. 그럼 미국도 거기에 맞춰야 한다. 세계를 미국에 맞추라고 하면 안 된다.

둘째, 더 넓은 세계관의 필요성과 공감을 가질 필요가 있다. 케네디가 가졌던 우리는 달로 간다고 했던 것처럼 원대한 비전이 지금 미국에게 필요한 것이다. 그러면서 그 필요성과 공감을 주입시켜야 한다.

셋째, 정부를 필요악으로 여기는 것을 그만둬야 한다. 모든 것을 자꾸 민영화하자. 시장이 최고다. 이렇게 하면 로마제국의 말기처럼 망하게 된다.

넷째, 서로를 조화시키고 관용하고, 용서하고 이러한 것을 촉진시키는 시민단체, 시민적 덕성을 가진 단체들을 육성해야지 자꾸 제약하고 통제하면 안 된다.

마지막으로 머피가 미국사람들에게 경고하고 있는 것은, 이제 군대를 더 늘리지 말고 점차 줄이라는 것이다. 그래서 하드웨어 군사력만 가지고 '팍스 아메리카나' 하려고 하지 말고, 소프트파워로, 즉 미국의 문화력을 가지고 팍스 아메리카나를 해야 한다고 경고하고 있다.

미국은 21세기의 로마이다. 미국이 로마제국처럼 성장하게 된 것도 비슷한 관용, 개방, 포용성 때문이다. 그러나 바로 그러한 이유가 없어지면서 로마제국이 몰락했듯이, 지금의 미국도 그러한 징후가 보이고 있기 때문에 몰락할 수가 있다. 그러나 머피의 충고를 받아들여 다시 관용, 개방, 포용의 제국을 유지한다면, 미국의 세기는 당분간 계속될 것이다.

제3기 (2011. 10. 14)

21세기 동북아정세와 한반도 평화통일[1]

윤 영 관

급변하는 국제 정세

우리가 살고 있는 지금 현재 주변 국제정세에 상당한 변화가 일어
나고 있다. 최근 변화의 가장 큰 특징은 세계경제 권력의 중심이 미
국 및 유럽의 서양에서 중국, 인도 등 동아시아로 이동하고 있다는 점
이다. 2008년 시작된 세계금융위기는 미국의 경제력이 상대적으로
쇠퇴하고 중국의 경제력이 상대적으로 부상하게 됨을 보여주는 극
적인 사건이었다. 예를 들어 중국은 미국 국채를 8,000여억 달러 이

---

1) 이 글은 2010년 6월 14일 한국기독교목회자협의회주최 토론회에서 행한 강연, "한국교
   회, 통일 시대를 대비한다"를 부분적으로 수정한 글임을 밝힌다.

상이나 보유하게 되어 그만큼 미국 및 세계에 영향력을 행사하게 되었고, 거꾸로 미국은 엄청난 재정적자에 시달리고 있어 과거처럼 세계질서를 주도하며 경찰 역할을 하기가 힘들게 되었다.

그러나 아직도 군사력으로 보면 미국이 압도적인 우위를 차지하고 있다. 미국이 군사부문에 투자하는 연구개발비는 세계의 다른 모든 국가들의 투자비를 합한 것보다도 크다. 그리고 미국은 아직도 교육, 과학, 기술 분야 등에서 가장 선두를 달리고 있다. 그럼에도 불구하고 지금의 세계금융위기의 원인을 제거하기 위해 금융 개혁, 재정적자 해소, 정치 개혁 등을 완수하지 않으면 미국이 과거와 같은 강력한 지도력을 행사하기는 힘들 것이다.

중국의 상승세와 동아시아

중국은 1979년 이래 개혁개방 정책으로 나아가면서 매년 10% 가까운 고속 경제성장을 했다. 13억의 인구를 가진 거대 국가가 그러한 고속성장을 한 것은 세계역사상 전례가 없었다. 이러한 중국의 성장을 가능하게 해주고 결국 미국과 경쟁할 정도가 될 수 있도록 초기에 안정적인 국제환경을 제공한 것이 사실 미국 자신이었다는 점은 역사의 아이러니라고 말할 수 있겠다. 베트남 전쟁 이후 미국의 영향력이 쇠퇴할 것을 우려한 닉슨정부는 키신저 주도하에 중국을 국제무대에 끌어내 손을 잡고 소련을 견제하려 했던 것이다. 중국의 입장에서는 더 이상 외국으로부터의 위협을 걱정하지 않고 경제에만 매진할 수 있게 되었던 것이다.

중국의 국력은 2025년까지 미국의 국력을 따라잡는다는 예측이 있다. 이러한 고속 경제성장을 가능하게 하기 위해 중국은 미국이나 동아시아 주변 국가들과 우호적인 관계를 유지하려 애쓰고 있고, 그래서 대외전략의 기본을 "화평발전"으로 잡았다. 자국의 경제력이 커졌다고 해서 결코 섣불리 앞에 나서지 않겠다는 것이다. 그러나 2008년 세계 금융위기가 시작된 후 중국은 여러 가지 현안들을 놓고서(환율조정, 환경협력, 한미합동군사훈련, 중일영토분쟁 등) 예전보다 훨씬 공세적으로 나오고 있다. 이러한 변화는 동아시아 및 세계에서 중국의 정치적 영향력의 확대로 연결되고, 이는 곧바로 한반도에도 영향을 미치게 될 것이다.

무엇보다도 동아시아에서는 미·중 간의 경쟁이 심화될 가능성이 높아질 것이다. 역사적으로 급속 성장하는 신흥대국은 이미 존재하고 있는 기존의 패권국에게 도전하는 경향이 있었고 이는 자주 세계적인 대전쟁으로 발전하곤 했다. 1870년 통일된 독일이 급속 성장하면서 기존의 패권국 영국에게 도전해서 발발한 제1차 세계대전이 좋은 사례이다. 이제는 핵무기 시대가 되어서 대국들 간의 전면전은 생각하기 힘들게 되었지만, 영향력 증대를 위해 서로 경쟁하는 것은 충분히 가능한 일이다.

미국은 지난 20세기 초 이래 동아시아에 적극적으로 개입해오면서 세력균형자 역할을 해왔다. 동아시아 대륙이 어느 한 세력에 지배되는 것을 항상 견제해왔던 것이다. 1905년 러시아와 일본 간의 전쟁을 마무리하는데 미국이 개입해서 중재한 것도 그러한 이유였고, 1930년대 일본이 중국대륙을 침략할 때는 중국과 손잡고 일본을 견제했다. 1950년대 중국공산당정부가 대륙을 지배할 때는 일본과 손잡고 중국을 견제했다. 그러다가 1970년대에 들어서는 중국을 품어안고 일본과 함께 삼각체제를 만들면서 동아시아에 적극 개입해 온 것이다. 미국이 상당기간 동안 세계 최강의 군사력을 보유하고 있을 것이라는 점을 고려하면 미국은 동아시아에서의 개입정책을 앞으로도 계속할 것이다.

그런데 중국은 전통적으로 동아시아는 자신들의 텃밭이라고, 다시 말해 자국의 영향권이 미치는 지역이라고 생각해왔다. 따라서 역외국가인 미국이 이곳에 들어와 개입하는 것은 정당하지 못하다고 믿고 미국을 밀어내기 위해 노력할 가능성이 높다. 특히 상승하는 경제력과 그에 따른 영향력의 확대를 고려할 때 더욱 그렇다. 냉전이 끝난 뒤 미일동맹이나 한미동맹을 냉전의 유산이라고 하면서 비판해온 것도 이러한 의도를 드러내 주는 사례이다. 결국 앞으로 다가오는 20-30년간의 동북아 정세의 핵심은 바로 이러한 미·중 경쟁의 구도라고 말할 수 있을 것이다.

한반도에 미치는 파장

중국과 미국의 영향력 확대 경쟁은 맨 먼저 한반도에서 전개될 가능성이 높다. 중국은 대국인 일본을 움직여 미국과의 동맹에서 떼어내고 자기편으로 끌어들이려 하겠으나 쉽지는 않을 것이라 생각할 것이다. 그러나 한반도는 일본보다 작은 나라일 뿐 아니라 분단되어 있고, 북한은 이미 그들의 정치적 우방이기에 상당한 영향력을 행사하고 있다. 또한 남한의 경우는 노무현 정부 5년의 외교노선으로 미루어볼 때 충분히 자국의 영향력 확대가 가능하고 더 나아가 한미동맹도 흔들 수 있다고 생각할 수 있을 것이다.

이러한 전반적인 상황은 결코 한국에게 유리한 상황이 아닌 듯하다. 예를 들어 1990년 독일이 통일되었을 때 그 통일을 가능하게 해주었던 국제정치적 상황은 지금의 우리 한반도의 상황과 상당히 대조적이다. 독일이 통일될 때 통일을 가장 강력하게 지지하고 도와주었던 서독의 동맹국, 미국은 냉전종결의 와중에서 가장 영향력이 컸을 때였다. 그리고 독일 통일을 가장 반대할 수 있었던 소련의 세력은 페레스트로이카(개혁)의 와중에서 경제적으로 대단히 어려운 상황에 있었다. 그런데 지금의 한반도 상황에서는 우리의 동맹국 미국은 경제적으로 힘들어 하는 어려운 상황이고 통일을 원치 않고 분단이라는 현상유지를 원할 가능성이 높은 중국의 힘은 갈수록 상승하고 있는 것이다.

중국이 한반도의 통일을 원하지 않을 것이라는 것은, 만일 통일이 되면 그것은 한국의 주도하에 그리고 미국의 도움으로 될 수밖에 없을 것을 알기 때문이다. 만일 그렇게 통일이 되면 한국과 미국의 영향력이 북상해서 자국의 국경지역인 압록강까지 올라오게 될 것인데, 이는 중국 입장에서 볼 때 달가운 일이 아닐 것이다. 차라리 북한이 가운데에 완충국가로 버티고 있어 주어야 한반도에서 중국의 영향권이 그만큼 유지가 된다고 볼 수 있을 것이다.

이러한 상황은 우리가 극복해야 할 가장 중요한 도전일 것이다. 이러한 도전을 극복하기 위해서 한국은 내부적으로 단합하고 대외적으로는 대단히 지혜로운 외교를 펼쳐나가야 할 것이다. 더군다나 북한정권이 시대 역행적인 사고와 정책으로 민족의 앞날에 지속적인 어려움을 주고 있는 형편에서는 더욱 그렇다.

통일 한국의 미래비전을 제시해야

이러한 복잡하고 어려운 상황을 헤쳐 나가면서 한반도의 통일을 이룩하려면 맨 먼저 주변국들에게 해야 할 일이 통일 한국의 미래 비전을 제시하여 한반도 통일이 어떻게 그들에게 이득이 될 것인지 설득하는 일일 것이다. 중국을 비롯한 한반도 주변 국가들을 설득할 수 있는 통일 한국의 비전은 무엇이 되어야 할까? 나는 통일 한국이 중동의 이스라엘과 같은 안보군사국가가 아니라 유럽의 네덜란드와 같은 통상국가(trading state)가 될 때 주변국들이 이를 통해 더욱 득을 보게 될 것이라고 생각한다.(조선일보, 2010년 4월 9일자 보도.) 여기서 통상국가라 함은 단순히 무역 및 상업뿐 아니라, 물류의 중심(hub) 국가를 의미한다. 한국이 최근 수십 년간 한류를 세계 도처로 확산해 나갔던 데서 알 수 있듯이 문화적 경쟁력을 보유하고 있기에 동아시아 문화교류의 중심 국가가 된다는 목표도 함께 가져야 된다고 본다.

네덜란드는 독일, 영국, 프랑스 등 대국들에 둘러싸여 있는 작은 나라이지만 유럽 통상과 물류의 중심 국가로 주변국가들 못지않은 소득수준과 물질적 풍요 그리고 안보 목적까지 달성하고 있다. 한국도 이제까지는 중국, 일본, 러시아, 바다 건너 아세안과 미국에 둘러싸여 있는 입지를 고난의 원인으로 치부했지만, 이제 앞으로는 한반도 번영과 안보달성을 위해 적극적으로 활용해야 할 자산으로 생각해야 할 것이다. 주변의 모든 국가들이 통일 한국과 통상, 물류, 문화의 교류를 통해 더욱 번영하게 될 것이라는 확신을 줄 수 있을 것이다.

실제로 이는 막연한 꿈으로 그치는 이야기가 아니다. 한반도가 통일되면 그동안 골치 아픈 안보 불안의 요인이었던 북한은 사라지고 주변 4국은 모두 정치군사적 안정을 누리게 될 것이다. 또한 통일이 되면 그동안 러시아와 한국의 숙원사업인 시베리아 횡단철도와 한반도 종단철도를 연결하고, 더 나아가 부산항으로부터 일본까지 터널을 뚫어 새로운 교통과 수송의 네트워크가 한반도를 중심으로 생겨날 것이다. 이를 통해 동북3성 개발을 중요한 국가목표로 설정하고 있는 중국, 시베리아 개발을 미래비전으로 삼고 있는 러시아는 물론이고 북한지역 개발에 투자하고자 하는 일본기업들도 모두 경제적 이득을 보게 될 것이다. 이러한 장기적인 비전을 제시하면서 우리는 한반도 통일을 그들이 받아들이고 더 나아가 적극 협조하고 나서도록 설득할 수 있을 것이다.

한반도 평화통일 외교

이같은 비전 제시와 함께 한국은 통일 달성을 목표로 현명하고도 신중한 통일외교를 추구해 나가야 할 것이다. 첫째로 미국과의 동맹 강화를 통해 앞으로 북한과 관련해서 전개될 수 있는 모든 시나리오에 공조하고 협력해 나가면서 대비태세를 취해야 할 것이다. 미국은 기본적으로 주변국들 중에서 한반도 통일에 가장 적극적으로 지원해 줄 수 있는 국가로 판단된다. 통일 이후 북한지역의 개발을 위해서는 막대한 재원이 필요하기에 전통적인 우호국가인 일본과의 협력도 강화해 나가야 할 것이다.

둘째로 중국 및 러시아와의 관계도 더욱 강화해 나가야 할 것이다. 중국과 한국은 전략적 협력동반자 관계인데 아직 북한문제를 놓고 전략적으로 협력할 만한 수준은 되지 못했다. 따라서 한·중 간의 신뢰관계를 강화시킴으로써 한반도 평화에 관한 모든 문제를 긴밀하게 논의할 정도가 되어야 할 것이다. 특히 통일과정에서 중국의 우려 및 관심사항에 대해 우리 측이 충분히 협조해 줄 수 있음을 이해시킬 필요가 있을 것이다. 무엇보다 중국이 한국을 이념이나 정치체제를 뛰어넘어 긴밀한 우방으로 느낄 정도로 신뢰를 쌓아나가야 할 것이다. 러시아는 통일이 되면 한국과 시베리아 개발이나 철도 연결, 에너지 파이프라인 연결 등과 관련해서 협력할 수 있기를 기대하고 있다. 다시 말해 우리가 하기에 따라 한반도 통일에 러시아의 협력을 유도

해낼 수 있는 여지가 상당히 크다.

셋째로 국제사회에 대한 기여도를 더욱 높여나가야 할 것이다. 개발도상국의 빈곤, 테러, 환경, 인권문제 등에 대해 한국이 적극적으로 기여해서 한국의 도덕적 위상과 영향력을 높여 놓아야 한다. 금번 G20 정상회담을 서울에서 개최한 것도 그런 의미에서 아주 잘된 일이다. 국제사회에의 기여는 그것 자체로 중요한 의미가 있지만, 그렇게 하는 경우 한반도에 중대한 변화의 계기가 왔을 때에 국제사회에 대해 적극적인 협력을 요청할 수 있을 것이다.

사람의 통합이 없는 통일은 모래성

그런데 중요한 것은 아무리 정치가나 외교관이 미래의 통일비전을 제시하고 통일외교를 잘해서 정치적, 제도적 통일이 이루어져도 만일 남과 북의 사람과 사람들 간의 통합이 없다면 그것은 모래 위에 쌓은 성이나 마찬가지라는 점이다. 정치적, 제도적으로는 통일이 되었는데 사람들 간에 실질적으로 하나 되는 통합이 이루어지지 않는다면, 사회적, 심리적 갈등이 증대하고 결국 언젠가는 폭발하고 말 것이다. 그렇게 되면 옛날 예멘이 그랬듯이 다시 갈라지거나 내란이 일어날지도 모르는 일이다.

그래서 결국 통일은 사람과 사람의 문제이고 그래서 곧 영혼과 영혼의 문제인 것이다. 그런데 이 과정이 결코 쉽지 않을 것이다. 북한 사람들은 오랫동안 나쁜 체제 밑에서 살아왔기 때문에 자연스럽게 심성과 영혼이 상처를 받았을 것이다. 그러한 북쪽 사람들, 즉 정권 담당자가 아닌 그들 밑에서 고통받아 온 북한주민들의 상처를 남쪽 사람들이 이해해 주고 품어 안아주지 못하면 결코 사람 간의 소통이 불가능할 것이다. 바로 여기에 한국교회의 사명이 존재하고 예수님이 말씀하신 사랑하라는 명령이 강하게 행해져야만 되는 이유가 있다. "네 이웃을 네 몸과 같이 사랑하라"(마태 22:39)고 말씀하시는데 기독교적인 관점에서 보면 결국 통일은 사랑의 문제이고 사랑으로 영혼과 영혼이 만나는 과정이라고도 말할 수 있겠다. 이와 관련해서 우리는 통일과 관련되어 세 가지 핵심적인 질문을 우리 스스로에게 던져 볼 필요가 있다.

통일과 교회의 역할 : 세 가지 질문

첫째 질문은 과연 우리 한국의 국민들은 진정으로 통일을 원하는가 하는 것이다. 우리 국민들 중 수많은 사람들은 북한을 경제적 부담거리로 생각한다. "우리도 먹고 살기 힘든데 통일은 해서 무엇 하나?"라는 것이다. 이러한 사고는 성경적인 관점과는 정반대로 사람은 말씀이 아니라 떡만 있으면 된다는 생각이다. 우리의 바람직한 관점은 통일 그 자체가 문제가 아니라 지금 현재 북쪽에서 고통받고 있는 동포들에 대한 사랑이 먼저가 되어야 할 것이다. 그러한 하나님의 명령, 사랑을 앞세우고 그것을 추구하다 보면 자연스럽게 통일이 올 수도 있고, 하나님께서 통일을 선물로 주실 수도 있다는 사고가 성경적으로 앞뒤가 맞는 것이라고 본다.

그런 맥락에서 우리 한국교회는 스스로에게 질문해 보아야 할 것이다. 그것은 과연 한국의 교회가 우리 사회 속에 만연해 있는 그러한 생각, 즉 "우리 먹고 살기도 힘든데 무슨 통일이냐?"라는 생각에 대해 얼마만큼 강력하게 "그게 아니다"라고 외쳐왔는가 하는 점이다. 더 나아가 한국의 교회가 얼마만큼 본을 보여 줌으로서 영적인 영향을 미쳐왔는지 자문해 보아야 할 것이다. 또한 그동안 (북한 당국이 아니라) 북한의 주민들에게 얼마만큼 기도와 물질로 사랑을 나누었나를 되돌아보아야 할 것이다. 과연 북한주민들 한 사람 한 사람에게 어떻게 하면 더 큰 도움이 될 것인지 고민하면서 지원했는지도 되돌아봐야 할 것이다. 왜냐면 북한의 권력자들은 한국의 교회나 단체들을 서로 갈라놓고 경쟁시킴으로써 북한주민들보다는 그들 스스로에게 이득이 더 많이 돌아가게 해왔기 때문이다. 이를 방지하고 체계적으로 효과적으로 주민들에게 지원하기 위해서는 한국의 교회들이 서로 연합하고 공동으로 행동해야 할 텐데 과연 그렇게 해왔는지도 반성해 볼 필요가 있을 것이다.

또한 통일된다면 품어 안아야 할 북한사람들이 과연 어떤 사람들인지를 미리 이해하고 예습하라고 하나님이 보내주신 사람들이 탈북주민들이다. 그렇다면 "꿈에도 소원은 통일"이라고 말로만 외치지 말고 실제로 이들을 얼마나 이해하고 사랑으로 섬겨왔는지도 자문해 보아야 하겠다. 이런 점들과 관련하여 한국교회가 한국사회에 대해 모범을 보여주고 그래서 영적으로 영향력을 미칠 수 있다면, 통일 문제를 둘러싼 개탄스러운 국내정치의 분열은 해소될 수 있을 것이다. 최소한 한국국민의 3분의 1에 해당하는 기독교계(구교와 신교)의 입장만이라도 예수님의 이름 아래 통합될 수 있을 것이다.

두 번째 질문은 과연 북한주민들이 남한과 통일하기를 원하는가 하는 것이다. 독일 통일의 경우에도 통독 직전 동독주민들은 투표를 통해 자신들이 서독과 통일할 것인가 말 것인가를 결정했다. 민족은 스스로의 운명을 결정할 권리가 있다는 민족자결의 국제사회 규범이 동독주민들을 상대로 적용되었던 것이다. 만일 북한에 비상사태가 벌어져 통일이 가능한 그런 상황이 왔는데 북한주민들이 한국과 통일하는 것을 반대한다면 어떻게 될까? 아무리 한 핏줄을 나눈 민족이라고 하더라도 우리 남쪽사람들이 통일해야 한다고 주장할 명분이 약해질 것이다.

더구나 국제사회에서는 남북한을 두 개의 독립된 국가로 보는 경향이 강하다. 특히 중국은 대만-중국은 국가관계가 아닌데 남북한은 유엔에 동시 가입한 두개의 독립된 국가들이고, 그래서 남한이 함부로 북한의 내정에 간섭하거나 해서는 안 된다고 이야기한다. 만일 남한이 북한에 관해서 국제법을 위반하는 행위를 하면 중국은 좌시하지 않을 것이라고 이야기하는 중국인들도 있다. 그래서 우리가 통일을 원하는 경우, 가장 중요한 것은 북한주민들의 통일하겠다는 의사일 것이다.

만일 북한주민들이 그 시점에서, 남쪽으로 탈북한 친지의 말을 들어보니 "남에 가면 차별받고, 아무도 돌봐주지 않고, 3류 시민 취급받는다고 하더라, 차라리 통일하지 말고 중국과 가까이 지내는 게 낫다"라고 생각한다면? 또 "과거 우리가 굶어 죽어갈 때 본체만체 했던 사람들이 남쪽사람들인데 왜 우리가 그들과 함께 살아야 되나"라고 생각한다면, 통일하기는 힘들 것이다. 설령 어찌하여 통일이 된다고 해도 그 통일은 오래가지 못할 것이다. 사람과 사람 간의 통합이 이루어지지 않을 테니까 말이다. 이러한 상태가 일어나지 않도록 예방하는 것이 바로 사랑의 정신이라고 본다. 다시 한 번 한국교회가 사랑하라는 하나님의 명령에 충실하여 한국사회 전체를 얼마나 그 방향으로 인도해 왔고, 앞으로도 인도해 나갈 것인가가 통일문제의 최대 관건이라는 것을 강조하고자 한다.

세 번째 질문은 과연 주변국이 한반도 통일을 원하는가 하는 것이다. 앞에서 설명한 것처럼, 한반도를 둘러싼 주변국들은 가능하다면 분단된 상태로 현상유지가 되기를 희망할 것이다. 특히 그러한 국가들 중에서도 중국의 경우는 북한의 완충국가화를 희망하여 통일에 협조하지 않을 가능성이 충분히 있다. 그 경우 통일에 대한 반대의 명분으로 그들이 주장할 사항은 북한의 주민들이 원하지 않는데 남한 사람들이 강제로 통일하고자 하는 것은 자결의 원칙에 어긋난다는 것일 것이다.

그러나 앞의 두 질문에 대한 해답으로 한국교회의 영적 리더십 아래 우리 국민들이 충분히 북한 동포에 대해 사랑을 베풀고 이로 인해 그들의 마음과 영혼이 움직여 남한과의 통일을 원하게 된다면 아무리 강대국이라고 할지라도 그러한 민족적 소망을 거스르며 반대할 명분이 없어지게 될 것이다. 자칫 잘못하다가는 민족의 소망을 무시한 채 강대국 권력정치를 시행하려 한다는 비난을 받을 수 있기 때문이다.

영적 지도자 국가로

이처럼 사랑은 세속에서 멀리 떨어진, 종교 세계의 추상적인 개념으로나 존재하는 그런 것이 아니고 세상 현실의 핵심을 꿰뚫는, 그 중에서도 국제정치의 핵심을 움직일 수 있는 강력하고도 구체적인 힘인 것이다. 결국 "사랑하라"는 말씀이 세상을 바꾸고 통일도 가능케 하는 추동력인 셈이다.

아직도 소련의 공산당 지배가 한창이던 1983년 템플턴상 수상연설에서 알렉산더 솔제니친은 "6천만 명을 희생시킨 공산혁명의 근본문제가 무엇인가?"라고 질문한 뒤 스스로 대답했다. 그것은 "사람들이 하나님을 잊어버렸기 때문"이라고. 우리도 마찬가지일 것이다. 사람들이 하나님과 하나님의 말씀을 잊어버린 채 아무리 통일하려해도 그것은 모래 위에 성을 쌓는 것이 될 것이다.

결국 말씀을 이행하고 북한의 동포와 탈북주민들을 사랑하고 더불어 현명한 외교를 통해 평화적 통일이 오게 되면 우리는 동북아 평화의 주도국이 될 수 있을 것이다. 갈등과 분쟁으로 점철된 한반도에 평화통일을 이루어낸 영적인 역량이 우리로 하여금 주변국에 비해 힘은 적지만 그들을 평화의 길로 인도해 나가는 정신적 지도국가가 될 수 있게 만들 것이다. 그렇게 되면 통일 한국은 앞에서 말한 통상, 물류, 문화의 중심국가뿐만 아니라 선교의 중심 국가, 영적 지도자 국가 역할을 할 수 있게 될 것이다. 물질적 번영뿐만 아니라 영적인 부흥과 선교의 중심 국가로서의 통일 한국, 그것이 한국 기독교인들의 꿈과 비전이 될 것이다.

제1기 (2010. 11. 26)

한반도의 통일과 동북아의 평화체제

이 삼 열

분단체제 60년의 한반도와 평화

　일제 강점기 36년의 질곡에서 벗어난 지 60여 년, 해방둥이가 환갑을 넘어선 2010년대의 한반도에서 우리는 왜 아직도 평화를 누리지 못하고 분단체제를 청산하지 못하고 있는가? 그동안 민주정치와 경제산업은 엄청나게 발전했고, 교육, 과학기술, 문화예술, 사회복지 면에서도 비약적 성장과 전진을 해왔지만, 해방과 동시에 일어난 남북의 분단과 갈등은 지금까지 변하지 않았고, 60여 년 전의 6·25전쟁은 아직도 평화적 종결을 보지 못한 채, 비무장지대(DMZ)는 세계에서 가장 심각하게 무장되고 긴장된 대결장의 모습을 그대로 간직하고 있다.

해방과 독립이 우리 민족의 손으로 쟁취된 것이었다면, 아직까지 이런 모습으로 있지는 않았겠지만, 냉전시대 강대국들의 이해관계에 따라 분단된 한반도는, 이미 냉전체제가 세계적으로 청산된 21세기에 와서도, 아직 분단의 장벽을 헐지 못하고, 전쟁의 위험과 공포에서 벗어나지 못한 채, 냉전의 그늘에 갇혀 있는 신세가 되었다.

냉전으로 분단되었던 독일과 베트남은 벌써 통일이 되었고, 냉전의 한 축이었던 소련과 공산권은 이미 붕괴된 지 오래되었는데, 유독 한반도에서는 분단의 장벽이 더 두터워지고, 핵전쟁과 같은 뜨거운 열전의 위협마저 도사리고 있는 이유는 어디에 있는 것일까?

물론 지난 92년 남북기본합의서가 채택된 이후에는 적대적인 분단체제는 크게 완화되었고, 남북 간의 교류와 협력사업이 대폭 증대되어, 화해와 공존의 시대가 열린 듯이 보였다.

특히 2000년 6월 분단 사상 처음으로 남북정상이 만나고 통일을 향한 6·15 공동선언을 발표하자 이제는 곧 통일의 시대가 올 것 같은 환상마저 갖게 되었다. 수백 명 단위지만 반세기동안 헤어졌던 이산가족의 재회상봉은 감격적이었고, 금강산관광객 1백만 명, 개성공단의 합영생산 개시, 남북의 철도와 도로의 연결 등은 분단의 장벽을 허무는 상징적 쾌거였다.

그러나 그렇게 좋은 남북합의서를 채택해 놓고도 20여 년이나 되도록 그 합의된 내용들은 실천되지 않았고, 더구나 남북정상들이 만나, 낮은 단계의 연방제까지 합의했는데, 남북 교류협력사업들은 자꾸 중단되고 교착상태에 빠지곤 하는 원인은 어디에 있는 것일까? 남과 북은 서로 체제를 인정하고, 불가침을 약속했고 조속히 공고한 평화의 상태를 만들기로 합의했는데, 왜 간첩선이 내려오고, 서해교전 사태가 벌어지며, 선군정치와 핵무기 개발이 일어나는 것일까? 연평도 포격과 천안함 침몰 사건은 전쟁의 위협마저 부정할 수 없게 만들고 있다.

그것은 남북관계가 많이 개선되었음에도 불구하고 남북의 공존과 교류협력을 위해서 반드시 전제 조건으로 있어야 할 평화체제가 이루어지지 못했기 때문이라 할 수 있다. 평화체제는 적어도 소극적 의미의 평화, 즉 전쟁과 폭력이 제거된 상태가 보장되어야 하는데, 그러기 위해서는 한반도에서 적대적 대결상태나, 무력 충돌의 가능성이 제거되어야 한다. 1953년 휴전협정 상태가 아직도 지속되고 있고, 여러 번 제기되었던 평화협정으로의 대체가 이루어지지 않은 상태에서는 평화체제가 이루어졌다고 볼 수가 없다. 1991년 12월에 체결된 남북기본합의서 제5조는 정전상태를 공고한 평화상태로 전환시키기 위해 공동으로 노력하며 그때까지 군사정전협정을 준수한다고 되어있다. 이로써 남북한은 제9조의 불가침 약속과 함께 평화협정을 맺기로 약속을 한 상태이다. 그러나 평화협정은 남북한 간에만 체결할 수 있는 게 아니고 휴전협정 당사자인 미국이 함께 체결해 주어야 하기 때문에 아직까지 진전시키지 못하고 있다. 더구나 북한은 미국과 남북기본합의서 수준의 협정을 맺지도 않았다.

흔히 남북관계의 개선과 동서독 관계의 개선과정을 비교하는데,

여러 가지 공통점에도 불구하고 분명한 차이점은, 72년도의 동서독 기본조약은 확실한 평화체제 위에서 성립된 것이었는데 92년의 남북기본합의서는 평화체제가 불확실한 가운데 맺어져, 그 내용이 실천되기가 어려운 조건이었다는 점이다. 특히 독일의 경우는 73년부터 75년 사이에 이루어진 헬싱키 회의를 통해「유럽안보협력회의」(CSCE)가 상설화되어, 동서의 35개 국가가 보장하는 유럽의 공동안보체제가 밑받침되어 공고한 평화체제를 확보할 수 있었다. 그러나 한반도는 1950년~53년에 전쟁을 치렀던 미국과 남한, 북한, 중국 사이에 평화협정이 체결되지 않았을 뿐 아니라 주변 강대국인 일본, 소련 등과도 어떤 식의 안보협력이나 공동체가 이루어지지 못한 상태에 있었다.

92년 남북합의서 이후에 진행된 남북대화의 과정을 보면 남한 측에서는 계속 교류 협력의 확대와 이산가족재회를 요구해 왔고, 북한 측에서는 평화협정 체결과 군사적 문제해결을 우선적으로 해야 교류협력 증대를 할 수 있다는 입장이었다.

특히 90년대 초 동서독의 흡수통일과 소련 및 동구 공산권의 해체, 경제난과 고립으로 체제유지의 불안을 느낀 북한이 무엇보다 자국의 안보에 관심을 가지며 평화협정을 강력히 요구해 온 것은 이해할 만 하다. 체제안보의 보장이 없이는 군비증강과 교류개방의 억제를 풀지 않겠다는 태도다. 서해안의 도발사건이나 미사일발사, 핵개발 등으로 남북화해와 협력에 찬물을 끼얹는 사태가 연발하는 것은 이런 정황에서 파악되어야 한다.

따라서 평화체제가 이루어지지 못한 한반도의 분단체제 60년은 불완전한 평화공존, 긴장과 대결, 적대감이 사라지지 않는 위험한 반평화적 구조가 지배해 온 60년이었다고 할 수 있다. 많은 노력과 개선에도 불구하고 냉전과 반 평화적 대결구조를 해소하지 못한 분단과 대결체제였다.

미국·북한의 갈등과 동북아의 평화체제

한반도에서 냉전의 잔재를 완전히 청산하고, 공고한 평화체제를 이룩하기 위해서는 어떤 방식으로든지 휴전협정체제를 대체하는 구조를 만들어야 하며, 여기에는 갈등의 당사자인 북한과 미국이 화해와 협력관계를 이루어야 하는 것이 필수 조건이 된다. 그런데 미국과 북한의 갈등의 핵심에는 주한미군의 철수문제가 있다. 평화협정이 체결되고 한반도의 안보와 평화가 보장되면, 모든 외국 군대가 물러나야 한다는 것이, 1953년 휴전협정이 체결된 이래 북한의 일관된 주장이었다.

미국이 평화협정을 꺼리고 휴전협정체제를 고수하려고 하는 데는, 주한미군 2개 사단을 계속 주둔시키며, 소련과 중국을 겨냥한 한미 군사동맹 관계를 계속 유지하려는 의도가 있다고 북한은 보고 있으며, 미국과 남한은 주한미군이 철수하면, 공격적인 북한의 무력이 남침을 감행할 수 있기 때문에, 견제세력으로 계속 주둔해야 한다고 보고 있는 것이 갈등의 핵심이다.

북한은 사실상 주한미군의 주둔 때문에만 안보의 위협을 느끼고 있는 것이 아니며, 공산권의 붕괴 이후, 소련으로부터 받던 군사적, 경제적 원조를 받을 수 없게 되자, 기름이나 에너지의 결핍으로 산업 경제가 곤경에 빠지고, 식량난이 심각해서 체제의 위협을 느끼고 있다. 냉전체제가 무너진 현실에서 과거의 사상교육만으로 국민을 단합시키기 어려운 상황이기 때문에, 외세에 맞서는 민족의 단합과 통일이라는 명분으로 국민 통합을 하려고 노력하는데, 미국의 대북강경정책은 오히려 군사력 강화나 핵무기 미사일 개발, 선군정치 등의 좋은 구실을 던져주고 있는 셈이다.

92년 남북합의서 이후 한반도에서 평화체제를 수립하려는 노력이 좌절되고 남북관계 개선에 장애를 일으킨 요인들을 살펴보면, 미국과 북한 사이의 상호 불신과 한반도와 동북아시아에서의 이해관계의 충돌이 그 핵심임을 알 수 있다.

92년 합의서 정신에 따라 평화협정체결을 강하게 요구하던 북한은 미국과의 갈등으로 일이 쉽게 풀리지 않자, 93년에 영변 핵시설을 공개하며, 핵확산금지조약(NPT)에서 탈퇴를 선포했다. 결국 이 위기는 카터의 방북과 제네바회담을 통한 합의, 즉 경수로건설과 중유지원을 대가로 영변원자로를 가동 중단시키는 조치로 넘길 수 있게 되었다.

그러나 94년의 제네바협약(agreed framework) 이후에도 북한은 대포동 미사일 발사라든가 금창리 핵개발 장소 공개 등을 통해 미국으로부터 체제인정과 안보 공약을 받아내려는 압박전술을 여러 번 구사했다.

정전협정체제를 무력화시키기 위해, 군사정전위원회 대표단을 판문점에서 철수시킨다든지, 96년 4월에는 비무장지대를 인정치 않겠다는 성명을 발표하고, 무장병력을 판문점에 투입한다든지, 긴장을 고조시켜서 마침내 미국과 중국, 남북한 4자가 참여하는 평화회담을 열도록 만들기도 했다. 99년까지 6차례나 모인 4자회담에선 평화협정을 맺는 여러 가지 방식에 대해 의논했고, 주한미군을 평화유지군으로 변경해 계속 주둔케 하자는 안도 논의되었다.

클린턴 대통령이 페리(Perry) 특사를 북한에 보내 포괄적인 협상안을 만들고, 북한이 미사일 발사를 중단하고, 의심받던 지하 핵시설의 사찰을 허용함으로써, 2000년에는 한반도의 평화체제 수립에 상당한 진전이 있게 되었다. 6월에 김대중 대통령의 방북과 남북정상회담이 있었고, 하반기에는 북한의 최고위 군 간부인 조명록 차수가 군복을 입은 채로 워싱턴을 방문했고, 10월에는 올브라이트 미 국무장관이 북한을 방문해 북미공동콤뮤니케를 발표했다. 이 성명은 평화협정을 맺는 여러 가지 방도들에 대해 견해를 같이 했다는 내용을 담기도 했다.

그러나 2001년 1월 부시정권의 출범은 미국의 대 북한정책을 포용과 대화의 정책에서, 배제와 대결의 정책으로 근본적으로 변질시켰다. 적어도 전략적으로는 당근에서 채찍으로 바꾼 셈이다.

북한을 불량국가(rogue state)나 악의 축(axis of evil)으로 규정하고, 미사일 방어체계(MD)를 강화하는 등, 신보수주의(neo-con)의 대북강경노선이 채택되었으며, 9·11사태 이후에는 더욱 노골적인 발언과 비난으로, 북한 견제 내지는 징벌론까지 나오게 되었다.

2002년 4월엔 남북한이 휴전선을 넘어 끊어진 철도를 잇는 작업을 했으며, 개성공단을 개발해 1천여 개의 남한기업이 생산라인을 구축하도록 했고, 도로개통을 위해 휴전선 일대의 지뢰제거작업을 추진하려고 했다.

9월17일엔 일본수상 고이즈미가 북한을 방문해 국교정상화 문제까지 의논하는 움직임이 있었다. 이러한 차제에 2002년 10월 4일 켈리(James Kelly) 미국무부 차관보가 북한을 방문해, 북한이 우라늄 농축과 핵무기 개발을 추진한다는 정보를 가져와 폭로함으로써, 북한 핵위기가 시작되었다. 결국 북한은 두 차례나 핵실험을 하고 말았다.

지난 10년 동안은 북한 핵문제로 인한 미국·북한의 갈등이 최고조에 달했고, 비록 6자회담으로 해결의 명분을 찾기는 했지만, 양자 간의 험담과 비난은 냉전시대의 수준을 넘고, 극히 감정적인 데까지 확대되었다. 미국 강경파들이 북한의 핵개발을 막기 위해 영변의 핵시설을 선제공격해야 한다는 주장이나, 미국과 남한에 보복공격을 하겠다는 북한의 엄포나, 모두 한반도를 다시금 전쟁의 불바다로 만들것 같은 위기의식을 조성해 놓고 있다.

92년의 남북합의서나 94년의 미·북한 합의문, 2000년의 남북정상의 공동성명 등은 오늘의 핵 위기 상황에서 보면 아무런 실효성도 타당성도 없는 것 같아 보인다.

북한의 핵개발을 막기 위해서는 주변국들이 북한의 체제와 안전을 보장해 주고, 외교적 고립과 경제봉쇄를 풀어주는 등의 대가를 주지 않고서는, 해결책이 없는 것 같다. 강경파의 주장대로 미국이 무력으로 선제공격을 하게 된다면, 한반도의 전쟁은 불가피하며 수십만 혹은 수백만의 동족살상은 뻔한 결과일 것이다.

이렇게 심각한 상황이 된 한반도의 위기, 북핵문제를 해결하기 위해, 미국, 중국, 일본, 소련과 남북한 6자가 회담의 테이블에 앉게 된 것은 다행스런 일이다. 어차피 한반도의 평화체제는 남북한만이 만들 수 있는 게 아니며, 주변 강대국들의 참여와 보장이 있어야 하는 문제인 만큼 6자회담이 성립된 것은 북핵문제의 해결뿐 아니라 한반도와 동북아시아의 평화체제 수립을 위해서도 매우 좋은 기회를 제공한다고 볼 수 있다. 자연히 북한 핵문제의 해결이 한반도의 평화체제 구축은 물론 동북아시아의 평화체제를 만드는데 기여할 수 있다는 기대가 생기게 되었다.

동서독의 화해와 교류협력의 과정에서, 유럽안보협력체제가 필수적 요소였듯이, 한반도의 남북관계를 진정한 협력과 공존의 관계로 발전시키려면, 이를 보장해 줄 수 있는 미국과 중국 혹은 소련과 일본까지 포함되는 안보협력 공동체가 절실히 필요하기 때문이다.

평화와 협력을 위한 동북아시아 공동체

한반도의 평화뿐 아니라 동북아시아의 여러 나라들의 안보와 협력을 보장해 줄 동북아시아 공동체는 과연 가능한 것인가? 바람직한 것이기는 하지만 현실적으로 어떻게 실현될 수 있을 것인가?

동북아시아는 세계경제와 무역거래량의 22%를 차지하는 중요한 지역이면서도 다른 지역처럼 어떤 형태의 공동체(community)도 조직되어 있지 않다. 유럽은 물론, 다른 지역에도 안보협력체가 있든지, 경제협력체가 있든지 하는데 우리가 사는 동북아시아에는 그런 것이 없다. 냉전시대의 유산으로 동맹국 간의 유대관계는 있지만, 냉전시대가 지난 때인 데도 유럽안보협력회의(CSCE)처럼, 양 진영을 아우르는 협력공동체는 아직 없다. 동맹국 간에도 NATO 같은 지역공동체가 있는 것이 아니라, 미·일 안보조약이라던가, 한·미 안보조약 등, 강대국을 중심으로 양자 간의 협력을 약속한 정도의 동맹관계가 있을 뿐이다. 북한은 냉전시대에 중국과 혈맹관계에 있었고, 소련과 동맹조약을 맺었지만, 지금은 해체된 상태이다. 남한이 미국의 핵우산의 보호를 받고 일본과 우호관계를 맺고 있으며, 한·미·일 3자간의 동맹관계를 유지하고 있는데 비해 북한은 중국과의 동맹관계만 있을 뿐 소련의 해체로 동맹관계가 훨씬 취약한 상태에 있다.

차라리 미·소의 군사균형을 통한 소극적 평화유지가 관건이었던 냉전시대가 지속되었다면, 동북아시아에도 유럽을 모방하여, 동북아시아 안보협력회의나 동북아 평화공동체 같은 것을 협상해 볼 가능성이 훨씬 농후했을지 모른다. 남한, 미국, 일본의 군사력과 북한, 소련, 중국의 군사력이 대등한(symmetrie) 관계에 있기 때문에 공동안보나 안보협력체의 구상이 훨씬 먹혀 들어갈 수 있었을 것이다.

그러나 냉전시대의 남북한의 대립 갈등은, 동서독의 그것과는 비교가 안 될 정도로 첨예한 긴장관계였기 때문에, 유럽에서와 같은 평화공존, 공동안보의 개념이나 발상이 나오질 못했다.

이제 소련과 공산권의 해체로 미국과 NATO의 적이 없어진 불균형의 상태에서, 유럽안보협력회의와 같은 헬싱키 모델을 동북아시아에 심는다는 것은 현실성이 거의 없어 보인다. 세계 유일 초강대국이 된 미국이 중국이나 러시아를 향해 대등한 관계에서 공동안보조약을 맺자고 할리는 없기 때문이다.

또 한 가지 어려운 점은 주변 강대국 일본과 중국의 미묘한 경쟁의식과 긴장관계이다. 경제대국 일본은 지금 평화 헌법을 고쳐 군사 대국으로 변모하려는 움직임을 보이고 있고, 일본의 군국주의(militarism)의 부활을 경계하는 중국은 지금 반(反)일감정의 폭발로, 일본의 유엔 안보리 상임이사국 진출을 반대하고 있다. 자칫 대만해협에서 중국과 대만의 충돌이 생길 경우 미국과 일본은 대만 안보를 위해 무기를 제공하는 등 중국과의 갈등을 노골화하게 될지도 모른다.

이처럼 동북아시아의 오늘의 상황은 냉전체제가 해체되었지만, 냉전시대의 그늘이 걷히지 않은 채, 새로운 갈등과 대립이 움틀 수 있는 매우 불안한 정세에 놓여 있는 것이 사실이다. 한반도의 남북관계가 평화체제를 수립하지 못해 불안할 뿐 아니라 제2차 세계대전 후

소련과 일본 사이에도 평화협정을 맺지 못했기 때문에 쿠릴열도의 반환 등 영토분쟁의 여지가 일본과 러시아 사이에 남아있다.

미국과 중국 사이는 외형적으로는 평온한 것 같지만, 아시아에서의 패권과 영향력을 두고 경쟁하는 관계에 있기 때문에, 언젠가는 갈등관계에 빠질 잠재적 적대성이 상존하고 있다.

이런 상황에서 볼 때, 동북아시아의 평화체제와 안보협력체의 형성은 한반도의 평화정착을 위해서도 필요하며 바람직한 것이지만, 여러 나라 사이의 이해관계가 다르고 복잡하게 얽혀, 현실성이 없어 보인다. 그래서 그런 제안이 나올 때마다, 순진(naive)한 생각이라느니 부질없는 기대(wishful thinking)에 불과하다는 이야기가 나왔다. 미국과 소련은 이미 여러 가지 지역공동체를 갖고 있기 때문에, 자기들의 거주지도 아닌 동북아시아에서 공동체의 주역이 될 수도 없기 때문에, 별관심이 없는 것 같다. 남북한이던 일본이나 중국이던 필요에 따라 따로따로 상대하는 것이 편하다고 생각하는 것 같다.

중국은 핵무기와 막강한 군사력을 가진 세계대국으로서 동북아시아의 평화에만 관심을 가진 게 아니라 동아시아 전체에서 영향력을 확대시키려 하고 있다. 단지 한반도에서 전쟁이나 무력충돌이 생기면 미국과 부딪칠 수밖에 없기 때문에 남북한의 평화공존 상태를 안전하게 묶어두려는데 관심이 있다. 따라서 북한의 핵개발이나 어떤 도발도 견제하면서 보호자의 역할을 다하려 할 것이다. 북핵 위기의 해소를 위해 6자회담을 주선하며 안간힘을 쓰는 것도 이런 목적 때문일 것이다.

경제대국이면서 군사력이 약한 일본은, 미국의 군사력과 핵우산의 보호를 받고 있기 때문에 미국의 영향력을 강화시키면서 아시아에서의 역할분담을 증대시키는데 관심이 있다. 남북한이 접근하고 평화통일을 향해 나아가는 모습을 보면서 내심으로 일본은 불안해하고 있다. 일본 자위대의 간부들은 오래전부터 "만약 한국이 통일된다면 남북한의 군사력은 일본의 열배가 넘는다"고 일본의 군사력 강화를 주장해 왔다. 더구나 북한이 핵무장까지 한다면, 통일 한국은 핵보유국이 된다. 일본도 핵무기를 보유해야 한다는 여론마저 높아가고 있다. (Francis Fukuyama, Re-Envisioning Asia, Foreign Affairs, 2005년 1, 2월)

일본은, 미국과 중국의 영향이 압도적이며, 통일 한국이 또한 경쟁대상이 될 동북아시아에서 주도적 역할을 할 수 없기 때문에 동북아시아의 공동체 형성에 별 관심을 보이지 않고 있다. 오히려 동남아시아연합(ASEAN)과의 유대를 통해 동아시아 공동체를 이루는 것이 경제적으로나 국제정치적으로나 실리가 있다고 보기 때문에 ASEAN+3에 더 많은 관심과 노력을 기울이는 것 같다.

이처럼 동북아시아의 안보협력체를 만드는 일은 현실적으로 별 가능성이 없어 보인다. 명분은 이상적이지만, 관련당사국들(stakeholders)이 관심과 이해관계를 적게 갖고 있기 때문이다. 단지 일본과 중국은 경제적인 목적에서 동북아의 협의체나 공동체를 만드는 데는 상당한 관심이 있는 것 같다. 일본, 한국, 중국 등 동북아시아의 경제력과 교역량이 세계경제를 좌우할 만큼 증대하고 있기 때문에 경제협력과 무역관계를 원활하게 하는 지역경제협력체의 형성에는 이해·관심을 갖고 있기 때문이다.

이미 한국의 교역 상대국 1순위는 미국을 제치고 중국이 차지하게 되었고, 중국의 교역상대국으로서도 미국, 일본 다음으로 한국이 3위를 차지하게 되었다.

자유무역협정(FTA)은 도움이 되지만, 이것은 양국 간의 관계일 뿐 지역협의체는 못된다. 따라서 동북아시아에서 경제협력과 교류를 발전시키려면 무엇보다 일본에서 한반도를 거쳐 중국과 소련, 유럽까지 잇는 철도와 육지교통로가 개발되는 것이 필요하다. 일본과 남한을 연결하는 해저터널의 구상도 이런 필요성 때문이다. 이런 일들은 여러 나라들이 함께 포함된 아·태경제협력체(APEC)를 통해서도 생각해 볼 수 있지만, 범위가 너무 넓고, 느슨한 협의체에 불과한 APEC에 이런 프로젝트를 맡길 수는 없다. 또한 동북아경제협력체에는 북한과 러시아, 우크라이나가 포함되어야 하기 때문에 동북아시아의 경제협력체를 따로 만드는 것이 바람직할 것이다.

이런 점에서 본다면 동북아시아에서 북한의 핵개발을 저지하기 위한 여러 나라들의 공통된 이해관심과 북한을 경제적으로 살리기 위해 지역 경제협력체에 포함시키는 목적을 결합해서, 6자회담은 어떤 형태의 연결고리나 협의체를 만들 수 있을 것이며, 이를 토대로 동북아시아의 안보협력공동체를 점진적으로 추구해 갈 수 있을 것이다.

사실상 유럽의 안보협력체(OSCE)도 처음엔 헬싱키에서 핀란드 정부가 소집한 유럽 여러 나라들의 회의에 불과했다. 73년부터 3년간 회의를 계속하고 나서 결의문을 작성하면서 유럽안보협력회의 (CSCE)가 정례화되었을 뿐이며, 그뒤로 자주 모이면서 유럽의 공동 안보와 협력을 주관하는 지역협의체로 발전하게 된 것이다.

지금은 꿈같은 이야기일지는 모르지만 이러한 비젼(vision)을 갖고 동북아 여러 나라들이 원활한 대화와 협력의 길을 연다면 머지않아 한반도의 평화와 통일을 보장해 주는 동북아시아의 협력공동체가 태어날 수도 있을 것이다.

이를 위해 동북아시아의 여러 나라들은 정부차원에서만이 아니고, 학계, 언론계, NGO 등 시민사회 각계의 교류와 협력, 대화를 통해 동북아시아의 공동체를 형성하기 위한 지속적이며, 체계적인 노력을 기울여야 한다.

제2기 (2011. 5. 27)

저자 소개

조순: 서울대학교 경제학과 졸업. 캘리포니아대학교 버클리교 대학원 경제학 박사. 전 17대 경제 부총리, 전 서울시장, 전 한국은행 총재, 대한민국 학술원 회원. 저서 『경제학 원론』, 『이 시대의 희망과 현실』 외 다수.

이어령: 서울대학교 문리대 졸업, 동 대학원 문학박사. 이화여자대학교 교수 역임. 초대 문화부 장관. 유네스코 세계문화예술교육대회 조직위원회 위원장. 저서 『지성에서 영성으로』, 『젊음의 탄생』 외 다수

김동길: 연세대학교 영문과 졸업, 미국 보스턴대학교 대학원 역사학박사. 연세대학교 교수 및 부총장 역임. 저서 『링컨의 일생』, 『대통령의 웃음』 외 다수

손봉호: 서울대학교 영문학과 졸업. 네덜란드 암스테르담자유대학교 철학박사. 한국외국어대학교 철학과 교수. 한국칸트철학회 및 한국철학회 회장 역임. 6대 동덕여자대학교 총장 역임. 나눔국민운동 대표 및 고신대학교 석좌교수. 저서 『오늘을 위한 철학』, 『잠깐 쉬었다가』 외 다수.

백종현: 서울대학교 철학과 졸업, 프라이부르크(Freiburg)대학교 철학박사. 서울대학교 명예교수, 한국칸트학회 회장 역임. 저서 『철학의 개념과 주요문제』, 『시대와의 대화: 칸트와 헤겔의 철학』 외 다수

황경식: 서울대학교 철학과 졸업. 동 대학원 철학박사. 철학연구회 및 한국사회윤리학회 회장 역임. 서울대학교 명예교수. 저서 『롤스의 정의론과 그 이후』, 『철학과 현실의 접점』 외 다수.

오석원: 성균관대학교 유학과 졸업, 동 대학원 한국유 박사. 성균관대학교 교수. 동 대학교 유학대 학장 및 대학원 원장, 동양철학연구회 회장, 한국유교학회 회장 역임. 저서『유학사상』,『현대인의 유교읽기』외 다수.

이강수: 고려대학교 철학과 졸업, 동 대학원 철학박사. 경희대학교, 중앙대학교 교수, 연세대학교 철학과 교수 역임. 저서『이강수 교수의 노장철학 이해』,『중국 고대철학의 이해』외 다수.

한승헌: 전북대학교 법정대학 정치학과 졸업, 전북대학교 명예법학박사. 고등고시 8회 사법과 합격. 대한변호사협회 회원. 제17대 감사원 원장, 사법제도개혁추진위원회 위원장. 전북대학교 법과대학 석좌교수. 저서『스피치의 현장』,『한 변호사의 고백과 증언』외 다수.

조국: 서울대학교 법학과 졸업. 캘리포니아대학교 버클리교 대학원 법학 박사. 전 국가인권위원회 위원. 서울대학교 법학전문대학원 교수. 저서『진보집권플랜』,『조국, 대한민국에 고한다』,『성찰하는 진보』외 다수.

정윤재: 서울대학교 정치학과 졸업, 미국 하와이주립대학교 정치학박사. 충북대학교 정치외교학과 교수 및 세종국가경영연구소 초대소장, 한국정치학회 회장 역임. 한국학중앙연구원 한국학대학원 정치학 교수 및 사회과학부장. 저서『세종의 국가경영』,『세종 리더십의 형성과 전개』외 다수.

이배용: 이화여자대학교 사학과 졸업. 서강대학교 대학원 한국사학박사. 이화여자대학교 사학과 교수, 13대 이화여자대학교 총장 역임. 국가브랜드위원회 위원장. 저서『한국역사 속의 여성들』,『역사교육, 무엇을 어떻게 가르칠까』외 다수.

박경서: 서울대학교 사회학과 졸업, 독일 괴팅엔(Göttingen)대학교 사회학박사, 영국 에딘바라대학교 명예 신학박사학위 수여, 전 서울대 교수. 이화여대 학술원 석좌교수, 평화학 연구소장, 유엔 인권정책센터 이사장. 저서『지구촌 시대의 평화와 인권』,『세계시민-한국인의 자화상』외 다수.

임혁백: 서울대학교 정치학과 졸업, 시카고대학교 정치학박사. 이화여자대학교 정치외교학과 교수, IT정치연구회 회장 및 한국국제정치학회 부회장 역임. 고려대학교 정치외교학과 교수. 저서『신유목적 민주주의』,『21세기 한국정치의 비전과 과제』외 다수.

윤영관: 서울대학교 외교학과, Johns Hopkins University, SAIS (국제정치학박사), 전 외교통상부 장관. 서울대학교 교수 및 한반도 평화연구원 원장. 저서『전환기 국제정치경제와 한국』,『21세기 한국정치경제 모델』외 다수.

이삼열: 서울대학교 철학과 졸업, 독일 괴팅엔(Göttingen)대학교 철학박사. 숭실대학교 철학과 교수. 17대 유네스코 한국위원회 사무총장 및 한국철학회 회장 역임. 저서『기독교와 사회이념』,『평화의 철학과 통일의 실천』외 다수.